西北大学"双一流"建设项目资助

Sponsored by First-class Universities and Academic
Programs of Northwest University

白立超 _ 著

中国古代名将评传

将略兵机

中华书局

图书在版编目(CIP)数据

将略兵机:中国古代名将评传/白立超著. —北京:中华书局,
2022.7(2023.2 重印)
ISBN 978-7-101-15678-2

Ⅰ.将… Ⅱ.白… Ⅲ.军事家-评传-中国-古代
Ⅳ.K825.2

中国版本图书馆 CIP 数据核字(2022)第 048628 号

书　　名	将略兵机:中国古代名将评传	
著　　者	白立超	
责任编辑	白爱虎	
责任印制	陈丽娜	
出版发行	中华书局	
	(北京市丰台区太平桥西里 38 号　100073)	
	http://www.zhbc.com.cn	
	E-mail:zhbc@zhbc.com.cn	
印　　刷	三河市中晟雅豪印务有限公司	
版　　次	2022 年 7 月第 1 版	
	2023 年 2 月第 2 次印刷	
规　　格	开本/920×1250 毫米　1/32	
	印张 7¼　插页 2　字数 180 千字	
印　　数	3001-5000 册	
国际书号	ISBN 978-7-101-15678-2	
定　　价	38.00 元	

目　录

序　言

黄朴民

白立超博士在锲而不舍地从事精深历史专题研究的同时,也始终不忘一个史学工作者贡献社会、服务大众的初心,热忱地致力于撰写可读性强的学术专著,为国家精神文明事业的建设添砖加瓦。现在这一本呈现在广大读者面前,名为《将略兵机:中国古代名将评传》的著作,就是他这方面持之以恒、倾心付出所取得的又一个丰硕的成果。在此书付梓之际,立超博士嘱我写篇序言谈点看法。我想,无论是就我与立超的私交而言,还是从本书的内容与价值考量,接受这个任务,都是义不容辞的。因此,我也就不揣谫陋、聊述数言,以表示我对立超博士所作努力的敬意和对这本好书面世的祝贺!

"国之大事,在祀与戎。"(《左传·成公十三年》)这是一句经常被引用的话,可谓脍炙人口。从本质上讲,这八个字是了解中国历史真相及其特色的一把钥匙,因为它简洁扼要地道出了古代社会生活的根本要义:巫觋系统与政事系统的各司其职,相辅相成。"祀",是要通过祭祀来证明"王权神授",从而显现统治的合法性与神圣性;"戎",则是将战争置于政事之首,来保障王权具体实现的重心之所在。

古希腊历史学家、"历史之父"希罗多德的传世名著《历史》是有关波斯帝国与希腊诸城邦之间战争历史的记载。其他西方早期的历史著作，如修昔底德的《伯罗奔尼撒战争史》、恺撒的《高卢战记》、色诺芬的《长征记》等，大都也是战争史著作。

　　同样，中国早期史书也大多与战争相关，《尚书》的"六誓"记载了战前的誓词和军纪。我国第一部编年体史书《左传》，记载了春秋时期将近300年的历史，其中记载了483次战争，以致后人讥之为"相砍书"。不仅是《左传》，梁启超在《中国之旧史》中更是极言："昔人谓《左传》为'相砍书'，岂惟《左传》，若二十四史，真可谓地球上空前绝后之一大相砍书也。"由此可见，战争是东西方历史文化中的核心内容，不了解战争就无法了解古今中外的历史。数千年的中西文明史，在某种意义上是一部战争发展史，抽掉了战争的内容，就谈不上有完整意义的中外历史。

　　当然，说到战争，我们就不能不关注战争中战略指挥的主体、战役战斗实施的要角：将军。毫无疑问，将帅是军队的灵魂，是全军的核心，也是制胜的关键，所谓"兵熊熊一个，将熊熊一窝"，又言"千军易得，一将难求"，还有"置将不慎，一败涂地"。毛泽东也曾说过，思想政治路线确立以后，干部就是决定的因素。总之，在战争中的关键之一，就是叱咤风云、指挥若定的将军！这一点，西方军事家也有共识，如法国军事天才拿破仑就认为，在战争中，所有人都无足轻重，只有一个人举足轻重，这个人就是将军。他曾说过，"一头狮子带领的一群羊可以打败一只羊带领的一群狮子"。道理很简单，战场上从来不相信眼泪，胜利才是衡量战略决策高下、作战指挥得失、队伍建设成败的最高标准，同时也是唯一的标准。

　　这个标准，是否能达到，关键就在将帅身上。换言之，将帅德行情操的优劣、韬略智慧的长短、指挥能力的高下，直接关系到军队的安危、战争的胜负。假如统军之将猥琐无能，"伐谋""伐交"固然无从谈起，"伐兵""攻城"也将一事无成。所以孙武等中国古代兵家对将帅的作用和地位予以充分的肯定，把他看作是保证战略目标实现的重要条件。"将者，国之辅也。辅周则国必强，辅隙则国必弱"，"故知兵之将，生民之司命，国家安危之主也"。兵家也一再强调"夫总文武者，军之将也。……得之国强，去之国亡"；"国之大事，存亡之道，命在于将"。对此，西方军事学家的认识也是相似的，如若米尼就强调："一个统帅的高超指挥艺术，无疑是胜利的最可靠的保证之一，尤其是在交战双方的其他条件都完全相等时，更是如此。"（《战争艺术概论》，解放军出版社1986年版，第62页）有关支配军队的制度是政府军事政策中最重要的组成部分之一。一支精锐的军队，在才能平庸的司令官指挥之下，有可能创造出奇迹。而一支并非精良的军队，在一位伟大的统帅指挥之下，也能创造出同样的奇迹。但是，如果总司令官的超人才能加上精兵，就一定能创造出更大的奇迹。将帅的作用既然如此重要，那么，对将帅提出高素质的要求，也就是选将任将的题中必有之义了。这方面，中西军事学家的认知也没有任何差异。孙武主张将帅应该具备"智、信、仁、勇、严"等"五德"，强调将帅要做到"静以幽，正以治"，能够"进不求名，退不避罪，唯民是保，而利合于主"；《六韬》提出"将有五材"："勇、智、仁、信、忠。"而若米尼则把将帅所需要拥有的最核心素质归纳为两大类："一个军队总司令的最主要素质永远是：（一）具有顽强的性格或勇敢的精神，能够作出伟大决定；（二）冷静沉着，或具有体魄上的勇气，不怕任何危险。学问仅居第三位，但是学问却能起有力的辅助作用；不承认这一点，就是瞎子。"（《战争艺术概论》，解放军出版社1986年版，第74页）

在将帅的诸多应有素质中，睿智与勇敢应该说是最为重要的，所谓"智能发谋""勇能果断"。尤其是"智"，更是重中之重，因为只有睿智，才能注重搜集信息，"知彼知己""知天知地"；只有睿智，才能高明地分析事物的利弊得失；只有睿智，才能正确预测战争的发展趋势；只有睿智，才能全面评估敌我双方的实力；只有睿智，才能准确选择战略的突破方向。这一点，中西军事学家的论述可谓异曲同工。《虎钤经·先谋》有云："用兵之法，先谋为本。"克劳塞维茨则说："如果我们进一步研究战争对军人的种种要求，那么，就会发现智力是主要的。战争是充满不确实性的领域。战争中行动所依据的情况有四分之三好像隐藏在云雾里一样，是或多或少不确实的。因此，在这里首先要有敏锐的智力，以便通过准确而迅速的判断来辨明真相。……战争是充满偶然性的领域。人类的任何活动都不像战争那样给偶然性这个不速之客留有这样广阔的活动天地……要想不断地战胜意外事件，必须具有两种特性：一是在这种茫茫的黑暗中仍能发出内在的微光以照亮真理的智力；二是敢于跟随这种微光前进的勇气。前者在法语中被形象地称为眼力，后者就是果断。"（《战争论》，解放军出版社 2012 年版，第 51—53 页）"军事行动要求人们必须具备的智力和感情力量的各种表现。智力到处都是一种起主要作用的力量，因此很明显，不管军事行动从现象上看多么简单，并不怎么复杂，但是不具备卓越智力的人，在军事行动中是不可能取得卓越成就的。"（《战争论》，解放军出版社 2012 年版，第 69—70 页）

众所周知，君王在建功立业时，良将是其左膀右臂。如东汉光武帝刘秀开国战争中立有大功的"云台二十八将"，唐太宗的"凌烟阁二十四勋"中大多也为武将。当然，维持国家的统治，应对必要变局，也需要良将辅佐，如汉景帝时期平定七国之乱的周亚夫，对大唐有再造之功，平定安史之乱的郭子仪和李光弼。在中国 5000 年的文明史中，到底有哪些影响中国历史进程的名将呢？其实，至晚自唐代始，人们已经开始讨论这个问题了。开元十九年（731），唐玄宗曾设武庙（武庙供奉吕尚）十哲，选出了唐以前功勋卓著的十位将军，分别为齐国大司马田穰苴、吴国大将军孙武、魏国西河太守吴起、燕国昌国君乐毅、秦国武安君白起、汉留侯张良、汉淮阴侯韩信、蜀汉丞相武乡侯诸葛亮、唐尚书右仆射卫国公李靖、唐司空英国公李勣。建中三年（782），在颜真卿的建议下，唐德宗诏令史馆议定春秋战国时期至唐建中年间的名将在武庙中塑像，包括范蠡等 64 人；宣和五年（1123），宋徽宗命令礼部议定张良等 72 名将陪祀武庙。南宋军事理论家张预又编订《十七史百将传》一书，从十七史中选出 100 位名将，依据年代先后顺序编订传记，包括吕尚、孙武等古代名将，张预的选编对后世影响很大。

　　沿着张预等人所开拓的道路，后人在这方面踵武以继。古往今来，有关名将的文章和著作可谓过江之鲫，不可胜数。但是，立超博士这部新著，却"一洗万古凡马空"，它不落窠臼，有着自己鲜明的特色和特殊价值，值得一读。除了视野开阔、内容翔实、观点正确、史料充分、评点精当、文字畅达之外，在体例结构上尤其不乏令人耳目一新、别开生面的显著优点。书中所选择的名将并未按照年代先后顺序进行排列，而是将中国古代名将根据一定的特征进行了必要的分类，如"兵家名将""名将世家的悲喜剧""悲情名将""英雄不问出处""少年英雄""高情商的名将""儒将传奇""民族脊梁"等。其中"兵家名将"介绍了那些既有武功，军事理论素养又高的名将，如司马穰苴、孙武、吴起、孙膑等；"名将世家的悲喜剧"介绍了那些世代为将的家族，如与秦帝国同命运的频阳王氏（王翦、王贲、王离）、战国秦汉时期的陇西李氏（李信、李广、李陵）、汉初的周氏父子（周勃、周亚夫）；"悲情名将"介绍了那些难以全身而退的名将，如白起、廉颇、李牧等；"英雄不问出处"介绍了那些出身卑微，在历史的机缘巧合下却能成就一番伟业的名将，如田单、韩信、卫青等；"少年英雄"介绍了那些年纪轻轻就成就不世之功的名将，如霍去病、孙策、周瑜等；"高情商的名将"介绍了那些能够在复杂政治环境中得以善终的名将，如郭子仪、徐达等；"儒将传奇"介绍了那些文能提笔安天下，武能上马定乾坤的名将，如杜预、王守仁等；"民族脊梁"介绍了那些抵御敌寇、保卫疆土的英雄，如岳飞、郑成功等。

我相信，立超博士该书能够成为各位读者了解中国古代名将又一条便捷的门径。当然，由于篇幅有限，5000 年的历史，多少名将横卧疆场，立超无论如何选择，都难免挂一漏万；这些名将的人生丰富多彩，立超无论怎样书写，也都只能是截取他们叱咤风云的辉煌片段。更何况，"知人论世"，贤者所难，正在于对人物的分析与评点。所谓仁智互见，立超也不可能完全做到恰如其分，恰到好处。我只是希望立超博士这本小书能够带着大家了解中国古代名将跌宕起伏的人生，领略他们壮志在胸的豪气，感受他们战场杀敌的英勇。

立超博士的博士学位论文，研究的主题是学术上最难啃的一块骨头：《尚书》的研究。他的论文写得非常扎实，多有创见，入选了国家社科基金后期资助项目。到西北大学任教后，又将相当大的精力用于中国古代军事历史与文化的研究，参加了我承乏主持的国家出版基金重点资助项目《中国兵学通史》的撰写，担任该丛书中"先秦卷"的主笔。而本书的撰著与出版，为他风华正茂的学术生涯又增添了一道新的光彩，允文允武，弥足珍贵。作为他的导师，我能见证这样的"后浪"奔腾翻卷，滚滚向前，真是感到无比的振奋和深深的欣慰！

是为序。

2021 年 6 月 6 日

于中国人民大学国学院

一、兵家名将

"能行之者未必能言，能言之者未必能行"①，能够在兵学理论方面有卓越贡献的名将在中国古代兵学史上并不多见，屈指可数。比较杰出的主要有整理《司马法》的司马穰苴，创作《孙子兵法》的孙武，完成《孙膑兵法》的孙膑，著成《吴子兵法》的吴起，与唐太宗讨论兵法而成书《李卫公问对》的李靖，撰作《纪效新书》的戚继光等。他们都是具有很高兵学造诣的名将，既有彪炳后世的战功流传，又有一字千金的兵书传世。

1. 司马穰苴：文能附众，武能威敌

司马穰苴，春秋时期齐国人，生卒年不详，主要活动于齐景公时期（前547年—前490年在位）②。公元前707年，陈厉公被杀，陈国的宫廷内乱迫使公子陈完出走，投奔齐桓公，史称"完公奔齐"。齐桓公封陈完为工正，主要管理百工事宜。同时，陈完改陈氏为田氏，九世之后，田氏代齐。司马穰苴正是陈完的后代，妫姓田氏，名穰苴，因

① [汉]司马迁：《史记》卷六十五，北京：中华书局，1982年，第2168页。
② 苏轼、钱穆、缪文远等学者根据《战国策·齐策六》的记载，推断司马穰苴可能是齐湣王时期人，仅为一说，可存疑。

曾为齐国大司马,后世又称司马穰苴[1]。

晏婴力荐,临危受命

齐景公时期,燕国和晋国联合发兵同时攻打齐国。晋国攻打齐国的阿邑和甄(又作鄄)邑,燕国攻打齐国黄河以南地区,面对凌厉攻势,齐军一溃千里。齐景公忧心忡忡,这时齐国的肱股之臣晏婴力荐田穰苴为将,率军迎战。晏婴说:"田穰苴是田家庶出子弟,但经过我长期观察,他文能附众,武能威敌,是个将才。当下齐国正是用人之际,我希望大王能够起用他。"一筹莫展的齐景公此时也别无他策,于是亲自召见田穰苴,和他讨论军旅之事。齐景公很快就发现晏子所言不虚,非常高兴,即刻任命田穰苴为将军,率兵抵御来犯之敌。田穰苴拜谢之后,非常兴奋,自己的才干终能得以施展。但兴奋之余,他又有一丝忧虑,于是对齐景公说:"我田穰苴出身低贱,临危受命,君王今日将我从平民百姓中提拔出来,地位高于诸多大夫。我担心士兵不会心服口服,老百姓也不会信任我的才能。我的身份卑微,威德权势不足以服众,所以我希望大王能派出您的宠臣监军,以监察督导整个军队,这样才行。"正是危急之际,齐景公想也没想就答应了,然后他派自己的宠臣庄贾前去监军。

斩杀庄贾,严明军纪

军情紧急,刻不容缓。田穰苴辞别景公后,立刻和庄贾约定:"明日午时,我们在军营正门会合。"第二天,田穰苴早早起来赶往军中,同时立表下漏以计时,在营门等待庄贾的到来。庄贾这个人素得齐

---

[1] 杨善群:《孙子评传》,南京:南京大学出版社,1995年。其中附有司马穰苴的评传。

景公宠幸,地位尊崇,傲视群臣,根本就没把与田穰苴的约定放在心上。庄贾的亲戚朋友见他即将为国效力,也纷纷前来祝贺,为他饯行。庄贾心里其实也不急,于是一番觥筹交错,好不热闹。

已经到了正午时分,站在营门等待的田穰苴连庄贾的人影也没有看到,勃然大怒,一脚踢飞标杆,一把摔破漏壶,扭头进入军中,开始集结士兵,操练军队,并当众宣布了各项军规军纪。田穰苴训练了整整一个下午的军队,庄贾都没来。日落的时候,喝得醉醺醺的庄贾才摇摇晃晃地来到军中,丝毫不知此刻已然大祸临头。

田穰苴怒斥道:“为什么迟到?”庄贾虽素来骄纵,但也知道军中无戏言,于是忍住性子,极不情愿地向田穰苴谢罪:“不才临走之前,大夫和亲戚都前来送行,所以就多待了一会儿。”田穰苴义正词严地说:“将军在接受国家任命之时就不应再顾念自己的家;抵达军中,发布军令之时就不要顾念自己的亲人;鼓声隆隆上前杀敌,就不要顾及自己的性命。如今,敌国已经侵入我国境内,国家危在旦夕,百姓命悬一线,国内骚乱不安,士卒仍在边境中风吹日晒,大王焦急万分,寝不安席,食不甘味,齐国百姓的生命安危都系于你的身上,你又为何搞这么大场面的送别?”说完后,田穰苴召来军中的司法官,故意问道:“按军法,没有按照约定时间抵达指定地点者,如何处置?”司法官看看田穰苴,又看看庄贾,说道:“按军法,当斩!”庄贾听到这里才知道自己今天是凶多吉少,惊险万分,赶紧示意随从火速前去报告齐景公,请求搭救他的性命。

这一切,田穰苴都看在眼里,却没有当回事。他下令即刻斩杀庄贾,并将其人头在军中巡行示众。全军将士看到庄贾的人头,个个惊恐。田穰苴面不改色,继续操练士兵,士兵看到如此阵仗,个个训练得非常认真。过了很久,齐景公使者才手持符节赶来,要求赦免庄贾,由于事出紧急,使者驾车快速冲入军中。当使者看到庄贾的人头时,知道为时已晚，正要责备时，田穰苴先发制人，掷地有声地说："将在军，君令有所不受。"①他又问军中司法官："按军法，驾车在军中横冲直撞，当如何处治？"司法官回答："按军法，当斩！"使者一听，心中非常惊恐，顿时不知如何是好。这时，田穰苴又慢悠悠地说："大王的使者当然不能斩杀。"于是命令斩车夫、断车左侧的立木、杀左侧的骖马，以示惩罚，以正军法。田穰苴请使者回去向齐景公报告这里的情况，惊魂未定的使者赶紧收拾一下残破的车驾，回报景公。齐景公得知事已至此，也只能徒唤奈何。

兵不血刃，燕晋退师

斩杀庄贾、惩罚景公使者之后，田穰苴在军中的威望大增，齐军军纪也空前严明。一番整顿操练后，他命令大军即刻出发，赶往前线。士兵到达前线，安营扎寨，挖井取水，埋锅造饭。饮食好坏，他都一一过问；士兵生病了，他亲自安排医药，上前慰问。在军中，他不搞特殊化，将齐国将军才有的特供食物拿出来与士卒分享，自己与士兵平等分发粮食，且格外照顾赢弱之卒。士兵看到眼前这个不畏权贵的将军，对士兵又是如此慈爱，心中敬畏之情油然而生。三日后整军出战，那些赢弱生病的士兵也争先恐后前往阵前，要求一同奔赴战场，为国效力。齐军人人思战，一时间场面非常震撼。晋军得知后，很快退军。燕军听说后，也赶紧撤回黄河北岸。由于两军仓促撤军，军队松懈凌乱，田穰苴见状，立刻率精锐之师尾随追击，将过去齐国一度失去的国土全部收复，齐军得胜而归。

所谓"国容不入军，军容不入国"②。田穰苴在还未到国都之前，

①[汉]司马迁：《史记》卷六十四，第2158页。
②[春秋]司马穰苴撰，王震集释：《司马法集释》，北京：中华书局，2018年，第50页。

即命令士兵将兵器全部收起来,解除战时的种种军规,宣誓立盟后才进入国都。齐景公闻讯也亲自带领齐国诸大夫到城外迎接田穰苴。齐景公在盛大的礼仪中,慰劳齐军将士,直到完成了劳军之礼后,才回宫歇息。此后,齐景公又郑重地接见了田穰苴,并尊其为大司马,统领齐国军队。从此以后,田氏在齐国的地位日益尊贵。

景公夜访,穰苴婉拒

齐景公非常喜欢喝酒,曾有连续酣饮七天七夜的"壮举"。有一次,他又是晚上饮酒,喝得高兴,就带着侍从前往晏子家中,想与晏子一起饮酒。结果晏子以陪国君喝酒不是臣子的职分为由拒绝了齐景公。不甘心的齐景公又想到了大将军田穰苴,于是一行人马醉醺醺地前往大司马府邸。田穰苴得知齐景公深夜造访,原以为必定是有紧急军情,便立刻穿好甲胄,持戟前迎,忙问:"大王,是诸侯突然又加兵于我们齐国,还是大臣中有叛乱者? 大王为何深夜莅临鄙舍?"齐景公笑笑说:"将军多虑了,国家一切安好。寡人只是想着将军平日劳苦,所以就备了一些美酒、美乐,与将军一起分享。"田穰苴听到这里,表情变得严肃了。他非常恭敬地对齐景公说:"大王,您身边不缺陪您喝酒晏乐的人,下臣不敢与您一起宴饮。"听到这里,齐景公知道田穰苴已经是在下逐客令了,心中十分不悦。没办法,一行人又去梁丘据那里,梁丘据一见是景公深夜前来,非常高兴,立刻出门迎接。景公那夜喝得很高兴,对着众人说:"如果没有晏婴和田穰苴,那我如何治国? 如果没有梁丘据,那我又如何能如此高兴呢?"

晏婴在齐国政坛的地位稳如泰山,前后辅佐齐灵公、齐庄公和齐景公长达半个世纪,许多国家大事都由晏婴来处理,所以这件事过后,对晏婴影响不大,却对田穰苴有一定的影响。

郁郁而终，兵书传世

田穰苴斩杀庄贾，惩罚国君使者，体现了其治军之严。这种做法在战争的特殊时期，国君尚且可以容忍，而在和平时期，却是国君非常忌惮的。同时，由于田穰苴刚正不阿，拒绝谄谀齐景公，而新崛起的田氏又威胁到旧贵族鲍氏、高氏和国氏，三家都非常忌恨田穰苴这个齐国政坛的新贵，所以经常借机在齐景公面前说田穰苴的各种坏话。后来齐景公就解除了田穰苴的大司马职务，田穰苴因此郁郁寡欢，最终病死。

后来，田乞和田豹等田氏子孙也因此怨恨高氏、国氏等。到田恒杀齐简公时，田氏就毫不留情地诛灭了高子和国子的家族。公元前391年，田恒的曾孙田和自立为齐君。公元前386年，周天子册立田和为齐侯，列于周室。公元前379年，姜齐的最后一位君主齐康公去世，"田氏代齐"得以最终完成。齐威王即位后，齐国实力再次大振，各国纷纷朝齐。齐威王领兵作战，经常效仿田穰苴的一些做法，并派人专门整理前代军事家关于战争理论的一些著作，将曾任齐国大司马的田穰苴的兵法也编入其中，以《司马穰苴兵法》为名统称。当然，这部兵书与田穰苴本人的兵学思想有何区别与联系，后人众说纷纭①。一般认为，田穰苴可能是对"古司马法"研究比较深入的一个军事家，同时由于田氏后来的地位日隆，因此就以其名称之。

司马迁曾言："余读《司马兵法》，闳廓深远，虽三代征伐，未能竟其义，如其文也，亦少襃矣。"②《司马法》一书最早著录于《汉书·艺文志》礼类，称《军礼司马法》，共155篇。《隋书·经籍志》著录《司马兵

---

① 相关研究参考田旭东：《〈司马法〉浅说》，北京：解放军出版社，1989年，第1—22页。

② ［汉］司马迁：《史记》卷六十四，第2160页。

法》3卷5篇,司马穰苴撰,就是今本《司马法》的规模。另外,《司马法》尚存逸文约60条,1600多字。《司马法》一书现存5篇:《仁本》《天子之义》《定爵》《严位》《用众》,在中国兵学史上具有非常重要的地位,其中保存了大量西周时期的兵学内容,也反映了中国兵学一段时期之内的发展变化。《李卫公问对》说:"今世所传兵家者流,又分权谋、形势、阴阳、技巧四种,皆出《司马法》也。"① 这实际上揭示了《司马法》一书在中国兵学发展史上的特殊地位:它是中国兵学文化总源头,也是先秦兵学思想发展史上的一座丰碑。

一般而言,兵书有"军法"与"兵法"的区分,即"广义的军事艺术"和"狭义的军事艺术"之别②。"兵法"主要是指"用兵之法",重点是有关作战的指导原则和具体方法;而"军法"则多带有条例和操典的性质,即中国古代以征募兵员、装备军队和训练军队为主要内容的各种条例规定,包括军赋制度、军队编制、军事装备条规、指挥联络方式、阵法与垒法、军中礼仪与奖惩措施等等③。从这个意义上来讲,《孙子兵法》代表的是兵法,而《司马法》代表的是军法,两部兵书互为补充,全面展现了中国古典兵学的不同侧面和不同风格。《司马法》所展现的兵学思想也非常有特色。《天子之义》提倡:"以礼为固,以仁为胜。"④ 又曰:"国容不入军,军容不入国。"⑤《仁本》提出:"贤王制礼乐法度,乃作五刑,兴甲兵以讨不义。"⑥ 又曰:"不加丧,不因

---

① [唐]李靖撰,吴如嵩、王显臣校注:《李卫公问对校注》,北京:中华书局,2016年,第20—21页。

② 李零:《吴孙子发微》,北京:中华书局,1997年,第4页。

③ 黄朴民:《古司马法与前〈孙子〉时期的中国古典兵学》,《光明日报》(理论版)2011年12月15日(第011版)。

④ [春秋]司马穰苴撰,王震集释:《司马法集释》,第57页。

⑤ [春秋]司马穰苴撰,王震集释:《司马法集释》,第50页。

⑥ [春秋]司马穰苴撰,王震集释:《司马法集释》,第26页。

凶。"① 亦曰："成列而鼓。"② 正是这些迥异于《孙子兵法》的思想，让我们看到《司马法》的独特价值和深刻思想。北宋神宗元丰年间，《司马法》被列入武经七书，颁行天下。宋刻本的《武经七书》也是《司马法》现存最早刊本。

2. 孙武：百代兵圣，兵典长存

孙武，字长卿，齐国乐安人，陈国公子完的后代，春秋晚期人，生卒年不详。孙武是齐国新兴势力代表田氏的后裔，后因避乱，移居南方的吴国。经伍子胥的力荐，孙武有机会向吴国阖闾进呈兵法十三篇，深得吴王赞许与信任，被任命为吴国将军，辅佐阖闾经国治军，多有建树。

兵学世家，赐姓孙氏

孙子的祖父田书是齐国名将，也是田完的五世孙，主要活动在齐景公时期。齐景公二十五年（前 523）秋，齐国派遣高发率兵攻打莒国。这时已官至大夫的田书也参加了这场战争，并且在这场战争中发挥了至关重要的作用。当莒共公迫于齐国的军事压力逃往纪鄣（今属江苏赣榆），齐国主将高发于是派田书前去攻打纪鄣。面对城坚池深的纪鄣，田书并未一味强攻，而是试图另寻他法。正好，莒国有一个寡妇，当初莒国君主杀了她的丈夫，所以她一直想找机会为丈夫报仇。年老的她孤苦伶仃地寄居在纪鄣城中，专门纺线做成与城池高度一般的绳子以备用。当齐国大军开到后，这位与莒国君主有着杀

---

① ［春秋］司马穰苴撰，王震集释：《司马法集释》，第 10 页。
② ［春秋］司马穰苴撰，王震集释：《司马法集释》，第 17 页。

夫之仇的寡妇就将绳子想方设法带到城外,献给齐军。田书看到这些与城墙高度相当的绳子,立即计上心来。田书装作不动声色,到了晚上则派军队缒登纪鄣城墙。士兵顺着绳子往上爬,大约登上 60 多人的时候,突然绳子断了。田书并未被这突如其来的状况吓懵。在这千钧一发的时刻,他命令已经登上城墙的士兵和城下的士兵一起击鼓,虚张声势。而此时在茫茫夜色之下,莒共公难探虚实,也不知此时登上城墙的齐军到底有多少人,一时间草木皆兵,失魂落魄,打开西门落荒而逃。齐军很快进入纪鄣城中。由于伐莒之战的功劳,齐景公论功行赏,封乐安(今属山东惠民)为田书食邑,赐孙氏。而此时,年仅十几岁的田武,改称孙武。

　　略早于孙武的田穰苴也是一代名将。齐国田氏,或者受齐国自姜太公以来的兵学传统的影响,或者由于民风,或者由于与其他贵族斗争的需要,他们对军事有着特殊情感。而孙武正是出生在这样一个军事传统非常浓厚的家庭中,这是他日后在军事方面取得成就的一个重要因素。

吴宫教战,小试牛刀

　　少年孙武,出身于政治上正在崛起的田氏宗族,看似非常优越,实则危机重重。田氏的兴盛,似乎并没有给他带来什么好处。但在田氏政治失势时,必然会波及孙武。摆在孙武眼前活生生的教训就是田氏宗族名将田穰苴在齐国田、鲍、高、国四姓之争中成为政治斗争的牺牲品。于是孙武离开了险恶诡谲的齐国政坛,来到吴国隐居起来。隐居后的孙武,再也不用担心那些政治中的飞来横祸,凭借他良好的军事素养,开始潜心研究古军法。殚精竭虑,反复揣摩,经过多年研究,以其极高的军事天赋完成了《孙子》十三篇。孙武完成兵书之后,遇到了吴王阖闾身边的重臣伍子胥。伍子胥是一位富有韬略的军事家，与孙武一番交谈之后，他觉得孙武是不世之才，遂积极向阖闾推荐。在伍子胥的多次推荐下，吴王阖闾认真阅读了《孙子》十三篇，大为赞叹，顿觉相见恨晚，决定立即召见孙武①。

约公元前512年，吴王阖闾召见孙武②。两人刚刚见面，简单行礼后，阖闾便迫不及待地向孙武请教："寡人非常喜欢战争，今日可否用先生的兵法玩个游戏，试试先生的兵法是否真的适应实战。"孙武听完后稍有不悦，他非常严肃地回答："大王，战争是利益，并非个人喜好，更不是游戏。大王以喜好的目的和游戏的态度来与我讨论兵法，那臣子就不敢与大王继续讨论了。"阖闾看到孙武非常认真，笑着说："先生不要误会，寡人对先生兵法的奥妙了解得不是很透彻，非常希望先生能够用您的兵法小试牛刀，训练一下军队。"孙武听到此处，立刻明白吴王阖闾的意思，他说："大王想要用什么样的人进行试验呢？身份尊贵者？身份低贱者？男人？女人？大王尽管挑选吧！"阖闾听到这里，狡黠地看着孙武，又回头看了看自己身旁的那群柔弱女子，说："那就用妇人吧。"孙武看出了阖闾的心思，犹豫了一下，试图请求更换："大王，用妇女练兵恐怕多有不忍吧？操练中军令如山，可能会出现一些意外状况。大王是否考虑更换其他人？"孙武的犹

---

① 吴宫教战的内容在传世文献和出土文献中都有记载。传世文献在《史记·孙子吴起列传》中，司马迁用356字简要描述了整个过程，由于文字简练，自宋以后，叶适等学者多怀疑此事的真实性，甚至怀疑司马迁的记述，进而波及《孙子兵法》成书年代以及作者等重要问题。1972年，银雀山汉墓出土了大批汉简，以兵书或兵政类居多，其中就有《见吴王》一篇，根据简牍情况，此篇1000余字，是传世文献文字的三倍，对整个过程的记述更加详细，更合逻辑和常识，学者的很多质疑也涣然冰释。笔者此处的叙述结合出土文献和传世文献，特此说明。

② 沈宝顺：《孙武入吴的年代及为将年龄》，《复旦学报》（社会科学版）1992年第4期。

豫正中阖闾下怀,吴王反而更加坚定地说道:"还是就用妇女吧!"孙武从吴王阖闾的眼中看出,已经没有什么讨价还价的余地了,阖闾给了他一个最难的练兵对象。但是孙武还是善意提醒了一下阖闾:"那就姑且用妇女吧,这些人严格训练之后,同样也会无往而不胜。但训练中若是出现意外,希望大王不要后悔!至于练兵的场所,为了便于演练,臣请在吴宫的苑囿中进行,分为两阵,大王只要在台上观看就行。"阖闾爽快地答应了。

吴国君臣与孙武一行前往苑囿之中,阖闾后宫佳丽听说一个叫孙武的人要用宫女练兵,都感到非常好奇,个个跃跃欲试,想上去玩一玩。最终,阖闾选定了180人。孙武将其分成左右两队,并任命阖闾的宠姬为左右队长。孙武上前大声喊道:"诸位知道自己的前心、左右手、后背吗?"众宫女有气无力地回答:"知道!"孙武接着说:"我们训练很简单,当鼓声发出前的指令,大家就看自己前心所在的方向;发出左的指令,大家就看着自己左手所在的方向;发出右的指令,大家就看着自己右手所在的方向;发出后的指令,大家就看着自己后背所在的方向。"孙武讲完这些简单的训练规则之后,命令军士设置斧钺,以示军威,并反复宣明军纪。

一切准备就绪,孙武命令击鼓操练。当鼓声发出右的命令时,这些宫女感觉孙武滑稽得像个小丑一样,早已笑得直不起腰了,吴国大臣也忍俊不禁。孙武非常尴尬,但是一切在他预料当中。他并没有慌张,继续大声喊道:"规矩不清楚,号令不熟悉,这是将军的失误。"于是重申训练的章程。当鼓声再次发出左的命令时,这些宫女的笑声更大了,有些已经笑得趴在地上了。孙武非常严厉地喊道:"规矩不清楚,号令不熟悉,这是将军的罪过;刚才再次三令五申,诸位已经非常清楚了,若仍然不按照规定进行操练的,那就是军官的罪过了。兵法上讲,赏善从地位低下的人开始,惩恶从身份高贵的人开始。两位队长当斩首示众,以正军法。"孙武话音刚落,执行官已经上前准备执行军法。两位宠姬一看孙武开始动真格的了,顿时吓得面如土色,随即瘫软在地上,大呼救命。吴王阖闾在台上远远望见,孙武竟然要斩杀自己的爱姬,非常惊恐。立刻派使者前去制止并传令:"寡人已经知道先生擅长用兵了,就不要难为两位爱姬了。没有她们,寡人食不甘味,还请先生不要斩杀她们!"看到吴王的使者赶到面前,刚刚还惊魂未定的宠姬又立刻耀武扬威,非常不屑地看着孙武。孙武义正词严地说:"臣既已受命为将,将在军,君命有所不受。"①一声令下,两位宠姬的人头落地,香消玉殒。顿时,吴宫苑囿中空气异常紧张,大家都为孙武捏把汗。阖闾正是用人之际,只好强忍着怒气。

孙武并不理会其他状况,命令队列中两位宠姬后面的宫女为队长,继续操练。苑囿中鼓声雷震,宫女们个个立刻像换了个人似的,训练得极其认真,所有的动作都规规矩矩。紧接着,孙武训练复杂的阵法,不论是圆阵,还是方阵,都整整齐齐,丝毫不乱,俨然一支训练有素的军队。这时,孙武派人向吴王阖闾报告:"宫女已经操练完成,大王可以随时检阅,这样的军队为大王所用,怎样使唤都可以,即使赴汤蹈火也在所不辞。"此时的阖闾已经陷入对宠姬之死的悲痛和对孙武的愤怒中,随即摆摆手,说道:"还是请将军回去休息吧,寡人没心思,不想去看了。"孙武得知后说:"吴王不过是喜欢兵法而已,根本不可能真正去实战!"事情过去了六天,孙武没有等到任何消息。当孙武正准备离开吴国时,吴王阖闾亲自前来馆舍,向孙武赔罪,并郑重任命孙武为吴国的将军。孙武当然明白,阖闾并非铁石心肠,看到宠姬被斩杀,悲痛不已,这是人之常情;但阖闾忍住一时之怒不杀自己,并能够亲自前来谢罪,任命自己为将军,可见阖闾确实是一

①[汉]司马迁:《史记》卷六十五,第2161页。

位雄才大略的英明之主。

柏举之战，与有力焉

此时，吴国最大的敌人就是楚国。得到吴王阖闾任用的孙武，首先面对的就是楚国这个强敌。自公元前584年起，吴楚之间冲突不断。吴国作为一个小国，经不起长期的大规模战争消耗，于是孙武和伍子胥就制定了"疲楚误楚"的基本战略。他们将吴国的军队分为三支，每年分批定期骚扰楚国。不明真相的楚军每次都会全力备战，长此以往楚国国内消耗十分严重，楚军也因此疲惫不堪。同时，吴军这种浅尝辄止的打法也让楚军产生错觉，逐渐变得懈怠，不再积极备战，最终导致楚军对吴军的战略判断失误。

在"疲楚误楚"的同时，吴国也借机剪除楚国羽翼，争取盟国，尤其借助楚国与唐国交恶之机，主动与唐国结盟，完成了对楚国的战略包围，掌握江淮流域的大片土地，这为柏举之战的胜利奠定了坚实的基础。

公元前506年，柏举之战爆发。楚国大军大举进攻蔡国，蔡国向吴国求救。这是一个千载难逢的机遇。吴国迅速与蔡国结盟，唐、蔡连为一体，可以避开楚国重兵把守的东部防线，吴军就可以绕道北上，突袭郢都。吴王阖闾立刻答应出兵。吴军沿着淮河，溯流而上。在唐、蔡两国军队的配合下，吴军几乎兵不血刃，绕过楚国北部非常重要的大隧、直辕和冥阨三大关隘，直抵汉水东岸。楚昭王得知后，大惊失色，连忙派令尹囊瓦、左司马沈尹戌、武城大夫黑、大夫史皇等人率军赶至汉水西岸防御。两军隔汉水相望，严阵以待。昏庸无能又贪功心切的囊瓦擅自渡过汉水向吴军进攻，吴军见楚军主动出击，便采取后退示弱、寻机决战的方针，主动后撤。囊瓦以为吴军怯战，尾随而来。吴军且退且战，在小别山至大别山之间，两军连续交战，楚军不断失利，士气低落。退至柏举，吴军列阵迎战。面对蜂拥而至的楚军，阖闾弟夫概率领 5000 亲军作为突击部队，奋勇进攻囊瓦的军队。楚军一触即溃，阵势大乱。阖闾见夫概部突击成功，迅速派主力投入战斗，楚军败退，吴军穷追不舍，并在柏举西南的清发水（今涢水）追及楚军。吴军以"半济击"的战法，再次给渡河逃命的楚军以沉重打击。追至雍澨（今属湖北京山），吴军又一次给正在埋锅造饭的楚囊瓦军残部以致命一击。楚军主将沈尹戌回救，却已无力回天。吴军势如破竹，一举攻陷郢都。

　　柏举之战是春秋以来第一次大规模的长途奔袭战争。吴军在孙武的直接参与指挥下，在孙武兵法思想的主导下，以迂回奔袭、后退疲敌、寻机决战、深远追击的战法，一举战胜强大的楚国，有力地改变了春秋晚期的整个战略格局。之后，吴国又北上中原争霸，齐国、晋国震服，一时间吴国在天下声名显赫，吴王阖闾也成为春秋霸主。孙武都积极参与其中，发挥了很大作用。当然，孙武最后的去向，史籍无载，我们不做猜测。

　　《孙子兵法》，空前绝后

　　由于春秋时期的战争性质，孙武并未直接、独自统兵作战，因此他的战功很难去描述，即使是柏举之战，如何界定孙武在其中的作用，也是一个见仁见智的问题。但是，孙武留下了空前绝后、藏之名山的奇书——《孙子兵法》。

　　齐国兵学传统的影响[1]，兵学世家的良好教育与熏陶，为孙子撰写这部不朽兵学著作奠定了坚实的基础。孙子本人又曾亲身参加过

---

[1] 黄朴民：《齐文化与先秦军事思想的发展》，《学术月刊》1997 年第 11 期；李零：《齐国兵学甲天下——兵法源流概说》，《中华文史论丛》第 50 辑，又见李零：《待兔轩文集》，桂林：广西师范大学出版社，2011 年，第 268—286 页。

重要的军事实践活动,并从南方吴、楚等国兵学思想中汲取了有益的营养,因而为其兵学理论建构创造了优越的条件。因此,综合性、博容性是《孙子兵法》一书思想文化精神的重要体现。与之相联系,其书所打上的地域文化特征乃是一个极其复杂、极其多样的现象。而在这中间,吴文化在它身上所留下的深刻烙印与广泛影响也不应该被忽视①,唯有如此,才能真正全面认识《孙子兵法》一书的意蕴及其不朽价值。《孙子兵法》的面世,乃是历史的必然,其在历史上产生重大的影响亦决非偶然。

《孙子兵法》言简意赅,博大精深,全书六千字左右。全书十三篇,即《计》《作战》《谋攻》《形》《势》《虚实》《军争》《九变》《行军》《地形》《九地》《用间》《火攻》②,是一个严密的逻辑体系。总体而言,《孙子兵法》从以下几个方面体现了孙武的兵学思想。首先,慎战思想。《孙子》开篇便讲:"兵者,国之大事,死生之地,存亡之道,不可不察也。"③《火攻》提醒:"明君慎之,良将警之。"④孙武是一个军事家,但并非穷兵黩武之人,对待战争非常谨慎。其次,诡道思想。孙武明确提出"兵者,诡道也"⑤。战争是智力的对抗和实力的比拼,欺骗是其最重要的特征。再次,谋攻思想。孙武提出"不战而屈人之兵"⑥,

① 黄朴民、宋培基:《〈孙子兵法〉的吴文化特征》,《光明日报》2009 年 5 月 18 日。
② 十三篇的篇名与篇序,《武经七书》与银雀山汉墓竹简本《孙子兵法》稍有不同,《武经七书》中,《计》作《始计》,《形》作《军形》,《势》作《兵势》,笔者认为,当以银雀山汉墓竹简本《孙子兵法》为是。
③ [春秋]孙武撰,[三国]曹操等注,杨丙安校理:《十一家注孙子校理》,北京:中华书局,1999 年,第 1 页。
④ [春秋]孙武撰,[三国]曹操等注,杨丙安校理:《十一家注孙子校理》,第 284 页。
⑤ [春秋]孙武撰,[三国]曹操等注,杨丙安校理:《十一家注孙子校理》,第 12 页。
⑥ [春秋]孙武撰,[三国]曹操等注,杨丙安校理:《十一家注孙子校理》,第 45 页。

提倡"上兵伐谋"①,努力降低战争伤亡和成本。第四,孙武强调掌握战争主动权,通过示形佯动等方式,实现"致人而不致于人"②。第五,在治军思想中提出"令之以文,齐之以武"③。当然,《孙子兵法》中还有我们耳熟能详的很多智慧,如"知彼知己"④、"奇正相生"⑤、"避实而击虚"⑥等等。

《孙子兵法》的地位自古就有公论,众多名人对其丝毫不吝惜赞誉之辞。早在战国晚期,韩非就说:"境内皆言兵,藏孙、吴之书者家有之。"⑦三国时期军事家曹操说:"吾观兵书战策多矣,孙武所著深矣!"⑧唐太宗李世民认为:"观诸兵书,无出孙武!"⑨明代军事理论家茅元仪指出:"先秦之言兵者六家,前孙子者,孙子不遗;后孙子者,不能遗孙子。"⑩四库馆臣称《孙子兵法》为"百代谈兵之祖"⑪。而到近现代时期,孙中山、毛泽东、蒋介石、刘伯承、郭化若等人对其均有很高的评价。

真正优秀的文化遗产是属于全人类的,它的影响也早已越出国

---

① [春秋]孙武撰,[三国]曹操等注,杨丙安校理:《十一家注孙子校理》,第46页。

② [春秋]孙武撰,[三国]曹操等注,杨丙安校理:《十一家注孙子校理》,第106页。

③ [春秋]孙武撰,[三国]曹操等注,杨丙安校理:《十一家注孙子校理》,第203页。

④ [春秋]孙武撰,[三国]曹操等注,杨丙安校理:《十一家注孙子校理》,第62页。

⑤ [春秋]孙武撰,[三国]曹操等注,杨丙安校理:《十一家注孙子校理》,第90页。

⑥ [春秋]孙武撰,[三国]曹操等注,杨丙安校理:《十一家注孙子校理》,第124页。

⑦ [战国]韩非撰,[清]王先谦集解:《韩非子集解》,北京:中华书局,1998年,第452页。

⑧ [三国]曹操著,中华书局编辑部编:《曹操集》,北京:中华书局,2013年,第65页。

⑨ [唐]李靖撰,吴如嵩、王显臣校注:《李卫公问对校注》,第42页。

⑩ [明]茅元仪:《武备志·兵诀评序》,见《中国兵书集成》编委会:《中国兵书集成》(第27册),北京、沈阳:解放军出版社、辽沈书社,1989年,第185—186页。

⑪ [清]永瑢等:《四库全书总目》,北京:中华书局,1965年,第836页。

界,而成为世界人民的共同精神财富。早在公元 8 世纪的唐玄宗时期,日本遣唐学生吉备真备就将《孙子兵法》携带到日本,并亲自进行讲解。《孙子兵法》的西传,最早是在 1772 年,当时法国神父约瑟夫·阿米欧(P.Josephus Maria Amiot)在巴黎翻译出版了法文版《中国军事艺术》丛书,其中就收有《孙子兵法》。1905 年,英人卡尔斯罗普(E.F. Calthrop)根据日文版的《孙子兵法》将其翻译成英文,并在东京出版。1910 年,英国汉学家贾尔斯(Lionel Giles)的《孙子兵法——世界最古之兵书》英译本在伦敦出版。同年,布鲁诺·纳瓦拉(Bruno Navarre)的《中国的武经》德译本在柏林出版。据不完全统计,目前《孙子兵法》在世界上被译成外文的,有英、日、俄、法、德、意、捷、西班牙、荷兰、希腊、罗马尼亚、阿拉伯、泰、缅、越南、朝鲜、希伯来、马来西亚等 20 种以上。这表明《孙子兵法》得到广泛流传,受到普遍推崇。

孙武在国外也受到众多人士异口同声的赞美。日本学者阿多俊介在《孙子之新研究》的《自序》中说:"孙子是富有天才的人,其头脑的精密,思想的远大,令人惊叹不止,而有今人不及古人之感。故学者均称孙子为兵圣,其书为兵经。"[1] 日本学者尾川敬二称孙武为"兵圣",誉其为"东方兵学的鼻祖,武经的冠冕"[2];福本椿水称孙子是"兵家之神"[3]。英国战略学家李德·哈特(B.H.Liddell Hart)说:"《孙子》这一本书所包括的战略和战术基本知识,几乎像我所著的

---

[1][日]阿多俊介:《孙子之新研究》,来伟良、孔霭如译,南京:南京共和书局,1931年,第 5—6 页。

[2][日]尾川敬二:《战纲典令原则对照孙子论讲·自序》,1934 年菊地屋书店排印本。

[3][日]福本椿水:《孙子评注之训注·自序》,昭和十年(1935)诚文堂新光社排印本。

20多本书中所包括的分量一样多。"① 费正清（John King Fairbank）对《孙子兵法》亦有很高的评价："《孙子兵法》清晰地说明，暴力只是战争的一部分，却不是受到推崇的部分。总之，战争的目的是使对手屈服，改变他们的观点，劝其顺从。最经济的方式就是最好的方式：通过欺骗、震慑、劝说其放弃不切实际的目标等方式，使其相形见绌，进而投降或至少撤退，而你不需要与之作战。"②

3. 吴起：杀妻求将，未得善终

吴起，生年不详，卒于公元前381年。战国初年的卫国人，先后在鲁国、魏国、楚国出仕，均有战功。吴起用他的一生诠释了什么叫德才相悖。吴起曾就学于儒家，非常善于用兵，又主持过楚国的变法。可以说，吴起至少对儒学、兵学和法家的学说均有涉猎。吴起以其一生无败绩的赫赫战功和兵书《吴子》流传于世。

杀妻求将，为人不齿

吴起出生在一个比较富裕的家庭，本可以衣食无忧地过完一生。但他不愿碌碌无为，仅仅满足于做一个富有的公子哥，所以散尽家财以求出仕。结果，竹篮打水一场空，求官不得，家庭也破产了。这时邻里都嘲笑他，年轻气盛的吴起竟然愤而杀死嘲笑者30多人。杀人后的吴起知道自己在卫国再也待不下去了，决定逃亡。临走前，他不得不与老母亲诀别。他狠狠地咬着自己的胳膊对母亲发誓："我吴起

---

① [英]李德·哈特：《战略论：间接路线》，钮先钟译，上海：上海人民出版社，2010年，第323页。

② [美]弗兰克·基尔曼、费正清：《中国的战争行为》，门洪华等译，门洪华校，北京：人民出版社，2016年，第10页。

如果不能贵为卿相,绝对再也不回卫国。"说完这一番豪言壮语,吴起匆忙从卫国东门逃走了。这一别成了母子的永诀。吴起辗转来到鲁国,向曾参之子曾申学习儒学。没过多久,思儿心切的老母亲就去世了,吴起心里非常矛盾,却还是不敢回去。要是回到卫国,轻则遭受牢狱之灾,重则将会被杀头。于是,他强忍着丧母之痛,继续到曾申处学习儒学。孝道是儒学的重要特征,得知吴起母死不奔丧,曾申一气之下将其赶出师门。唐代白居易还在诗中痛斥吴起此举为禽兽之行:"昔有吴起者,母殁丧不临。嗟哉斯徒辈,其心不如禽。"[1]吴起于是又转而开始学习兵法,因为有着极高的天赋,很快就以善用兵闻名,得以侍奉鲁穆公。

齐国突然大兵压境,鲁国上下慌作一团。鲁穆公环视一番,论军事才能或许只有吴起能够胜任鲁军主将,但是吴起的妻子是齐国人,所以他还是有些顾虑。当吴起得知这个消息后,非常痛苦。吴起深知,这可能是他唯一的建功立业的机会了。无奈之下,他狠心选择杀妻求将,向鲁穆公表明自己不会亲附齐国的心志。最终,吴起出任鲁军主将,大破前来进犯的齐国军队。吴起终于在鲁国得到了他梦寐以求的功名。

无论出于什么样的原因,吴起母死不奔丧,杀妻求将,在任何时代终究会遭到世人的非议和唾弃。尤其是杀妻求将,已经完全突破了人类的道德底线,可以说吴起用自己妻子的性命换来了一次出任将军的机会,虽然一战成名,却令人不齿和厌恶。这时鲁国就有人开始在背后议论,说吴起的坏话,说吴起是一个性情非常残忍的人。一些政敌和好事者就开始宣扬他杀乡党、不奔丧、杀妻等种种违背伦常的行为。一些大臣慑于齐国的强大,也对吴起此次战胜之功说三道

---

①[清]彭定求等编:《全唐诗》卷四百二十四,北京:中华书局,1960年,第4665页。

四,说鲁国不过是个小国,但如今却背负着战胜之名,很快就会成为众矢之的,其他诸侯国定会对鲁国不利。况且,吴起在卫国杀了人,是卫国的逃犯。鲁国和卫国是兄弟之国,如果鲁国重用吴起,那就容易被误解为不重视鲁卫关系,与卫国为敌。鲁穆公听了这些话之后,也觉得有理,逐渐产生了疑虑,最终不再重用吴起。

终遇贤君,任西河守

吴起深知在鲁国已经前途无望,绝望中的他得知魏文侯向天下发布求贤令,广招贤才,于是准备前往魏国碰碰运气。魏文侯得知后,向李悝问道:"先生,吴起这个人到底怎么样呢?"李悝如实回答:"吴起这个人贪恋声名、爱好女色,但是他的用兵水平绝对在司马穰苴之上。"魏文侯深谙用人之道,还是决定见一见吴起。

吴起身穿儒服,但却以兵法拜见魏文侯。魏文侯说:"寡人不喜欢军旅之事。"

吴起再拜,说道:"下臣可以通过您的一些作为推测大王内心的真实想法,还可以从过去的一些情况来预测将来的趋势。我知道大王胸怀大志,又何必说着言不由衷的话呢!下臣能够看到大王每年都派人宰杀各种野兽,制成皮革,涂上红漆,绘上图案,烙上犀牛、大象的图案。这些物品冬日里不能保暖,夏日里穿着不凉爽。长戟二丈四尺,短戟一丈二尺,魏国藏有多少,大王肯定比我清楚。魏国的革车堵塞了街道,它们的车轮没有华丽的装饰,中轴裹着皮革。这些革车并不如日常使用的那般华丽,如果乘着去打猎也不轻便,那我就不理解大王大规模制造这些战略物资有何用?如果大王是准备用来打仗的,却又不愿求得善于用兵之人,这无异于孵窝的母鸡同野猫搏斗,还没断奶的小狗和老虎去决斗,虽有斗志,也不过是自取灭亡。从前,神农氏时期的承桑氏只讲文德,不重武备,最终葬送社稷;有扈氏仰仗人多势众，穷兵黩武，社稷败亡。贤君应当以此为鉴，内修文德，外治武备，文武兼备。面对敌人而不敢勇于反击，这不是义；等到将士战死沙场，尸体冰凉之时又去怜悯，也不是仁。"

听到此处，魏文侯大喜，只觉相见恨晚，这才是他梦寐以求的将才啊。于是文侯亲自设席，魏国夫人捧酒，在祖庙宴请吴起，以示郑重，当即任命吴起为魏国大将，西向击秦。

吴起身为主将，却能与士卒同甘共苦，与最下等的士卒同吃同住。吴起睡觉的时候不铺席褥，甚至睡在坑坑洼洼的田埂上，身上仅仅盖着一些树枝。行军的时候不坐车，自己亲自背粮，丝毫不搞特殊化。吴起爱兵如子，当时有一个士兵生了恶性的痈疮，如果不及时治疗就会有生命危险，吴起性急之下亲自用嘴吸出脓液。这个士卒的母亲听说了这件事之后，哭得非常伤心。众人不解地问道："你的儿子不过是一个普通士卒，如今吴将军亲自为他吸出脓液，救了他的性命，您应该感到荣幸才对，怎么又哭得如此伤心呢？"这位母亲缓了一会儿，才告诉人们："不是这样的。曾经吴公为他的父亲吮吸痈疮，结果他的父亲在战场上宁愿死不旋踵，最终战死沙场。如今吴公又为他吮吸痈疮，我真不知道他什么时候又会战死疆场了。这才是我哭泣的原因。"吴起的廉洁，公平，得到了魏国将士的爱戴。吴起不仅爱兵如子，而且他在战场上也赏罚严明，毫不徇情。一次，魏军与秦军作战，两军正在对阵尚未交锋，一个非常勇猛的战士立功心切，自恃其勇，在攻击命令还未下达时就独自前往秦军阵中，斩获了两个敌军首级，扬扬得意地跑回来。吴起见状，并未赞扬其勇猛，而是下令军法处置。这时很多军士都非常不解，一个军官上前求情："这个人的确是一个非常有才能、勇猛的士兵，将军还是不要斩杀他。"吴起答道："他的确是一个有才能的人，但他违背军令，必须处死！"

在吴起卓有成效的训练和指挥下，魏军经过大约两年的艰苦奋战,先后夺取了秦国的临晋(今属陕西大荔)、元里(今属陕西澄城)、洛阴(今属陕西大荔)、邰阳(今属陕西合阳)等河西之地的重要城池,秦国被迫退守洛水,这样黄河以西的大片土地即归魏国所有。为了进一步巩固对河西之地的统治,魏文侯建立西河郡,任命吴起为西河守,全面处理西河地区的军政要务,主持魏国与秦国、韩国的战事。吴起在魏国期间,先后与其他诸侯国大战 76 次,从未失败过,其中 64 次大获全胜,其余 12 次则打了个平手,可见其军事指挥能力之卓越。魏国在战国初年的霸业,吴起功不可没。

辅佐武侯,德力并重

吴起不仅懂得在战场上与敌人斗智斗勇,同时他还深知政治与军事的密切联系,提倡以德治国。公元前 396 年,魏文侯去世,魏武侯即位,吴起继续听命魏武侯。一次魏武侯视察西河地区,吴起陪同。魏武侯浮舟顺西河(今陕西与山西交界的黄河段)中流而下,突然回头问吴起:"我们魏国壮丽的山河多么险要,这可是我们魏国之宝啊!"魏武侯沉浸在对大好河山的赞叹中,大臣也在齐声谄媚附和。吴起非常清醒,起身谏言:"国家的长治久安在于以德治民,而不仅仅在于地势险要。过去三苗所处之地,地势险要,左临洞庭湖,右濒鄱阳湖,但不修德政,最终被大禹攻灭。夏桀所处之地,左临黄河和济水,右靠华山,伊阙(今河南龙门,两山相对,济水从其间经过,故名)居南,羊肠坂(太行山的重要通道)在北,如此险要地带,但他不修仁政,最终遭商汤流放。商纣治理的商地,左有孟门山,右有太行山,恒山在北,黄河在南,如此险要之地,但他不修仁德,最终被周武王诛杀。从这些历史教训来看,君主治理国家,在德不在险。如果大王不修德行,那么我们今日舟中之人将来都会成为敌国的俘虏。"魏武侯听完连连称好。

吴起任西河守,解除了秦国对魏国的威胁,将西河地区治理得井井有条,在魏国上下享有很高的名望。这时魏国进行官制改革,设置了相国,魏武侯任命田文为魏国国相,位极人臣。吴起得知后很不高兴。一次他和田文谈起此事说道:"我想和您比一比谁在魏国的功劳大,不知可否?"田文深知吴起的用意,说道:"可以。"吴起问道:"统领大军作战,士兵至死不旋踵,敌国根本不敢图谋魏国,先生和我比,谁更强一些呢?"田文笑盈盈地说:"当然不如将军。"吴起接着问道:"治理百官,亲附万民,充实府库,先生和我相比,谁更强一些呢?"田文又笑盈盈地答道:"我当然不如将军。"吴起追问不舍:"帮助魏国镇守西河,秦军丝毫不敢侵犯,韩国和赵国服服帖帖,先生和我相比,谁更强一些呢?"田文还是笑盈盈地回答:"当然更不如将军了!"吴起就疑惑了,不解地问道:"那先生几个方面都不如我,为什么先生的官位却比我高,这道理又何在?"田文一语道出实情:"如今魏王刚刚即位,国家尚未安定,大臣尚未亲附,百姓还没有归服,当下的局势,将军觉得魏君应当把国家大事托付给将军呢,还是托付给我呢?"吴起听完恍然大悟,会意地点头说道:"先生说的对,应该托付先生。"田文语重心长地说:"这正是我职位在将军之上的原因啊!"吴起此时才深知自己在政治智慧方面远不及田文,对田文一席话心服口服,同时也为自己的鲁莽而深深自责。此后在魏国的各项工作中,吴起都积极配合田文。

晚年奔楚,献身变法

田文死后,公叔继任魏相,并且娶了魏国的公主,地位显赫,一时无两。田文为相期间,尚能容得下战功赫赫的吴起,将相能够融洽相处。心胸狭窄的公叔继任后,非常忌惮吴起,就开始构陷吴起。这时,大臣中也有一些对在外建功立业的吴起非常不满,他们时不时在魏武侯面前说吴起的各种坏话。魏武侯也担心吴起长期领兵在外，容易尾大不掉，于是就将他召回到魏都，解除兵权。吴起的军事才能的确非常出众，但是清廉正直的他却难以应对魏国险恶的政局。一天，公叔的一个仆人就出了个坏主意，说："让吴起逃出魏国简直太容易了。"公叔忙问："什么好办法呢？"这个满肚子坏水的仆人说："吴起为人刚正廉洁，非常爱惜自己的名声。相国可以先去武侯那里说：'将军吴起是个难得的人才，大王的国家太小，并且还与强秦为邻，因此臣私下经常担心吴起并不会长久留在魏国啊。'那魏武侯肯定会问：'那怎么办？'相国趁机献计武侯：'大王可以用下嫁公主的方式招揽他，如果吴起有死心塌地留在魏国的想法，那么他肯定会接受的；如果没有的话，那肯定会婉言拒绝，大王可以用这种方式试探一下。'同时相国在武侯召见吴起之前找个时间邀请吴起来相府，故意让公主当着吴起的面发怒，并且表现出一副盛气凌人的样子。吴起看到魏国公主如此缺少涵养，肯定会谢绝魏武侯的好意。"公叔听完后连连称妙，于是按计划进行。果然后来吴起就谢绝了魏武侯的好意。从此以后，魏武侯对吴起留在魏国的诚意就有所怀疑了，慢慢也不再信任他了。吴起逐渐感到不妙，害怕招来无端的祸患，于是心如死灰的他找了个机会，离开了他奉献了20多年的魏国。

　　公元前384年，吴起离开魏国。当吴起得知楚悼王向来非常仰慕他的才华，于是转而南下抵达楚国。吴起一到楚国，楚悼王立刻任命他为相国，位极人臣，并委任他在楚国实施变法。吴起开始了大刀阔斧的改革：制定法律，以法治国，令出必行；精简机构，撤除不必要的官职，剥夺三世以外关系疏远王族的爵禄，以节省下来的费用奉养前线军队。吴起认为国家治理最重要的事情是富国强兵，不能重用那些纵横家，于是就揭穿他们的谎言，破除楚人对纵横家的迷信。在吴起凌厉的改革之下，楚国很快就强大起来，于是南下平定百越，北上兼并陈、蔡两国,并且击退三晋的进攻,把楚国势力扩展到黄河以北的地区,向西攻伐强秦。一时间,楚国势力大增,天下诸侯都因楚国的强大而忧虑。吴起改革虽然取得了显著的成就,但是在改革中那些利益受损的王族个个视吴起为寇仇,都想杀吴起而后快,只是碍于楚悼王,未敢动手。

公元前381年,楚悼王去世。楚悼王刚死,楚国的宗室大臣就趁机作乱攻杀吴起,吴起自知在劫难逃,赶忙逃至楚悼王尸体停放之处,趴在楚悼王的尸体上。此时这些宗室对吴起早已恨之入骨,仍然用箭射杀吴起,同时也射中了楚悼王的尸体。这些宗室甚至还将吴起的尸体残忍地肢解来泄愤。太子臧先是安葬了楚悼王,随后即位为楚肃王,并命令楚国的令尹将那些射杀吴起时误伤到楚悼王尸体的宗室全部处死,在此事件中被灭族的楚宗室多达70余家。

兵法传世,孙吴并称

不甘碌碌无为的吴起一生辗转鲁国、魏国和楚国,建立了不世功勋。身处战国初年的变革时代,他代表着历史前进的方向。吴起的军事指挥能力非常出众,《尉缭子》中评价吴起的军事才能时称道:"带兵七万,无往而不胜的人就是吴起。"吴起在领兵作战的同时,还进行军事理论探索,完成了著名的《吴子兵法》。《汉书·艺文志》著录《吴起》48篇,大部分亡佚,今仅存六篇,即《图国》《料敌》《治兵》《论将》《应变》《励士》。吴起兵法对后世影响很大,早在战国末期已经产生了广泛影响,当时天下称道兵书时往往是《孙》《吴》并称,《吴子》在宋代被编入《武经七书》,成为当时的官方军事教材。直至清代,"武试默经",依然"不出孙、吴二种"①。

---

① [清]朱墉:《武经七书汇解》,郑州:中州古籍出版社,1989年,第83页。

《吴子兵法》在很多军事思想方面对《孙子兵法》都有所发展，提出的很多重要军事思想在今天仍发挥着重要的影响。如在战争观上他主张慎战，反对穷兵黩武；在制胜因素上他更强调"道"的层面，即"人和"；他主张政治、军事的配合，认为治国者应当"内修文德，外治武备"①。在战、守之间更重视防守，他认为"战胜易，守胜难"②。与其他兵书相较而言，他"以治为胜"的治军思想和"因形用权"的作战指导思想独具特色。总之，《吴子》一书较全面地反映了战国时期的战争特点与吴起本人的兵学思想。它深刻地总结了战国前期丰富的实战经验，是继《孙子兵法》之后又一部体系完备、思想精辟、价值巨大的兵学论著，在中国古代兵学思想发展史上具有不可磨灭的地位。③

4. 孙膑：围魏救赵，终极深仇

孙膑，生卒年不详，生于齐国阿、鄄地区。孙膑主要活动于齐威王时期，距孙武去世约 150 年左右。孙膑本名历史不载，时人以"孙子"尊称之，后世或以齐孙子称之。

同门相煎，入齐拜将

孙膑年轻的时候和庞涓一起学习兵法，据说拜师鬼谷子门下。孙膑可能是因为出身于兵学世家，加之天资聪颖，因此兵法水平远远高于庞涓。战国初年，魏国实力正盛，天下贤才云集。庞涓看准机会，前往魏国拜见魏惠王，很快成为魏国的将军。庞涓在战场上所向披

①［战国］吴起撰，陈曦集释：《吴子集释》，北京：中华书局 2012 年，第 4 页。
②［战国］吴起撰，陈曦集释：《吴子集释》，第 47 页。
③ 白立超、黄朴民：《中国兵学通史·先秦卷》，长沙：岳麓书社，2021 年。

靡，无人可挡。但是他心里一直有个挥之不去的顾虑，那就是实力远在自己之上的同门孙膑。若是有朝一日孙膑出山，无论效力于哪国，都会危及他自己。庞涓为了根除后患，心生毒计。他假意将孙膑秘密地迎到魏国，然后利用自己在魏国的权势借机对孙膑施以膑刑，残忍地挖掉了孙膑的膝盖骨，还在孙膑脸上刺字，试图将其埋没，使其永远没有出头的机会。由于孙膑惨遭膑刑，所以后世就以孙膑称之，至于其名、字，我们已经不得而知。

面对如此艰难的情形，行动不便的孙膑还是忍辱负重，寻找机会脱逃。后来，齐国使者来到大梁，这是一个千载难逢的机会，因为此时已经是田齐执政，孙膑与齐国君主实为同宗同族。孙膑几经周折，设法以囚徒的身份秘密拜见齐国使者，在说明自己身份的同时，也展示了自己的军事才能。一番交谈之后，齐使认为孙膑是一个难得的人才，便在回国的时候，几经周折，偷偷地将孙膑带回齐国临淄。孙膑回到齐国后，很快得到齐国将军田忌的赏识，田忌以宾客的尊贵身份待之，出入极尽礼数。

田忌打仗之余有一个爱好，就是和齐王、齐国诸公子赛马。他们赛马时往往都会下很大的赌注，有时孙膑也会一起前往观看。齐国诸公子的赛马都是齐国万里挑一的好马，将军田忌的马匹总是略逊一筹，每次三局两胜，基本都输，田忌也无能为力。孙膑经过几次观察发现其实田忌的马与齐国诸公子的赛马相比，脚力稍逊一筹是不假，但实力差距并不大，所以孙膑认为田忌是可以取胜的，只需要稍微调整一下策略。于是他胸有成竹地对田忌说："这次将军尽管下大赌注，我保证能够让将军取胜。"田忌先是疑惑，但是看到孙膑坚定的眼神，他还是选择相信孙膑，而且决定和齐威王及诸公子以千金为赌注。齐威王及诸公子根本不相信田忌会赢，欣然应允。等到比赛开始的时候，孙膑对田忌说："将军先用下等马与对方的上等马角逐，然后用上等马与对方的中等马角逐,最后再用中等马与对方的下等马角逐。"田忌按照孙膑的方法,果然获得胜利。三场比赛,田忌三局两胜,赢得了齐威王及诸公子的千金赌注。齐威王非常诧异,向田忌询问,田忌趁机向齐威王推荐孙膑。之后,齐威王经常向孙膑请教兵法,并以师礼待之。

桂陵之战：围魏救赵

战国初年,魏文侯任用李悝变法,一时群贤毕至,魏国霸业渐成。齐国在齐威王统治时期也推行了一系列改革,选贤任能,逐渐强大起来。公元前354年,赵国出兵卫国。卫国原来入朝魏国,因此魏国率领宋国共同协助卫国,很快形成了对邯郸的围攻。前353年,万般无奈的赵国不得不向东方强国齐国求救。这时齐威王准备以孙膑为主将,率兵出征。孙膑坚决辞谢:"我是刑余之人,万万不可！"于是齐威王以田忌为大将,以孙膑为军师,坐在篷车中,专门出谋划策。当时,魏国主将正是庞涓,庞涓率领八万大军,正在围攻邯郸。田忌准备率八万齐军直抵邯郸,与魏军决战。孙膑坚决制止,并说:"想要解开杂乱无章的丝麻,那就不能紧握拳头乱砸乱扯；想要制止打架斗殴,那就不能用手再去乱打乱戳；要直击要害,避实就虚,情势相互限制,就会自然解开。如今之势,赵、魏两国酣战,魏军的精锐力量肯定在邯郸,魏国内部必然空虚。将军还不如率领军队急攻魏都大梁,占领交通要道,攻击其空虚之处,那么邯郸前线的魏军必定会放弃围攻邯郸而狼狈回救。此举不仅能解除邯郸之围,还能攻击疲敝的魏军。"田忌听完大喜过望,立即更改行军路线。

孙膑对田忌具体建议:"请南攻平陵。平陵,其城小而县大,人众甲兵盛,东阳战邑,难攻也,吾将示之疑。吾攻平陵,南有宋,北有卫,当涂（途）有市丘，是吾粮涂（途）绝也，吾将示之不智事。"① 根据孙膑的谋划，田忌南下佯攻战略要地平陵（今属山东定陶），如此指挥给庞涓造成了齐军指挥能力低劣的错觉。当军队抵达平陵，孙膑建议派齐城大夫和高唐大夫攻打平陵城池。齐城大夫和高唐大夫率军攻打平陵城，结果遭到魏军的痛击。其实这些都是孙膑刻意吸引魏军之举动。

这时，孙膑对田忌说："请遣轻车西驰梁（梁）郊，以怒其气，分卒而从之，示之寡！"② 齐军主力直接扑向魏都大梁（今属河南开封）。魏国上下十分震恐，前线的庞涓迅速回师救援。在齐军进入大梁城郊地区时，孙膑又建议田忌继续示弱，故意将齐军分散，让庞涓误以为齐军力量薄弱。愤怒的庞涓失去冷静，当他探知齐军力量薄弱，决定放弃辎重，率领轻锐火速赶往大梁。此时的齐军以逸待劳，占据地利优势，在桂陵（今属河南长垣，一说在山东菏泽）一带袭击疲敝的魏军。魏军大败，主将庞涓被擒。这就是以围魏救赵而取得胜利的桂陵之战。

孙膑一战成名，"围魏救赵"成为中国兵学史上最经典的战法，后来庞涓被放回魏国。

马陵之战：减灶诱敌

公元前341年，魏国出兵攻打韩国。韩国当然不是对手，也向齐国告急。田忌建议齐威王答应出兵相助，但并没有立即派兵前往。齐国上下一直在观望，等待合适的出击时机。当韩、魏两国在战场上打得非常胶着，魏国实力大损之时，齐威王再次以田忌、田盼

---

① [战国]孙膑撰，张震泽校理：《孙膑兵法校理》，北京：中华书局，1984年，第1页。
② [战国]孙膑撰，张震泽校理：《孙膑兵法校理》，第2页。

等为将,以孙膑为军师,起兵伐魏,直奔大梁。魏惠王以太子申为上将军,以庞涓为将,率领十万大军撤离韩国,准备迎击齐军。魏军此次显然对齐军的到来早有预料,他们同仇敌忾,试图一雪前耻。面对来势汹汹的魏军,孙膑建议:"魏军向来悍勇,根本不把齐军放在眼里,况且齐军胆小的声名在外,善战之将应当因势利导。兵法上说:'百里而趣利者蹶上将,五十里而趣利者军半至。'所以我们应当用减灶的办法来诱敌深入,寻机歼敌。"田忌大喜,连连称妙。

　　齐军假装匆忙撤退,第一天建营地军灶十万,第二天减为五万,第三天仅剩三万,这给追击的魏军造成齐军大量逃亡的假象。庞涓当然也非常谨慎,他一边追击一边仔细观察,发现齐军的军灶越来越少,非常高兴地对太子申说:"我知道齐军向来胆小怕事,不敢打硬仗,我们刚刚追击了三天,就逃亡过半了。"显然庞涓已经被齐军的假象给欺骗了,他贸然作出决定,放弃步兵,仅仅率领少量精锐日夜兼程展开追击。此时齐军已经选好了伏击魏军的地点,那就是道路狭窄,险隘重重,杂草丛生的马陵(今属河南范县)。孙膑根据情报,以魏军的行军速度判定其当晚必定会赶到马陵。孙膑于是命军士将一棵大树的树皮刮去,在白木处赫然写上"庞涓死于此树之下"[1] 几个大字。齐军经过简单的休整和补给之后,田忌命令一万弓箭手埋伏在马陵道旁,并约定"暮见火举而俱发"[2]。傍晚,庞涓果然率领轻锐之师抵达马陵,他隐隐约约看见树上有字,于是命令士兵拿来火把。还未看完,齐军的弓箭手已然万箭齐发,箭如雨下,魏军顿时大乱。齐军利用战车立刻将魏军分割包围,形成瓮中捉鳖之势。庞涓见大势已去,无力回天,拔剑自刎,临死前大呼:"我的死倒成就了孙

---

①[汉]司马迁:《史记》卷六十五,第 2164 页。
②[汉]司马迁:《史记》卷六十五,第 2164 页。

膑这小子的声名!"眼见主将已死,魏军犹如无头苍蝇各自奔命。齐军趁机追击其他魏军,十万魏军惨败,主力被歼,太子申被俘。马陵之战后,魏国元气大伤,战国初年通过变革所形成的政治军事优势已经荡然无存。

晚年亡楚,终老他乡

齐威王时期,邹忌权倾一时,与田忌有很深的矛盾。邹忌原本希望通过田忌率军对魏作战,借刀杀人,结果在孙膑的辅佐下,田忌无往不胜,反而势力坐大。就在马陵之战胜利之后,田忌尚未回国之前,邹忌的门客公孙闬利用田忌功高盖主,又出毒计。他们秘密派人到临淄闹市当中声称自己是田忌的人,找卜者占卜,故意说道:"田忌无往不胜,名动天下,如今想成大事,自立为王,我们先来占卜,看是否吉利?"占卜刚刚结束,公孙闬就命人将其逮捕。邹忌等人将卜者带到齐威王面前验证卜辞。如此拙劣的演技,齐威王竟信以为真,于是准备等到田忌从前线回来后,立即逮捕。

得知田忌遭到陷害,孙膑决定反击,匡正威王,驱逐邹忌。他试探性地问田忌:"将军,能够与您谋划大事吗?"田忌心里当然非常明白,反问道:"怎么办?"孙膑说:"我建议将军带兵入临淄,匡正齐君。我们兵分两路,一支由老弱病残的士兵据守临城西南的险要地带,必能以一当十;另一支精锐军队全力攻击临淄西南方向的雍门。这样的话,大王可以匡正,邹忌也必将逃亡。"于是他们按照计划行事,但是毕竟是疲敝之师,又要攻打守备森严的临淄城,不仅出师不利,而且很快军队就散了。田忌见到袭击临淄不成,只得逃亡。孙膑一方面与田忌有着生死之交,同时又是攻打临淄的主谋,也只得随同逃亡至楚国,后来终老楚国。

兵法传世，千年重见

在桂陵之战、马陵之战中立有首功的孙膑已经名扬天下。孙膑不仅战功赫赫，而且也进行军事理论探索。他发展了《孙子兵法》的兵学思想，结合自己的战争经验，写成《孙膑兵法》一书。从史籍记载来看，孙膑的战功的确在孙武之上，但是《孙膑兵法》流传却非常坎坷。据《汉书·艺文志》著录："《齐孙子》八十九篇，图四卷。"[①] 六朝以后，唐代以前，《孙膑兵法》不见于世，《隋书·经籍志》已经没有著录，后世学者也因此产生了很多笔墨官司。1972 年，银雀山汉墓竹简出土，失传千年的《孙膑兵法》得以重见天日。学者经过整理，发现《孙膑兵法》共 364 枚竹简，11000 余字，共 30 篇，并于 1975 年分上下两卷正式出版。其中以"孙子曰"开头的篇章有《篡卒》《月战》《八阵》《地葆》《势备》《兵情》《行篡》《杀士》《延气》《官一》等 10 篇。其他有《擒庞涓》《见威王》《威王问》《陈忌问垒》《强兵》《十阵》《十问》《略甲》《客主人分》《善者》《五名五恭》《兵失》《将义》《将德》《将败》《将失》《雄牝城》《五度九夺》《积疏》《奇正》等 20 篇[②]。

《孙膑兵法》基本反映了战国时期的战争形态，孙膑在继承孙武"慎战""避实击虚"等思想的基础上，丰富了孙武的论述，推动了中国军事思想的发展。孙膑秉持"战胜而强立"的基本观点，肯定战争胜利在国家治理中的价值与意义。当然孙膑虽然重视战争，但也持慎战态度，反对统治者"乐兵""利胜"等穷兵黩武的做法。同时，孙膑秉持"义战"原则，坚信"义"会对战争胜负产生影响。在战略战术方面，

---

① [汉]班固：《汉书》卷三十，北京：中华书局，1962 年，第 1757 页。
② 参见 [战国]孙膑撰，张震泽校理：《孙膑兵法校理》。当然《孙膑兵法》到底包括哪些内容和篇章，学术界仍有很大的争议。

《孙膑兵法》中包含了"必攻不守"的思想、"恒胜"的原则,强调充分调动敌人,在运动中歼敌。孙膑重视突击队在战争中的合理使用,重视阵法的运用,努力在战争中造就有利态势,重视弩兵的使用,力争夺取战争主动权。孙膑也有一些富有特色的兵学思想,如对"气"的培养。孙膑对士气有非常详细的论述,有"激气",即战争的动员,使同仇敌忾;"利气",即严格执行军令,迅速奔赴战场,保持锐气;"励气",即敌阵逼近,鼓舞斗志;"断气",即为了使士兵有必死之心,必须鼓足勇气,断绝苟且偷生的可能;"延气",即为了让士兵达到最后的战争状态,必须告诫其坚决执行战时纪律,保证战争顺利进行。

二、名将世家的悲喜剧

中国古代有很多名将世家,如齐国的孙氏家族先后有司马穰苴、孙武、孙膑;秦国的两大名将世家,蒙氏家族先后有蒙骜、蒙武、蒙毅、蒙恬,王氏家族先后有王翦、王贲、王离;赵国的两大名将世家,赵氏家族先后有赵奢、赵括,李氏家族先后有李牧、李左车;楚国的项氏家族先后有项燕、项梁、项羽;活跃于先秦时期多个国家的乐氏家族,先后有乐羊、乐毅、乐闲、乐乘;跨越秦汉时期的陇西李氏家族先后有李信、李广、李陵;魏晋三国时期的陆氏家族先后有陆逊、陆抗,孙氏家族有孙坚、孙策;南北朝时期的王氏家族先后有王猛、王镇恶;宋朝有两大名将世家,折氏家族自后唐折从阮始,先后延续八代,种氏家族自种世衡始,先后延续了五代;等等。

1. 频阳王氏:与秦帝国同命运

秦王政"奋六世之余烈,振长策而御宇内,吞二周而亡诸侯,履至尊而制六合,执敲扑而鞭笞天下,威振四海"[1],建立了中国历史上第一个中央集权的郡县制国家。在秦王政攻灭六国、缔造秦帝国的战争中,频阳王氏是他仰仗的主要力量,王翦、王贲父子在秦统一天

---

[1] [汉] 贾谊撰,阎振益、钟夏校注:《新书校注》,北京:中华书局,2002 年,第 2 页。

下的战争中立下了不朽军功。但是,秦帝国很快风雨飘摇,王离在巨鹿一战中被项羽击败,也宣告了秦国的灭亡。秦帝国的兴亡与频阳王氏家族的荣辱几乎是同步的。

上阵父子兵,王翦与王贲

王翦,生卒年不详,秦国频阳东乡(今属陕西富平)人,是秦王政时期的秦国名将,也是战国四大名将之一。王翦是秦王政攻灭六国、统一天下的第一功臣,为统一多民族国家的形成做出了突出贡献。其子王贲也是秦国灭六国主要战争中的名将。王翦、王贲父子在秦灭六国的战争中,仅仅是灭韩之战未参与,在攻灭其他五国的战争中,均担任主要将领。王氏父子是秦统一战争的大功臣,英名千古流传。

父子同心,灭赵亡燕

王翦年轻时非常喜欢军事,后来投身行伍,受到秦王政的赏识和重用,逐渐成长为一位久经沙场的将军。在内史腾攻灭韩国后,秦国统一天下的序幕已经拉开。

秦王政十一年(前236),秦王政以王翦为主将,桓齮、杨端和为副将,率秦军攻打赵国的邺城(今属河北临漳)。由于邺城是赵国的军事重镇,有重兵把守,所以秦军进攻不顺。面对困境,王翦并未一味简单采取强攻,而是留下桓齮继续围困邺城,自己则率军攻打阏与(今属山西和顺)。桓齮的长时间围城,使邺城陷于困顿,终被攻破。王翦又命桓齮进攻橑杨(今属山西左权),桓齮迅速拿下橑杨,王翦很快也拿下阏与。战争结束后,为了便于统一行动,王翦将几支军队合为一处,并且进行基本的军事整编,建立统一领导。同时,为了增强军队的战斗力,他决定精简军队编制,裁撤冗员。

秦王政在进行了一些军事试探后,最终将目光对准了赵国。秦王政十八年（前229），秦王政以王翦为统帅，兵分三路，大举攻赵。王翦亲率上郡（今属陕西榆林）的士兵为中路军，翻越太行山，攻取了井陉（今属河北井陉）这个战略要地，主要进攻赵国的中部地区。杨端和率领河内大军，兵临漳、邺，北上攻打赵都邯郸；羌瘣也在邯郸周围不断骚扰、牵制赵军，作为南路军。秦将李信率军出云中（今属内蒙古托克托）、太原一带，作为北路军。秦王政十九年（前228），在三路大军的夹击下，经过两年的艰苦征战，王翦指挥秦军最终攻破了赵都邯郸，平定了赵国的东阳地区，迫使赵王迁出城投降，赵地基本被平定。公子嘉率领一些宗族趁战乱逃往代地，并自立为代王，试图做最后的抵抗。代王虽然势单力薄，但是他决定东向与燕国联合，并将军队驻扎在燕郡上谷，以待强秦。

秦王政二十年（前227），深知弱燕并非强秦对手的燕太子丹，决定铤而走险，寄希望于非常手段——刺杀秦王政。他多方寻觅，终得刺客荆轲。结果，荆轲抵达咸阳刺杀秦王政失败。燕太子丹此举反而加速了燕国的灭亡。秦王政非常恼怒，命令王翦、辛胜立刻率军北上攻打燕国，秦军与燕军在易水之滨遭遇，战争毫无悬念，燕军大败。燕王喜率领燕军残部在都城蓟城中依恃城防的优势，继续抵抗。面对坚城，王翦一时也没有攻城良法，所以双方相持不下。

秦王政二十一年（前226），秦王政派王贲率军攻打楚国，秦军一路高歌猛进，楚军节节败退。王贲率军连下十几座城池。得知王翦所部秦军顿兵挫锐于城下，王贲所部秦军迅速前往增援其父。王翦、王贲父子合军一处后，声威大震，很快又击败了燕军，攻下蓟城，平定了燕国的大部分土地。太子丹见势不妙早已逃到辽东地区，燕王喜试图获得秦王政的宽恕，不得不专门派人刺杀了太子丹，并将太子丹的首级献给秦国。但是，燕王喜还是太过天真，秦国似乎并没有停止进攻的意思。燕王喜只得收拾残部，仓皇逃往辽东郡（今属辽宁辽阳),企图苟延残喘,继续称王。

燕、赵两国在王氏父子的接连打击下,已经名存实亡,而燕、赵的彻底灭亡最终还是由王贲完成的。秦王政二十五年(前222),秦王政以王贲为主将,派大军北上攻打燕国的辽东地区,俘虏了在此苟延残喘四年的燕王喜,彻底平定燕境,历时800多年的燕国从此灭亡。在挥师回军之际,王贲又顺便攻灭了赵国的流亡政权代国,俘虏了代王嘉。至此,燕、赵两国灭亡。

水淹大梁,攻灭魏国

三晋曾是阻挡秦国东进、合纵抗秦的主要力量,如今仅剩魏国苦苦支撑。韩、赵已亡,魏国就成为秦国的下一个目标。由于王翦的告老还乡,灭魏之战主将一职就落到了王贲的身上。

秦王政二十二年(前225),秦王政以王贲为主将,指挥15万秦军,浩浩荡荡前来攻打魏国。对于秦国的军事行动,魏国其实早有防备。针对秦国的作战方略,魏王在魏国都城大梁屯兵8万,同时储存充足的粮草,并且加紧完善城防,大梁坚固的城墙也成为重要的军事堡垒。虽然从兵力上来讲,秦国占优,但是攻守之势不同,秦国并没有绝对优势可言。而且此时的魏国,早已处在生死存亡之际,所以军民也能同仇敌忾。

王贲率领的秦军抵达大梁城外,积极备战,各种攻城器具也是一应俱全。面对坚固的城池,王贲也非常无奈,多次无功而返。大梁是天下水陆交通的枢纽,和平年代可以为魏国的对外交往、商业繁荣提供很大的便利,但是战争时期就很难说。大梁城距黄河非常近,魏惠王时期为了战争的需要,曾使用人工开通运河——鸿沟。鸿沟水量丰沛,西通黄河,水流自西北向东南。相对于魏都大梁而言,黄河河床高于大梁城,黄河的滔滔洪水居高临下。发现大梁城这个致命之处后，王贲毅然决定采取水攻。他指挥士兵掘开鸿沟，引黄河之水猛灌大梁城。大梁坚固的城墙在大水中浸泡了足足三个月后，逐渐开始坍塌，城中军民饱受洪水之灾，苦不堪言，死伤无数。魏王假见状，也彻底失去了抵抗的信心，只能被迫投降。

大梁城破，魏王投降，整个魏国的主心骨就没有了。王贲率领秦军很快平定了魏国全境，魏国灭亡。

至此，王翦、王贲父子率领秦国的虎狼之师，攻灭了在战国时期始终掣肘秦国的强敌。天下的统一指日可待。

一举灭楚，名垂古今

雄才大略的秦王政攻灭三晋之后，楚国就成了下一个目标。秦军此前曾多次大败楚国，楚国看似已经时日不多。在如此局势之下，秦国上下人人请战，尤其是年轻气盛、作战勇敢的李信更是志在必得。李信曾带领几千秦军追击燕太子丹，一时声名大噪，秦国上下公认秦将中李信最勇敢。

面对楚国这个强敌，秦王政一直想要物色一个合适的大将。在一次与群臣的讨论中，他先问李信："朕最近想要攻打楚国，李将军估计需要多少兵力呢？"李信毫不犹豫地说："20万足矣。"秦王政转头又问老将王翦："王将军觉得呢？"王翦思考了一会儿，觉得楚国虽然屡次被秦军打败，但毕竟楚国是大国，百足之虫死而不僵，绝对不可小觑，于是他坚定地对秦王说："非60万不可，一兵一卒都不能少。"秦王政听完哈哈大笑，说道："王将军果然老了，胆子越来越小了。李将军果然勇猛威武，我也觉得20万足矣。"于是秦王政以李信和蒙武为将，率20万大军浩浩荡荡南下攻楚。王翦称病，回到频阳老家。秦军在李信和蒙武的指挥下，一开始进展非常顺利，但秦军贸然深入楚国境内，危险重重。果然，在秦军会师城父（今属安徽亳州）时被楚军追击。秦军损失惨重，大败而归。

前线失败的噩耗传来，秦王政大怒，方知大错已经铸成。到了此时，他才意识到自己贸然否定王翦的意见是多么的不成熟，于是立刻乘车匆忙赶往频阳。见到王翦后，秦王政手持上将军印，非常惭愧地说："寡人犯了大错，没有采用王将军的计策，李信大败，使秦军蒙羞。如今楚军乘战胜之威，不断西进，已经逼近我大秦边境。将军如今虽然仍在病中，难道忍心抛弃寡人吗？"王翦当然心中不快，仍然以病为由推辞："老臣身体不好，精神状态也很差，还是希望大王另选贤将！"秦王政看出王翦还在为上次否定他的建议而生气，于是他再次向王翦谢罪："王将军不要再生寡人的气了，军国大事以后还要多仰仗将军。"王翦看到秦王已经多次谢罪，赶紧给秦王一个台阶下，也给自己增加筹码，连忙拜谢："大王如果非要以我为主将，那么必须60万大军，少一兵一卒都不可。"秦始皇看到王翦已经答应为将，非常爽快地答应了，并说："这次一切都听将军的！"

秦王回到咸阳，经过紧急动员，军队集结完毕。秦王政将华阳公主嫁与王翦，诏令成婚。三天后，王翦出发，在行至距频阳50里处，与华阳公主举行婚礼。王翦率领60万秦军浩浩荡荡出咸阳，秦王政亲自到咸阳东南方向的霸上送王翦出征。在出征前，王翦非常郑重地觐见秦王，并提出要求赐予他良田、美宅、苑囿等等。秦王非常不解地问："王将军尽管专心打仗，为何还整天担心贫穷呢？"王翦再拜说："秦国将军带兵打仗，功劳再大也无法封侯，所以趁着在大王重用我之际，我必须及时地为子孙置办一些园林苑囿作为家产。"秦王政听完哈哈大笑，非常爽快地答应了。

王翦率军抵达函谷关后，又接连派出五批使者前往咸阳请求秦王再赐予更多的良田美宅。这令旁人非常不解，感觉王翦太贪婪，于是问道："王将军多次请求秦王赐予家产，这样也太过分了吧？"王翦笑着说道："当然不是这样。秦王生性多疑,性情粗暴。如今整个秦国的军队都归我调遣,如果我不以多多要求赐我良田美宅作为子孙产业来让大王放心,难道还非要坐等秦王来怀疑我不成?"这时大家恍然大悟,明白了王翦的良苦用心,也由衷钦佩他的高明。

王翦在免除后顾之忧后,立即率军出函谷关攻击楚军。楚王得知秦国以王翦为将,又率领60万大军,自然不敢大意,于是倾尽楚国之兵前来迎战。王翦抵达战场后,并未急于出战,而是命令士兵构筑坚固的防御工事,守而不攻。楚军多次向秦军挑战,但是王翦始终坚守不出。王翦命令士兵就地休整,洗洗衣服,洗洗澡,还供给好吃好喝来安抚士兵。他自己也丝毫不搞特殊化,与士兵饮食标准相同。过了一段时间,王翦派亲信询问军中现在以什么为乐?这个亲信前往军营仔细观察,他看到军中最盛行的游戏是比赛投石,看谁投得远、投得准。他赶忙回去向王翦报告:"士兵正在比赛投石,看谁投得准、投得远。"王翦脸上露出笑容,神秘地说:"这些士兵可以派上用场了。"

楚军多次挑战秦军,但是秦军始终坚守不出。楚军主将项燕眼见军队补给严重不足,求战不得,无奈之下,只得率军东撤。王翦看到楚军撤退过程中军阵不整,士兵疲惫,命令全军立刻集合,选军中强健士卒组成突击队,全力展开追击。楚军大骇,顿时大乱,紧急撤退。秦军穷追不舍,追到蕲南(今属安徽宿州)时,楚军主将项燕被杀,楚军败逃,再也无力组织反击。王翦当机立断,指挥大军乘胜追击,迅速平定了楚国的大部分城邑。一年后(前223),秦军俘虏了楚王负刍,以楚地为秦国南郡、九江郡和会稽郡。秦军乘战胜之威,继续南征,又攻占了百越等南方少数民族地区。

灭齐之战，一统天下

秦国攻灭三晋和燕、楚后，六国也就仅剩远在最东方的齐国。此时的齐国早已没有昔日霸主的荣光，也远非战国时期与秦国分庭抗礼的东帝了。在五国伐齐之后，齐国虽借助田单等人的努力勉强复国，但早已元气大伤。此后，齐国在外交上也置身于各国之外，选择与秦国交好，傻乎乎地配合着秦国远交近攻的策略，当然这也换来了齐国长达 40 年的和平。直到秦国灭亡楚国之后，齐国才真正感受到前所未有的危机。秦王政二十六年（前 221），齐王建在慌乱之中匆忙动员全国，加强战备，与秦国断交。此时的齐国完全处于秦国的包围之中，一面临海，三面受敌。齐王建决定将军队集结在国境西部，以待强秦。

秦王政以齐国断交为借口，以王贲为主将，以李信、蒙恬为副将，率领秦军远赴东方作战。虽然王贲深知，在五国已经灭亡的情况下，齐国的灭亡也只是一个时间问题。但同时，王贲也明白，齐国虽然已远非昔日那般强盛，但毕竟还是一个传统大国，实力不容小觑。如何以最小的代价拿下齐国，仍是必须要考虑的战略问题。

齐国此时已经在国境西部布置了重兵，若是展开强攻，必然伤亡太大。于是王贲决定采取避实击虚的迂回战略，从齐国防备空虚的北境火速突破。他命令军队仍然在齐国西部正面佯攻，而自己则率领主力悄悄绕道燕国南部，从北境攻入齐国。王贲这一突如其来的攻击，使齐国上下根本来不及应付。很快，王贲指挥秦军兵临齐都临淄城下。齐国军民抵抗意志瞬间崩溃，根本没有人出来抵抗。在秦国大军围城的压力下，齐王建只能出城投降。

至此，秦灭六国、统一天下的历史进程完成，中国历史上第一个中央集权的帝国建立，影响了此后 2000 年的中国历史。王翦、王贲父子在这一系列战争中发挥着不容忽视的作用，从此，王氏父子名扬天下，一时无两。秦王政成为中国历史上第一个皇帝，自称始皇帝。

由于王翦的政治智慧，因此他和他的儿子王贲都得以善终。这不仅在秦国诸将中不多见，而且在整个中国历史上也极为罕见。当然，对于王翦父子明哲保身的做法，司马迁曾经对其有所批评，认为他们没有规劝秦始皇施行德政。

王离：秦亡悲歌

秦二世胡亥即位后，王翦和王贲可能均已离世，王翦的孙子王离此时也在秦国为将。在秦二世诛杀功臣蒙氏家族时，王离正担任蒙恬的裨将，驻扎上郡，防备匈奴南下。秦二世赐死蒙恬后，蒙恬所率的30万秦军则归副将王离统领。

大泽乡起义后，六国贵族和秦国的大小官吏也纷纷加入反秦大军，一时间秦国大厦将倾。王离率领20万秦军攻打赵国。秦二世二年（前208），章邯大败反秦大军，斩杀项梁。之后，章邯迅速渡过黄河，前来与王离会师。秦军大败赵军，赵王歇和张耳等退至巨鹿城中，秦军将巨鹿孤城团团围住。当时，王离负责率军围城，章邯驻扎在巨鹿城南部，筑起甬道负责粮草供应。

被围困在巨鹿城中的赵王歇向反秦大军求救。陈余派出一队人马前往支援，结果很快被气势正盛的秦军全歼。在王离、章邯的率领下，秦军军容整肃，其他诸侯国军队虽然大多已经抵达巨鹿城外，但都面面相觑，不敢贸然出战，纷纷作壁上观。当时就有人认为，王离是秦国名将，率领的又是强秦之军，攻打那个刚刚建立的赵国，肯定不日就会攻下。但是也有人认为，为将三代肯定会失败。为什么会失败呢？因为杀伐太多，他的后人肯定会遭遇不吉利的事情。而王离恰好正是频阳王氏的第三代名将，当然这些说法都经不起推敲。

过了没多久，项羽破釜沉舟，迅速击败章邯所部，断绝了秦军粮道，同时包围了王离的军队。王离腹背受敌，最终被项羽俘虏，秦军也瞬间土崩瓦解。

王离被俘后，其去向正史未载。随着王离的被俘，协助缔造了秦帝国的频阳王氏与辉煌一时的秦帝国都黯然地离开了历史舞台。

2. 陇西李氏：随时代而浮沉

陇西李氏在战国、秦汉时期先后出现了助秦统一六国的秦将李信、汉代的飞将军李广以及儿子李敢、长孙李陵等名将。但是，陇西李氏在历史上多以悲剧收场，李信在伐楚一战中赔上了自己的英名；李广难封成了千古之叹；李敢为父报仇，反倒惨遭暗算；李陵兵败降敌，李氏惨遭灭门。他们的悲剧令后人扼腕叹息，唏嘘不已。

李信：气盖关中

李信，陇西成纪（今属甘肃秦安）人，生卒不详，其事迹史籍记载较少，主要活跃于秦始皇统一六国时期。其祖上自李同起，始有军功，其他一些祖先也多因军功被封为边郡郡守。

李信由于家族的传统，年纪轻轻就处事果断，强壮而又勇敢。秦王政十八年（前229），秦国出兵伐赵，李信率军出兵太原、云中，与王翦等秦将合力围攻赵国。次年，秦军攻破赵国，俘虏赵王迁。也正是在这一年，燕太子丹派荆轲入秦。秦王政二十年（前227），荆轲刺秦王失败，秦王政大怒，派大军攻打燕国，围城十月，终拔燕都蓟城，秦军击破燕军于易水之西。

秦王政二十一年（前226），李信继续率秦军在燕地作战。燕国都城虽然被攻破，但是燕军的精锐尚存，向东退至辽东一带以求自保。李信此时率军不过数千，与燕军相比兵力悬殊。但是李信认定敌人刚刚经历大败，必定士气低落，此时敌人惊魂未定，军队也无法及时进行休整，所以他当机立断，果断实施追击，不给燕军丝毫喘息的机会。果然，在秦军出其不意的追击下，燕太子丹率领的燕军大败，李信大败太子丹于衍水中。李信以少胜多，一战成名。秦王政得知这个消息后，非常高兴，连连称赞李信的军事才能和临战的果断勇敢。

秦王政在攻打齐、楚两国孰先孰后的战略选择上，始终拿捏不定。李信回到咸阳，秦王政问李信："齐、楚两国，将军认为应该先攻打哪一个呢？"李信思虑片刻，郑重其事地说："大王，楚地幅员辽阔，楚人作战勇敢；而齐地国土狭小，齐人向来作战胆怯。臣将认为应当先易后难，立刻攻打齐国。"当然，秦王政最终并没有采纳李信的建议，还是决定先攻打楚国。

楚国自晋、楚争霸以来，虽然国力时有起伏，但其实力不容小觑。到底应该派谁为伐楚主将？需要派兵多少？秦王政还是决定征求诸位战将的意见。秦王政虽然之前没有采纳李信先易后难的意见，并不代表他对李信的不信任或不认可。他依然率先找到李信，说道："寡人出于种种权衡考虑，现在决定先攻打楚国，还请将军不要见怪，寡人想请问以将军的用兵经验，估计需要多少兵力？"李信经常出奇兵以少胜多，素来敢打敢拼，非常自信地说道："20万人就行。"秦王政点点头，也深以为然。没过多久，秦王政就此事询问老将王翦，王翦态度十分坚决："必须要出兵60万，少一兵一卒也不行。"秦王政摇摇头说道："王老将军果然老了，胆子越来越小了。李将军果然英勇，我觉得李将军说得对。"

秦王政二十二年（前225），秦王政以两个年轻将领李信、蒙恬为将军，率领20万关中子弟兵浩浩荡荡南下攻楚。秦军兵分两路，李信率军攻打平舆（今属河南驻马店），蒙恬率军进击寝丘（今属河南沈丘）。秦军势如破竹，击破楚军。李信率军南下，楚国的鄢（今属湖北宜城）、郢（今属湖北江陵）守将见秦军来势汹汹，并未做任何抵抗便战略性地放弃了鄢、郢，秦军轻松拿下这两座重要的城池。于是李信又引兵西下，与蒙恬会师于城父（今属安徽亳州）。李信与蒙恬合军一处之后，立即商量如何进攻楚国的新都寿春（今属安徽淮南）时，楚军却趁着秦军孤军深入，迅速集结军队，在楚将项燕的率领下，经过三天三夜急行军，跟踪追击李信所部，大败秦军。秦军损失惨重，不仅军营被攻破，还被楚军斩杀了七名高级将官——都尉，李信见大势已去，仓皇而逃。随后，秦王政改派王翦为将，攻灭了楚国。

伐楚之战是李信征战一生中的败笔，但是他的军事才能并没有因此而被埋没，秦王政对他的军事才能始终非常认可。秦王政二十五年（前222），秦王政以王贲为主将，以李信为裨将，率大军攻打燕、代、齐，最终统一天下。

李信活跃在秦统一天下的战争中，但是史籍记载阙如。当然，由于李信在伐楚一战中成为老将王翦的衬托，他的英名在史籍中也由此而大打折扣，因而才能被严重低估。秦王政统一六国后，李信因军功被封为陇西侯，可见他当时军功之盛。当然，后人也有对李信的肯定，如杜牧就曾说过"李信之气盖关中"[1]的话。

李广：世称"飞将军"

李广，陇西成纪（今属甘肃秦安）人，生年不详，死于公元前119年。李广是秦朝名将李信之后。李氏家族世代以擅长射箭著称，而

---

[1][唐]杜牧撰，何锡光校注：《樊川文集校注》，成都：巴蜀书社，2007年，第1173页。

李广身材高大，手臂奇长，他的射箭之术在李氏家族更是堪称空前。

将门世家，精于骑射

汉高祖白登之围后，汉朝被迫与匈奴和亲，虽然能够维持短暂的和平，但匈奴也不时南下抢掠。汉文帝十年（前170），匈奴大举南下，进入萧关（今属宁夏固原）。战事非常紧急，李广以平常百姓家子弟的身份自愿抗击匈奴，保卫家乡。在对匈奴的战争中，李广作战勇敢，因善射杀敌较多，很快在众多士兵中脱颖而出，被抽调为中郎，也就是皇帝身旁的侍从。李广成为汉文帝贴身侍卫，这是他一生中最重要的一个契机。后来，他和堂弟李蔡一起晋升为皇帝身边的骑兵侍从，官名武骑常侍。

李广常伴汉文帝左右，在射猎活动中冲锋陷阵，擒杀猛兽。看到李广如此惊艳的表现，汉文帝感叹："李广啊，真的可惜了你一身才能。如今海内一统，天下太平，如果你出生在高祖的时代，那万户侯根本不在话下。"

汉景帝刚刚继位不久，即派李广出任陇西的武官都尉。后来又将其调在身边任骑郎将，统领骑兵侍从。汉景帝时，为了解决诸侯王对皇权的威胁，在晁错的建议下，推行削藩，激起了吴、楚等七国之乱。汉景帝前元三年（前154）正月，吴、楚等七国军队以讨伐晁错为名，发动叛乱。汉景帝任命李广为骁骑都尉，统领骑兵随从周亚夫平定七国之乱。李广骁勇善战，在昌邑（今属山东潍坊）之战中夺取了敌人的军旗，导致整个战局发生了转折，李广由此一战成名。由于李广在昌邑之战中的突出表现，梁孝王私下授予了他将军之印，可能此举引起了汉景帝的不满，因此他得胜回朝后并未得到任何封赏。不仅如此，他还被调往最危险的地方上谷郡（今属河北怀来）任太守。由于身处边境，匈奴基本天天都会前来找李广交战。汉王朝主管与外族关系的官员公孙昆邪看到如此境况，担心长此以往对李广不利，于是哭着进谏汉景帝："李广的才气，举世无双，在屡屡与匈奴的交战中，他仗着自己的才能多次与匈奴人恶战，我担心长此以往，总有一天我们大汉会失去如此良将啊。"汉景帝思虑再三，决定将他调任到相对安全的上郡（今属陕西榆林）为郡守。

智退强敌，有勇有谋

汉景帝中元六年（前144），匈奴大规模入侵李广所在的上郡。这时，正好汉景帝派来非常宠幸的宦官与李广一起训练军队，共同抗击匈奴，当然也有监督之意。一次，宦官率领十几名骑兵，策马奔腾，突然遇到三个匈奴人。汉军立刻摆开阵势，三个匈奴人也毫不示弱，箭法精准，很快汉骑兵被射杀殆尽，宦官重伤逃到汉军营中。李广得知军情后，他判断这三个人一定是匈奴射艺精湛的射雕者，他丝毫不敢轻敌，率领一百多名骑兵前去追击。这三人没有骑马，正在徒步前行。很快，李广就追上了他们。李广命令骑兵左右包抄，李广搭箭，亲自射杀两人，活捉一人，经过询问，果然是匈奴射雕者。突然，远远望去黑压压一片，原来是匈奴几千骑兵，正在图谋袭击汉边郡。然而，匈奴骑兵看到李广一行大惊失色，以为是汉军已经早有准备，误以为李广一行是诱兵，赶忙上山摆好阵势。当然，李广也吃惊不小，看着眼前的几千匈奴骑兵，只带一百骑兵的李广本能地想扭头便跑。转念一想，跑是跑不掉的。李广此时心里还是很冷静的，他赶忙对众将士说："各位将士，我们现在距离汉军的主力军队几十里，如果我们现在扭头就跑，那匈奴肯定确认我们不是诱兵，必定前来追击，以匈奴骑兵的战斗力，我们还没有跑到大军驻地，就已经被他们杀光了。"大家觉得将军李广对敌我形势的分析非常在理，表示一切听从李将军指挥。于是李广反其道而行之，命令军队继续向前，军队开进距离匈奴列阵之地二里左右的一处空地停了下来。

李广命令将士下马解鞍,众将士面面相觑,不解地问道:"敌人人多势众就在眼前,他们果真发起进攻,我们怎么办?"李广解释道:"敌人现在已经摸不清我们的虚实了。匈奴人本以为我们会跑,但是我们现在下马解鞍,让他们更加坚定他们的错误判断:我们是诱兵。"果然,不知虚实的匈奴始终不敢贸然前来。

当然,匈奴大军并未放弃,决定一探虚实。匈奴刚刚派出一名骑着白马的将军,李广主动出击,率领十几名骑兵追杀,射死了匈奴的白马将军。然后又装作若无其事地回到自己骑兵驻地,下马解鞍,士兵也个个都东倒西歪随意躺着,虽说心里个个提心吊胆。

天色渐渐暗去,匈奴军队始终摸不清虚实,不敢贸然出击。半夜时分,匈奴又担心李广的军队不过是在牵制他们,汉军主力可能就埋伏在附近,想要在夜间展开偷袭,于是匈奴大军就悄悄撤退了。李广见匈奴军队撤退了,也赶紧撤军,等回到汉军的大营,已经是第二天早上了。

上郡汉军上下人人对李广的胆识表示钦佩,李广在汉军中的威望也与日俱增。

出击匈奴,劳而无功

汉武帝即位,武帝的近臣都盛赞李广是名将,于是汉武帝将李广从上郡调任未央宫卫队长官。

汉武帝时开始了对匈奴的战略反击,大规模地主动出击。元光二年(前133),汉武帝设下圈套,以三十万大军埋伏于马邑(今属山西朔州),试图重创匈奴。但是汉军此举被匈奴发觉,没有成功。在这次没有得逞的伏击战中,李广任骁骑将军。汉军班师回朝,李广继续担任未央宫卫队长官。

　　元光六年（前 129），李广再次出任将军，由雁门郡出兵北上，攻打匈奴。李广刚刚出兵，就遇到了匈奴大军，汉军寡不敌众，李广不幸被匈奴生擒。匈奴单于向来听说李广才能出众，因此下令："如果俘虏了李广，一定要把他活着押回来。"匈奴骑兵生擒李广后，即使看到李广当时已经身受重伤，也不敢丝毫怠慢，于是在两匹马中间编织了网状的担架把李广放在上面。走了十多里后，李广装死，匈奴骑兵上当了，也暂时放松了警惕。李广偷偷地睁开眼睛斜视，发现身旁有匈奴少年骑着一匹好马。突然间，李广跳上马去，将匈奴少年推下马，顺势抢了他的弓箭，策马向南奔驰。见此状况，几百名匈奴骑兵立刻追了上来，李广用抢来的弓箭与追兵缠斗，且战且退，射杀了多名匈奴骑兵。李广跑了大约十余里后才甩掉匈奴追兵，遇到了他的残军，赶忙带着他们回到了塞内。

　　作为败军之将，李广回到京城后，汉武帝将他交给了当时的军法吏来处置。由于汉军军队伤亡惨重，李广又被生擒活捉，有损国威，因此军法判处李广当斩。李广后来以钱物赎罪，但死罪可免，活罪难逃，被降为平民。

　　李广虽然从宫廷的侍卫长官一下子成了平民，但声名不减从前。平民身份的李广和西汉开国元老灌婴的孙子灌强隐居在蓝田一带。李广是武将出身，虽然赋闲在家，仍保持着打猎的习惯，经常前往南山地区打猎。一天夜里，李广外出喝酒回来走到霸陵亭时，正好霸陵亭尉也喝醉了，不许李广通过，还大声训斥。李广的随从介绍："这是故将军李广。"亭尉醉眼蒙眬，瞥了一眼李广，非常不客气地说："即使是现任的将军都不能过，何况还是故将军呢！"于是强行扣留了李广。李广深感虎落平阳被犬欺，无奈只能任人摆布。

　　很快，北方战事吃紧，匈奴入侵辽西郡（今属辽宁义县），打败了韩安国。汉武帝不得不重新起用李广，任李广为右北平郡守（今属内蒙古宁城）。李广对霸陵亭受辱一事耿耿于怀，请求与亭尉一起出征，并借机把他杀了。李广此举并非大将风范，受到后人诟病。匈奴得知李广镇守右北平郡后，多年不敢入侵右北平，并称李广为"飞将军"。

元朔六年（前123），李广随大将军卫青出军定襄（今属内蒙古和林格尔）攻打匈奴。军中按照斩敌和俘虏敌人的数量而加官晋爵，甚至很多不知名的将军因此而封侯，但是李广始终没有获得尺寸之功。元狩二年（前121），李广以郎中令的身份率领四千骑兵出右北平，博望侯张骞率领一万骑兵，分两路出击匈奴。大约走了数百里，李广所率军队遇到匈奴左贤王的四万铁骑。李广仅仅四千人，众寡悬殊，士兵早都吓得魂飞魄散。李广镇定自若，派自己的儿子李敢冲击敌阵。所谓上阵父子兵，李敢领命，如入无人之境，迅速从匈奴前阵杀入后阵，并且还将左翼右翼各杀了一遍，回来告诉李广："那些匈奴很好对付。"这下汉军士兵才稍稍定神。

李广在身处敌军十倍于己的形势下，迅速指挥汉军列圆阵应敌。匈奴仗着人多，迅速突击汉军，箭如雨下，汉军死伤惨重。很快汉军的补给也出现了严重问题，更为致命的是汉军没有箭！情急之下，李广急中生智，命令所用士兵拉满弓，但不把箭射出去，对匈奴士兵形成威慑。所谓擒贼先擒王，李广亲自搭弓射杀了匈奴的偏将，并且射杀了几个匈奴士兵，这才稍稍止住了匈奴的攻势。

天色已经暗了下来，士兵个个面如土色，但李广仍然从容自若，精神十足地继续指挥军队，军中所有人被他的勇气所折服。第二天，李广率领汉军与匈奴继续鏖战。这时张骞的大军赶到，匈奴见汉援军到来，这才退兵。而这时，李广的军队几乎全军覆没。此战张骞因行动缓慢而导致汉军损失惨重，论律当斩，后来赎为平民。而李广功劳与罪过抵消，没有任何赏赐。

　　元狩四年（前119），大将军卫青、骠骑将军霍去病出击匈奴。李广多次请求随军征战，汉武帝认为李广已经老了，一开始并没有允许，后来又改变初衷允许其出任前将军。李广随着卫青出征。出塞之后，卫青抓到了匈奴俘虏，从其口中得知单于的居所，于是亲自带着精兵前去追击。与此同时，卫青命令李广的军队并入右将军，走东路。李广深知卫青大军所经之处水草极少，必定会急行军，若随东路而行，急于立功的他可能并不能及时抵达战场。于是李广自告奋勇请战："我是前将军，如今大将军又命令我走东路。我与匈奴打了一辈子仗，如今好不容易碰见了匈奴单于，我请求为中路军先锋，愿战死疆场。"但是，卫青临行前汉武帝就私下嘱托他，李广年龄大，并且与匈奴作战时运气一直都非常差，因此一定不能让他与单于对阵，担心他的霉运会影响到汉军活捉单于的计划。卫青也有私心，想要重用公孙敖，支开李广。李广心知肚明，但也非常无奈，一怒之下，连招呼也没打，便领军与右将军赵食其合兵出东路。由于东路军没有向导，在大漠中迷了路，未能如期抵达战场。卫青与单于大战，匈奴大败，单于逃走，未能生擒。卫青率军南归，在途中遇到了李广和赵食其，两军合军后一起返回。按军法，失期当斩。当大将军卫青派人前来责问，李广自然难平心中怒气，愤而说道："校尉都没有罪，是我这个前将军自己迷失道路，我现在就亲自前往说明情况。"

　　李广怒气冲冲前往大将军卫青的幕府。李广环视一周，看了看汉军将领，说道："我李广年轻时就开始与匈奴打仗，打了大大小小70多次仗。这次我非常荣幸与大将军一起出征，可是在即将与单于决战之际，大将军又将我调出中路大军。右路军本身道路迂回遥远，我们又迷路了。我今年已经60多岁了，断不能再受那些刀笔吏盘问的羞辱。"说完，就决然举刀自杀。消息传到李广军中，所有将士痛哭不已。天下老百姓听说了这个消息，都为之流泪。

一代传奇的飞将军李广以这样的方式离开了这个世界。当然，更不幸的是他的孙子李陵后来投降匈奴，令陇西李氏名声败落。

李广难封，千古之叹

李广一生以慈爱带兵，谋略过人，胆识不凡。而且非常清廉，与士兵同甘共苦。身为两千石的官员40多年，始终不置家产。他以宽缓治军，视兵如子。他领兵出外，经常遇到缺水断粮等情况。有水之后，如果士卒还没有喝好，李广就绝不会去喝水；如果缺饭，士卒还没吃好，李广就断然不会去吃饭。当然，李广治军不严，放任自由，与同时代的程不识严格治军形成鲜明对比。李广率军行军行伍不整，安营扎寨时人人自便，甚至连必要的警戒都没有。这也是他用兵的缺点。

李广一生酷爱射箭，竟达到一种痴迷的状态。他平时少言寡语，经常与其他人一起画上军阵，然后比赛射箭，谁射中了军阵的密集行列，就算谁赢。这种以射箭为消遣的方式，他一直坚持到死。因此，他生前射虎的故事广为流传。李广一次出猎，看到草中的石头，以为是老虎便一箭射去，前去一看竟然将箭头都射进去了，可见其臂力惊人。唐人卢纶曾赋《和张仆射塞下曲》诗赞颂："林暗草惊风，将军夜引弓。平明寻白羽，没在石棱中。"[1]

李广戎马一生，与匈奴作战70多次，官不过九卿，终生未封侯。他的堂弟李蔡虽然在军事才能方面远不及李广，但运气很好，后来也官至代国国相。李蔡在武帝时随大将军卫青出征，因军功被封为乐安侯，后来又被封为列侯，更官至三公。李广原先的很多部属都封侯了，李广对此耿耿于怀。他曾私下找到当时著名的望气者王朔，问道："我李广自我大汉主动出击匈奴以来，没有一次不出征。我部下

---

①［清］彭定求等编：《全唐诗》卷二百七十八，第3153页。

那些校尉以下的军官，才能平平，竟然在汉匈战争中因军功而封侯的多达几十人，而我并不比其他人差，竟然无尺寸之功，难以封侯，这到底怎么回事？难道是我的面相不好，命中注定的吗？”王朔说道：“将军自己想想吧，有没有什么后悔的事情？”李广想了一会儿，遗憾地说：“我曾经为陇西太守，羌人反叛，我诱降了他们八百人，却将他们杀了。这是我一生最大的悔恨。”王朔说：“祸患没有比杀死俘虏更大了，这才是将军难以封侯的原因。”李广默然。

　　从司马迁为李广立传时就开始感叹李广难封，到王勃《滕王阁序》中“时运不济，命途多舛；冯唐易老，李广难封”[1]的感慨，再到王维《老将行》中“卫青不败由天幸，李广无功缘数奇”[2]的无奈，都能看出后人对李广多报以同情。当然，李广难封固有时运不济的原因，甚至汉武帝都将其视为倒霉蛋，不让其与单于交战。但我们认为其中也有时代因素，李广作为三朝元老，他的成名主要是文景时期，资格很老。文景时期对匈作战主要是以战略防御为主，以边郡的小型战斗为主，具体战术也多以骑射为主。就汉匈兵种而言，大多数汉骑兵无法达到李广的骑射水平，汉军整体骑射水平还是不及匈奴。战争并不是个人英雄主义，作为将军要在战场找到击败敌人的命门，充分发挥自身的优势，若一味与匈奴大军较量骑射，汉军自然必败无疑。雄才大略的汉武帝即位后，改变对匈战略，主动出击，战争方式一改前状，以大军团作战为主，采用以骑兵军团直捣单于王庭的战法，而李广这批老将一时未能适应这一形势转变，因此多次无功而返，便只能留下李广难封的悲哀。最致命的是，李广虽然射艺精良，但终究无法掩盖他在大战役指挥以及战略思想方面的致命缺陷，正

---

①[清]董诰等编：《全唐文》卷一百八十一，北京：中华书局，第 1846 页。

②[清]彭定求等编：《全唐诗》卷一百二十五，第 1257 页。

如有学者指出:"李广只是一名斗将,而非真正的大将之才,他明显疏于战略战役指挥上的大智大勇,尤其不善于指挥大规模骑兵集团远程奔袭、机动作战。"①

据史籍记载,李广有三个儿子,长子李当户,次子李椒(曾任代郡太守),均早于李广离世。李广在军中自杀时,幼子李敢尚在河西之战中任霍去病的校尉副将,奋力征战,夺匈奴左贤王的战鼓旌旗,杀敌颇多。在河西之战后,李敢也因功封为关内侯,代李广为郎中令。但是,血气方刚的李敢对父亲之死耿耿于怀。元狩四年(前118),李敢愤而击伤卫青。卫青理解李敢的情感,对此事并没有过多追究。但是,年轻气盛的霍去病并没有就此罢手,时刻想着为自己的舅舅报一箭之仇。不久,汉武帝前往甘泉宫狩猎,李敢与霍去病一同随从,霍去病不会放过这个千载难逢的好机会,在狩猎的过程中,放冷箭击杀李敢。

李陵:终老匈奴

李陵(前134—前74),字少卿,是西汉时期抗击匈奴的名将。李陵是李广长子李当户之子。李当户早亡,史籍仅仅记载了他曾经勇敢攻击天子弄臣韩嫣,令韩嫣仓皇逃走的事迹。李陵是李当户的遗腹子,李广的长孙。

戍边有功,仓促请战

李陵年少时,李氏家族已经衰微,不过陇西李氏的精于骑射在李陵这里仍然得到传承。李陵日日勤学苦练骑射技艺,很快在同龄人中脱颖而出。李陵30岁左右就已成为汉武帝建章宫的丞监,统帅建

---

① 黄朴民:《盛名之下,其实难副——也说李广》,《文史知识》2014年第8期。

章宫骑兵，深得汉武帝信任。李陵善于骑射，统御有方，爱兵如子，为人也处处谦让，受到士卒的拥戴。

由于陇西李氏世代为将，汉武帝也认为李陵有飞将军李广的遗风，所以对他的军事才能非常认可。于是汉武帝诏令李陵统领精锐骑兵 800 人，严格训练，以备不时之需。李陵曾经率领这支精锐部队深入匈奴之地 2000 多里，穿过居延海（今属内蒙古额济纳旗）视察地形，一路没有发现匈奴人，只得率军返回。

回来后不久，李陵拜二千石军职骑都尉，率领 5000 勇敢之士驻扎在边郡张掖（今属甘肃张掖）、酒泉（今属甘肃酒泉）一带。李陵带领这些士兵日日操练骑射，为汉戍边，防止匈奴入侵。如是几年，由于李陵治军有方，匈奴未敢贸然在张掖、酒泉一带发动大规模的进攻。

太初元年（前 104），贰师将军李广利伐大宛，汉武帝命李陵带领 5000 人随军出征。当李陵军队开进到边塞时，李广利已经班师。汉武帝命令李陵留下大部分官兵，仅率 500 骑兵出敦煌，行至盐水，迎接贰师将军。此后，李陵继续屯兵张掖，以备匈奴。

天汉二年（前 99）秋，贰师将军李广利率领 30000 骑兵出兵酒泉，进攻匈奴右贤王，双方在祁连山、天山一带展开激战。出于战事需要，汉武帝迅速召见戍边的李陵，命令李陵配合李广利，为此次出征匈奴运送辎重。汉武帝在武台殿召见李陵，但李陵心里并不愿为他人作嫁衣，尤其是要他配合这个靠武帝外戚关系一路攀升的庸将。所以他趁机毛遂自荐："臣将所率领的屯边将士都是荆楚地区的奇才勇士、一流剑客，力能擒杀猛虎野兽，骑射百发百中，所以臣下愿意自领一军，前往兰干山以南去截击匈奴军，以分担贰师将军的军事压力。"汉武帝看到李陵主动请缨，非常高兴，但是也为难地说："朕明白将军不愿意任贰师将军的下属啊，但是朕这里已经没有骑兵委派给将军了。"李陵一时气盛,对曰:"那就无须派骑兵,臣下愿意以少击多,只需5000步兵就可以直杀单于王庭。"汉武帝虽在内心暗暗称勇,但也知道李陵此举的凶险。出于谨慎,汉武帝还是派遣强弩都尉路博德配合李陵。但是路博德同样也不愿意作为李陵的接应部队,于是上奏汉武帝:"现在秋高马肥,匈奴骑兵优势明显,我们不可轻与之战。等到来年春天,李陵率领酒泉、张掖的5000骑兵,与我的强弩军一起出击浚稽山,一定能够生擒单于。"汉武帝看到路博德的书奏后非常生气,生性多疑的他以为是李陵怯战而私下让路博德上书,于是诏令路博德:"我本想给李陵派遣一些骑兵,但是他说可以以少击多。如今匈奴已入侵我西河地区,你迅速出兵西河,切断钩营之道。"汉武帝同时诏令李陵即刻出兵:"朕命你九月出发,出兵遮虏鄣,在东浚稽山以南的龙勒水(今属甘肃敦煌)上仔细观察敌情,若是没有遇到匈奴军的话,那就跟随浞野侯赵破奴原道返回至受降城休整。"汉武帝还不忘质问李陵到底和路博德说了什么,并且命其以书面的形式上报给他。

李陵接到汉武帝的命令后,立即率领5000步兵从居延出发,北上已经30多天,在浚稽山一带安营扎寨。李陵当然不会忘记汉武帝派给他的任务,凡是军队所到之处的山川地形,均绘制地图,并派遣陈步乐迅速呈给汉武帝。汉武帝召见陈步乐,陈步乐将李陵治军有方、将士效力的情况一一报告,汉武帝非常高兴。

此时贰师将军李广利虽然战胜了匈奴右贤王,但是在回军的途中遭遇了匈奴单于的大军,李广利、赵充国匆忙突围,汉军仓促应战,大败而归。而李陵的5000步兵,则成了孤军。

危险正在迫近,而驻扎在浚稽山一带的李陵浑然不知,一场悲剧正在上演。

浚稽山下,孤军惨败

匈奴单于率领 30000 携战胜之威的匈奴大军,与李陵的孤军遭遇。很快,李陵被围。从兵种上来讲,在大漠之中,步兵对骑兵完全不占优势。但是,身处绝境之中的李陵没有丝毫慌张,仍然冷静指挥,展现出他杰出的军事才能。

李陵的军队驻扎在两山之间,他命令军队以大车为营,尽量发挥步兵的优势。李陵率领汉军出营列阵,前排军士手执戟,握盾牌,后排军士手执弓弩。在阵前,李陵下令:"闻鼓声而纵,闻金声而止。"①汉军严阵以待。

匈奴单于看到汉军仅 5000 步兵,根本没有放在眼里。直接就将军队开进到汉军军营前,结果汉军千弩齐发,匈奴前阵的骑兵纷纷应弦而倒,慌乱逃窜。李陵看到匈奴军阵已乱,趁乱展开追击,斩杀数千人。单于根本没有想到这支汉军竟有如此战斗力,连忙下令支援,就近招募兵员。很快,匈奴集结了骑兵多达 80000 人。由于力量悬殊,李陵只能且战且退。鏖战数日,汉军南退至山谷中。在匈奴骑兵的连续冲杀下,汉军军士已大多中箭受伤。无奈之下,李陵下令,凡是受伤三处以上的士兵在辇车暂时休整,受伤两处的负责赶车,受伤一处的拿起兵器继续战斗。此时汉军士气低落,李陵在军中训话:"我们的士气低落,战鼓隆隆也无法鼓舞士气,难道军中有女人?"原来汉军出发时,被流放戍边的关东盗贼的妻子也随大军同行,藏在大车中。李陵大怒,命令搜车,将其全部斩杀。此举立竿见影,第二天与匈奴交战,即斩首 3000 人。继而李陵率军向东南方向继续撤退,沿着龙城故道行军四五天。当汉军抵达水草茂密的沼泽湖泊地带时,匈奴趁机在上风口点着芦苇丛,试图烧死汉军,眼看大火就要吞没汉

①[汉]班固:《汉书》卷五十四,第 2452 页。

军。李陵当机立断,命令军队也在下风口点火,使得匈奴火攻的企图破灭。正是李陵的军事素养和应变能力,汉军才得以自救。

汉军继续南下,李陵命汉军进入一片山林中,试图降低骑兵的作战能力,充分发挥步兵的丛林作战优势。单于已经占领南山山头,命令他儿子带领骑兵攻打李陵。李陵与匈奴骑兵展开了丛林战,斩杀匈奴骑兵数千人。汉军以连弩射击单于,单于被迫退下山头。

此战中汉军抓住了匈奴的一个俘虏,李陵赶忙打探匈奴的虚实,俘虏告诉李陵:"单于说:'这股汉军一定是精兵,难以攻下,不断引诱我们南下至汉朝的边塞,难道汉军在边塞地区有埋伏? 即使没有埋伏,援军也可能会马上赶来,到时候必然对我们不利,我们最好还是撤退。'但是各部小单于都坚决请战:'单于亲自率领几万骑兵竟然不能攻灭汉军几千人,太伤士气了,这传出去后还怎样调兵遣将南下攻汉,这样会令汉人更加轻视我们了。'于是商定,我们再在山谷与汉军交战,如果还是无法破敌的话,我们就撤退。"

当时,汉军伤亡惨重,士兵疲惫,后勤补给严重不足。匈奴骑兵人多势众,兵强马壮,一天进攻十多次。在如此艰难的情境下,汉军先后又斩杀匈奴2000多人。单于担心伏兵或者援军的到来,已经萌生退意。此时汉匈两军正处于胶着状态,尤其是匈奴对李陵军在战略意图上有了错判,也不敢贸然继续追击。所以说,李陵所率孤军还是有可能摆脱匈奴的追击,顺利回到汉朝境内。但是,此时一个小人物不仅改变了战局的走向,而且彻底改变了李陵一生的命运。

这时,汉军下级军官军候管敢被高级军官校尉侮辱,愤而逃亡匈奴。管敢对李陵军的状况当然心知肚明,将实情一股脑全部告诉了匈奴单于:"李陵大军根本没有援军,而且箭马上就要用尽了。现在具备作战能力的仅有李陵麾下的亲军和成安侯韩延年校官所率领的各800人,两军以黄旗、白旗为标识,只要派精锐骑兵击破这两支军队即可。"

单于得到这个消息后，大喜过望，重新部署作战计划。他立刻派精锐骑兵合力不断进攻汉军，并大喊："李陵、韩延年快快投降！"匈奴截断汉军退路，急攻李陵。李陵军尚在山谷中，没有任何后顾之忧的匈奴军大胆上山围攻，居高临下，箭如雨下。

李陵率军继续南退，还没有退到鞮汗山时，50万支箭就已经消耗殆尽，无奈之下，只得弃车逃跑。此时汉军还剩3000人，没有武器的士兵就斩断车辐继续战斗，各级军官手持短刀，退入峡谷中，准备与匈奴决一死战。此时，匈奴大军已经切断了汉军的退路，居高临下，顺着山势投放巨石，峡谷中的汉军死伤无数，巨石挡住道路，军队无法行进，汉军被困其中。至此，李陵所率孤军已经陷入绝境。

黄昏后，绝望的李陵卸下戎装，身穿便衣走出营门，回头看了看左右随从，摇摇头说："不要再跟着我了，我一人深入敌营活捉单于！"过了很久，李陵神情落寞地回来，叹息道："兵败于此，只有一死了。"一些军官劝说道："将军威震匈奴，不过是天命难遂人愿，将军不必求死，以后找个机会再回到大汉，就像浞野侯赵破奴一样，虽然被匈奴俘虏，但是后来逃回大汉，依然得到天子的厚遇，又何况是将军呢？"李陵非常痛苦地打断了军官的劝说："爱将不要再说了，我不以死效忠，怎能称得上是壮士呢！"

李陵砍倒所有旌旗，将随军的珍宝埋藏在地下，仰天而叹："如果再有几十支箭，我们就可脱身。现在没有兵卒，天亮之后匈奴再次进攻，我们只能坐以待毙了。大家还是各自突围，若有能够脱身回到我大汉境内，就尽快去向天子复命吧！"于是命令军士每人带着两升干粮，一半冰，约定若是军士成功突围，就在遮虏鄣那里等待集结。半夜时分，李陵拖着疲惫的身躯前去击鼓，结果战鼓未响。于是李陵与韩延年一起上马，身边随从壮士十余人冒着凛冽的寒风向汉朝边境奔去。匈奴发现李陵突围,立刻派数千骑兵追击。韩延年战死,李陵无奈下,仰天长叹:"我再也没有脸面去见陛下了。"李陵在此绝境下,选择了投降。汉军的残兵败勇逃到边塞400余人。

浚稽山之战,李陵以5000步兵对阵匈奴80000骑兵,且战且退,与匈奴大军周旋长达八天,辗转千里,斩杀敌军10000余人。但是孤军深入,始终没有得到汉军无论是人力还是物力上的增援,即使仅仅距离边塞百余里,也没有得到边塞戍边军队或预定后援部队的接应,最终几近全军覆没,主将李陵也兵败被俘。

兵败被俘,终老匈奴

李陵兵败被俘之处仅仅距离边塞百余里,很快李陵兵败投降的消息就传到了边塞。汉武帝倒是希望李陵宁死不降。武帝召见李陵的母亲、妻子,让懂得面相的相师看看李陵的母亲、妻子的气色,发现并没有死丧之色。

很快,李陵投降的消息传到了长安,汉武帝非常生气。满朝文武官员深知圣意,也纷纷谄媚和汉武帝,对李陵口诛笔伐。汉武帝责令太史令司马迁谈谈对此事的意见,司马迁根据对李陵为人以及此战的了解,不顾汉武帝的态度,为李陵开脱罪名:"李陵孝敬亲人,诚信待士,常常不顾自己的安危救国家于急难。他为人正直,有国士之风。如今他遭遇了不幸,那些蝇营狗苟、贪生怕死之辈却极尽能事予以构陷,这实在令人悲痛啊!陛下想想,李陵仅仅率5000步兵,深入匈奴腹地,压制匈奴数万骑兵。单于无奈之下,派兵增援,甚至发动附近精于骑射的匈奴民众围困李陵军。李陵带领我大汉孤军辗转千里,最终军队无箭可用,士兵赤手空拳仍然和敌人殊死战斗。领兵之将能够让士兵如此卖命,即使那些彪炳史册的古代名将也不见得能超过他。他深陷重围,最终战败投降,即便如此,他的战功也足以传颂天下。李陵现在之所以没有自杀,他肯定还是想找机会早日归来,再次报效我大汉。"汉武帝对于李陵投降非常恼怒,而正直的司马迁此番言论忤逆了龙鳞,给他带来了常人难以想象的屈辱。汉武帝听完大怒,下令对司马迁处以腐刑。

李陵在匈奴那里待了一年多。汉武帝派因杅将军公孙敖前往匈奴腹地营救李陵,公孙敖无功而返。但是公孙敖带来的一个虚假消息却让陇西李氏面临灭顶之灾。他说:"我曾经抓住一个匈奴俘虏,俘虏说李陵如今正在帮助单于训练匈奴士兵以防备汉军,所以才导致臣一无所获。"汉武帝听闻这个消息,不分青红皂白,下令将李陵灭族,他的母亲、弟弟、发妻和儿子全被诛杀。从此以后,陇西的士大夫也以结交陇西李氏为耻,陇西李氏自此没落。

后来,汉朝遣使匈奴。李陵前往质问汉使:"我作为汉军将领,仅仅率领 5000 步兵横扫匈奴大军,只是因为没有救援才不幸失败,我哪里对不起汉室,竟然诛杀我全族?"汉使实话实说:"天子听说李少卿在替匈奴练军。"李陵连连叫苦:"那不是我,那是李绪啊!"

李陵非常愤怒,此刻他只能将气撒在那个降将李绪的身上,于是派人刺杀了李绪。匈奴大阏氏非常器重李绪,得知李陵刺杀了李绪,想方设法杀李陵复仇。匈奴单于爱才,于是将李陵藏匿起来,直至大阏氏死后,李陵才光明正大地回到匈奴王庭。

匈奴单于非常器重李陵,也为李陵在浚稽山之战表现出来的军事才能所折服。由于李陵在匈奴独身一人,单于便将自己的女儿嫁给他,并封他为匈奴右校王。李陵受到匈奴重用,单于每每遇到大事,都与李陵商议。

汉武帝死后,汉昭帝刘弗陵即位,年仅八岁,大将军霍光、左将军上官桀等辅政。霍光与李陵私交甚好,于是派遣陇西人氏、李陵的朋友任立政等人前往匈奴,希望李陵能够回到汉朝,为汉效力。任立政等人抵达后，单于专门设宴招待汉使，李陵陪侍。任立政见到李陵后，并没有机会私下与李陵言语，只能眼睛紧紧盯着李陵，并且屡屡刻意顺着其刀环抚摸，假装不经意碰到脚，暗示李陵可以随他们回到汉室，李陵假装没有看见。之后李陵又作为匈奴方面的人员手持牛肉、捧着美酒犒劳汉使，一起欢乐畅饮。李陵和另外一名汉降将卫律皆身穿胡服、挽髻如椎。任立政故意大声说道："汉庭已经大赦天下，中原地区民众安乐，当今主上年纪尚轻，霍子孟、上官少叔主事。"他想要借此言打动李陵。但是李陵仍然默不作声，突然抬起头说道："我已经穿上胡服了！"又过了一会，卫律起身更衣。

任立政借这个机会说道："唉！少卿实在受苦了。霍子孟、上官少叔让我代他们向你问好！"

李陵问道："两位都安好吧？"

任立政回答："他们想请少卿回归故乡，富贵毋忧！"

李陵再问："少公，回去容易啊，担心再次受辱，怎么办呢？"

任立政正要再说，卫律更衣回来，还是听到了一些。

卫律对任立政说："李少卿是天下的贤者，不仅仅是一国的贤才，范蠡当年遍游天下，由余离开西戎前往秦国，如今又谈什么故国呢？"卫律说完这些，愤然转身离去。

任立政还不肯放弃，又追问李陵："少卿难道真的不想回去吗？"

李陵闭上眼，眼角已经渗出浊泪，脑海中重现当年的一幕幕：战场上厮杀时的豪情，孤军被抛弃的绝望，好友司马迁为自己辩护惨遭腐刑，因流言而家族惨遭杀戮，前尘种种，犹如梦魇，李陵挥之不去。此时，李陵慢慢地睁开眼睛，怆然涕下，摇摇头说道："大丈夫不能再辱！"

任立政也非常同情李陵的过往经历和现在的处境，只得无奈地离开了。一代名将李陵也永远不可能回到中原，返回汉室了。

李陵在匈奴 20 多年,元平元年(前 74)病死在大漠中,一代将星陨落。李陵悲剧的开始仅仅是因为汉武帝多疑而导致的一次误解。针对李陵的变节投降,后人也是争议不断,同情开脱者如司马迁,口诛笔伐者如王夫之。但是平心而论,陇西李氏在汉朝的悲剧与汉武帝的用人方法和态度等密不可分。

3. 周氏父子：汉帝国的定海神针

高祖刘邦打天下,武威侯周勃功不可没;铲除诸吕,拥立文帝,太尉周勃功劳最大;平定七国之乱,稳定景帝朝纲,太尉周亚夫当居首功。可以说,周氏父子深度参与了汉初的诸多重要历史事件,从某种程度上决定了汉初历史的走向。无论是高祖刘邦所言“安刘氏者必勃也”①,还是文帝对景帝教诲“即有缓急,周亚夫真可任将兵”②,均展现了周氏父子在汉朝初年的重要分量。毫不夸张地说,周氏父子真可谓汉朝初年的国家基石,是汉帝国的定海神针。令人遗憾的是,周氏父子功高盖世,却都被诬谋反,周勃折辱于狱吏,周亚夫绝食五日,饿死狱中。正如司马贞所言:“惜哉贤将,父子代辱!”③

周勃：质厚敦笃

周勃,和高祖刘邦同为沛县人(今属江苏徐州),是最早跟随刘邦起兵的核心人物。周勃和他后人的宠辱、兴衰也均由此而起。在未遇到刘邦之前,周勃主要靠以篾条编织养蚕的专用器具——薄曲来谋生。为了糊口,他还在白事上吹箫,演奏丧乐。这些营生看似与周

①[汉]司马迁:《史记》卷八,第 392 页。
②[汉]司马迁:《史记》卷五十七,第 2075 页。
③[汉]司马迁:《史记》卷五十七,第 2080 页。

勃后来的人生没有直接关系，但或许正是这样的营生，才能让他广交朋友，与社会各个层面的人交往非常多。他可能就是这样认识了刘邦，并与刘邦沛县核心集团的人物熟识。当然，周勃还有一个非常重要的才能，就是他臂力过人，能拉强弓，箭术超群，孔武有力，非常勇敢，这也是他日后能够驰骋疆场的重要资本。

刘邦刚刚起兵的时候，周勃就率先追随刘邦。周勃为人忠厚，刘邦将他留在身边担任侍从官员，可见刘邦对其非常信任。周勃一生的功绩大致以汉帝国的建立为分界点。刘邦建汉，在韩信、张良、萧何、曹参、陈平等人的光芒下，周勃的军功卓著，却由此隐而不显，并没有像大将韩信那样指挥过决定楚汉争霸走向的代表性战争。

周勃作为心腹将领跟随刘邦，最大的特点就是作战勇敢，身先士卒，多次击退敌军。在攻打下邑、甄桑、长社等地时，都是最先登上城池。在雍丘城进攻秦将李由的军队，不落下风，又击败秦将王离的军队。周勃与刘邦在蓝田大败秦军，进入咸阳，灭亡暴秦。灭秦后，刘邦被封为汉王。汉王封周勃为威武侯，周勃随刘邦入汉中后又被封为将军。周勃跟随刘邦东征西讨，所指挥的战争大多是攻取小的城邑，当然也参与了攻打章邯、项羽的一些战争。所幸无一例外，周勃在这些战争中都取得了胜利，获得了战功，也是周勃军事指挥水平的体现。周勃真正发挥作用却是汉帝国建立后，他作为刘邦的核心军功阶层，得到刘邦的充分信任，参与了汉初诸多重要的政治、军事活动，对汉初政局产生了深远的影响。

除异姓王，稳定局势

经过楚汉之争，刘邦建汉，迫于与项羽角逐天下的形势，刘邦先封七位异姓王，稳住了局面。又在有生之年，先后翦灭除长沙王吴芮外的六位异姓王。在翦除异姓王的战争中，周勃作为刘邦非常信任的人，多次随军出征。

早在项羽破釜沉舟的秦二世二年（前208），臧荼就率军助战，功劳很大。汉高祖元年（前206），项羽大封天下，封臧荼为燕王。汉高祖三年（前204），韩信以战胜之威，降服燕国，燕王臧荼降汉。刘邦击败项羽后，开始大肆追杀项羽的一些旧将。臧荼当然是心中十分不安，于是在汉高祖五年（前202）七月，举兵反叛。臧荼是叛汉的第一个异姓王。汉高祖刘邦亲率大军前往平叛，周勃以将军的身份随行，此战周勃战功甚巨。据史籍记载，他曾率军在车马道上阻击叛军，因此被封为列侯。汉高祖还以符信的形式约定周勃的爵位可以世袭，并赐给绛县的8180户作为食邑，周勃因此被称为绛侯。

汉高祖六年（前201）春，距刘邦与韩王信剖符为信封颍川仅仅一年的时间，便发生了又一起谋反事件。当时刘邦命令韩王信北迁马邑，防备匈奴。这年秋天，冒顿单于率十万铁骑南下攻打马邑，围困韩王信，韩王信向匈奴求和。此举引起了刘邦的怀疑，专门致信责让。恐慌之余，韩王信以都城马邑向匈奴投降，并伙同匈奴攻打太原。汉高祖七年（前200），刘邦率领32万大军，以周勃、樊哙、夏侯婴等人为将，征讨韩王信。正是此次出兵，导致了后来的白登之围，影响了汉匈关系，当然这是后话。周勃此次出征，也是立了大功。汉军在白登之围发生前，对匈奴的战事可谓势如破竹，周勃、灌婴正是此战的急先锋。周勃先是率军迅速降服了霍人；在武泉北部，周勃、灌婴率军击败了匈奴骑兵。很快周勃率军在铜鞮（今属山西沁县）与韩王信开战，汉军大获全胜，斩杀叛将王喜。周勃挥师拿下太原郡的六座城池，击败了在晋阳城下的匈奴骑兵，夺取晋阳。此后，周勃又追击80里，在砮石（今属山西宁武）击破韩王信的军队。周勃率军经过楼烦时，又趁机拿下三座城池，在平城与匈奴骑兵力战，率军御敌，战功卓著。

此战之后，刘邦封陈豨为列侯。陈豨以赵相的身份统领赵国和代国的边防兵马，主持北境边防。刘邦非常信任陈豨，但手握重兵的陈豨却纵容宾客做一些违法乱纪的事情。高祖十年（前197）七月，刘邦的父亲刘太公去世。刘邦召陈豨，陈豨却称病不前，并很快叛乱，自立代王，大肆劫掠。当时的形势非常严峻，常山郡二十五座城池中，陈豨叛乱后，汉朝仅仅能控制五座。刘邦得知后，怒不可遏，亲自率兵前往，太尉周勃带兵随行。周勃在此战中，攻城略地，在马邑县大败叛军并屠城。周勃率军一路势如破竹，在楼烦大败韩王信、陈豨的大军，俘获了敌方部将。随后，周勃又转攻云中郡，大获全胜，俘虏郡守、丞相和大将，平定云中郡十二县和雁门郡十七县。周勃率军一鼓作气，气势如虹，在灵丘一带攻击陈豨，陈豨军队很快被击溃。周勃俘虏陈豨政权的丞相程纵、将军陈武、都尉高肆，代郡九县也迅速平定。平定陈豨之乱后，刘邦认为代郡居于常山以北，赵国封地在常山以南，很难控制，于是就立四子刘恒为代王，都中都，代、雁门皆属代国。

汉高祖十二年（前195），刘邦的发小燕王卢绾也反了。刘邦起初以樊哙为将军，后来又以周勃为将，主持平叛战争。周勃先后攻下了蓟县、屠灭浑都城，又在上兰、沮阳击败卢绾。眼见形势有利，周勃命令大军乘胜追击，不给叛军喘息的机会。汉军一直追到长城附近，平定了上谷郡、右北平郡和辽西、辽东、渔阳郡下辖的多个县，俘获了叛军的丞相、大将多人。等到周勃平定燕地回到长安后，高祖已经去世，他便以列侯的身份继续辅佐汉惠帝。

平臧荼、平韩王信、平陈豨、平卢绾，在刘邦剪除异姓王的重要战争中，周勃可谓鞍前马后，可惜史籍阙如，对周勃如何指挥这些战争，怎样取得胜利以及战争过程未有详细记载。

平定诸吕，拥立文帝

周勃的优点很多，经历楚汉战争和汉初剪除异姓王后，他的正直、刚强、老实、忠厚为刘邦所重。刘邦认为他值得信任，可以托付国家大事。由于周勃的出身与刘邦相似，所以他不太喜欢辞藻文学，也不太喜欢儒生，这在汉初黄老之学盛行的时代并不影响他的官运。

汉惠帝即位后，实权仍掌握在吕后以及吕氏宗族的手中。汉惠帝六年（前189）设立太尉，周勃任太尉，主管整个汉帝国的军务等，这至少在形式上是大权在握，位极人臣。公元前188年，仅仅在位七年的汉惠帝刘盈去世。为了继续把持朝政，吕后先后于公元前188年立年仅4岁的刘盈庶长子刘恭为帝（前少帝），后废杀；于公元前184年立同样年幼的刘盈四子刘弘为帝。这时作为外戚的吕氏宗族继续控制汉政权。由于吕后也是政治强人，周勃无能为力，但是他在力所能及的范围内仍为稳定汉朝政权发挥了非常重要的作用。

后来吕后病情逐渐恶化，她心理非常恐惧，生怕大臣发动叛乱。于是她将吕禄和吕产叫到身边，任吕禄为上将军，统帅北军，吕产为相国，统帅南军。吕后告诫吕氏宗族必须紧紧掌握兵权，尤其是加强对宫廷的控制，试图以此继续把持朝政。公元前180年，吕后去世。正如吕后所担心的，吕后的去世预示着吕氏家族末日的来临。面对大臣的反弹，吕氏宗族仍然进行着他们的政治豪赌。但是，他们错了，低估了经历过大风大浪的汉初功臣集团以及刘氏同姓王的力量。朱虚侯刘章和他的哥哥齐王率先发难，一时间暗流涌动，朝臣感觉朝不保夕。吕禄、吕产虽然掌握南军和北军，但是在长安城内还是非常忌惮周勃、刘章等人。诸侯王也是磨刀霍霍，一切都存在着变数。

周勃虽身为太尉，但无法进入兵营，早被架空。手无兵权的他，只好找到惯于出奇计的丞相陈平，于是一场影响汉朝政治走向的谋划浮出水面。周勃、陈平等人先派人前往郦商之子郦寄处,请其向吕禄进言①,希望吕禄放弃对长安的控制,将兵权移交太尉周勃,如此就可以消除大臣对吕氏的猜忌,可保吕氏一族周全。吕禄听了之后觉得在理,于是就把这一想法告诉吕氏家族。吕氏宗族内部意见不一,有的支持,有的反对,吕禄也是犹豫不决。吕禄并没有意识到危险正在靠近,他依然和郦寄一起游玩,早把吕后的话抛到九霄云外了。这时,吕后的妹妹吕媭,也就是樊哙的妻子、吕禄的姑姑,得知此事后非常生气,大骂吕禄:"若为将而弃军,吕氏今无处矣。"②

八月十日一早,吕产得知一场铲除吕氏集团的军事行动正在酝酿,准备尽快入宫。结果此事又被平阳侯曹窋得知,迅速报告给周勃和陈平。周勃知道此时最重要的事情就是控制宫廷兵权,他迅速前往北军驻处,结果无法进入。周勃让主管符节的纪通假传诏令,才得以进入北军。此后,周勃又让郦寄劝说吕禄交出北军的统帅权,犹豫不决的吕禄此时还非常信任郦寄,就决定把兵权交给周勃。

转过身去,周勃进入北军,随即下令:"拥护吕氏的露出右臂,支持刘氏的裸露左臂。"周勃的政治倾向军中人尽皆知,吕氏又不得人心,所有士兵都露出了左臂。周勃顺利掌握了北军。由于还有南军没有掌握,周勃调拨一千人马给刘章,刘章前往未央宫,几乎不费吹灰之力就将吕产斩杀于郎中府的厕所中。刘章又杀死了长乐宫卫尉吕更始。刘章将战果报告周勃,周勃喜出望外,连忙起身拜贺:"最大的担心是吕产,他死了,天下大局就定了。"为了防止节外生枝,周勃立刻派兵前

---

① 还有一种说法是郦寄实际上是被周勃和陈平要挟。据《资治通鉴》载:"曲周侯郦商老病,其子寄与吕禄善,绛侯乃与丞相陈平谋,使人劫郦商,令其子寄往绐说吕禄……"见 [宋] 司马光:《资治通鉴》卷第十三,北京:中华书局,1956年,第 432 页。

② [汉] 司马迁:《史记》卷九,第 408 页。

往将所有的吕氏宗族的人都抓起来,无论男女老少,全部处死。九月十一日,吕禄被斩。吕媭被乱棍打死,燕王吕通被杀。权倾一时的吕氏宗族被连根拔起,周勃可谓首功,历史进入文景时期。

功高震主,被诬谋反

太尉周勃、丞相陈平谋划诛灭吕氏家族。周勃、陈平与众大臣商议,最终确定迎立代王刘恒,主要原因是刘恒为人忠厚宽仁,他的母亲薄氏为人良善。很快,周勃、陈平联合众大臣迎立刘恒称帝,这就是汉文帝。汉文帝即位后,基本结束了汉初动荡的政治局面,开启了中国历史上著名的文景之治。

文帝即位,周勃为右丞相,赐黄金五千斤,万户侯,一时风头无两。周勃沉浸在这种喜悦中仅一个月的时间,就有人给他说:“君既诛诸吕,立代王,威震天下,而君受厚赏,处尊位,以宠,久之即祸及身矣。”[1]周勃一听真的害怕了,汉初那些功高震主、对皇权有威胁的人的下场那是历历在目啊。周勃找到汉文帝,以年迈为由请求辞相,汉文帝顺水推舟,答应了周勃。又过了一年,同样有拥立之功的丞相陈平去世。汉文帝思考再三,为了稳住拥立功臣的人心,也为了借助周勃之力更好地把握局面,又请出周勃担任丞相。

文帝时,功臣集团、同姓王等各种问题仍然存在。汉文帝下令列侯前往封地,但是迟迟不见动静。于是,汉文帝又找到周勃,语重心长地说:“前日吾诏列侯就国,或未能行,丞相吾所重,其率先之。”[2]周勃当然要支持并拥护文帝,他自己也想尽快离开权力中心地带,免相的周勃赶忙回到封地绛县。

---

①[汉]司马迁:《史记》卷五十七,第2072页。
②[汉]司马迁:《史记》卷五十七,第2072页。

　　绛县属河东郡,在回到封地后,周勃的日子过得战战兢兢。在封地一年多的时间里,每当郡守和郡尉来到绛县,周勃都是一身戎装、被甲持锐,家丁也是全副武装,以防不测。长此以往,此举对周勃也非常不利,但是韩信毫无防备被抓让他胆战心惊,不得不做出如此选择。但是该来的总会来的,不会因为周勃的恐惧、害怕而缺席。果不其然,很快就有人告他谋反。汉文帝随即公事公办,交给廷尉处理,廷尉又将此事交给长安主管刑狱的部门,周勃很快下狱。在审问时,周勃已如惊弓之鸟,方寸大乱,根本不知道如何回答。虎落平阳被犬欺,这些狱卒对他更是出言不逊,欺凌侮辱已是家常便饭。周勃实在无奈,让家人贿赂狱卒千金。得人钱财,与人消灾,狱卒得到好处后就给周勃出主意,于是在木简背上写下"以公主为证"①。周勃恍然大悟,文帝之女正是他的儿媳妇、长子周胜之的妻子。周勃立刻将他的所有赏赐都送给了薄昭,薄昭是文帝母亲薄太后的弟弟,文帝的亲舅舅。薄昭找到薄太后,为周勃说情,薄太后自己也认为周勃这样的老臣定然不会谋反。汉文帝前往拜见母亲,只见薄太后抓起头巾就向文帝扔过去,痛斥道:"绛侯周勃当年带着皇帝的印玺,手中掌握着北军,那时他都没有反叛之心,迎你即位。现在他就在小小的绛县,难道会要谋反吗? 我们就容不得功臣吗? 简直胡闹! "汉文帝看到薄太后动怒,表示自己已经看到周勃的供词,的确没有谋反,忙向太后谢罪:"狱卒已经查证他无罪,马上就要释放了。"汉文帝即刻派人释放绛侯,恢复他爵位和食邑。在薄太后此番举动后,汉文帝再不敢动除掉周勃的心思了。

　　经历生死劫的周勃出狱后,叹息道:"吾尝将百万军,然安知狱

①[汉]司马迁:《史记》卷五十七,第 2072 页。

吏之贵乎！"① 周勃拖着疲惫的身躯、心灰意冷地重新回到他的封地。文帝十一年（前169），周勃去世。

周亚夫：持重决胜

周勃在文帝十一年（前169）去世，依制，周勃长子周胜之继承爵位。作为周勃次子的周亚夫本来没有机会继承爵位与封地。周亚夫的人生似乎不会有什么波澜。

袭封条侯，细柳阅兵

公元前165年，周亚夫正在河内郡守的任上。一个著名的相士许负给他相面，说道："从面相上看，您三年后就会被封侯，封侯八年后就会出将入相，位高权重。出任将相再过九年，您肯定就会被饿死。"周亚夫听完哈哈大笑。在他看来，这完全是无稽之谈，不合常理。

他笑着说："现在我兄长已经顺利继承父亲的爵位，即使我的兄长去世，那也是由他的儿子承袭爵位和封地，哪里可能有我周亚夫封侯的事情呢？"边说边摇头摆手。

他接着说："再说，先生已经说了我可以拜相封侯，享尽人间富贵，那我又怎么会饿死呢？请先生多多指教。"

许负只是指了指周亚夫的嘴，说道："根据相书所言，您面相上有纵向的纹理进入您口中，这就是饿死的面相啊。"

周勃仍然不相信，但也不追究，这事很快就过去了。

仅仅过了两年，事情似乎朝着许负所言方向发展了。公元前163年，他的哥哥周胜之与公主，也就是文帝的女儿感情出现裂痕，影响很大。周胜之还犯了杀人罪，数罪并罚，封地被废除，爵位被夺。

---

① [汉]司马迁：《史记》卷五十七，第2073页。

不仅是周胜之、周亚夫，就连整个周氏家族都受到了牵连。真所谓"祸兮福之所倚，福兮祸之所伏"①。过了一年（前162），文帝鉴于周勃之功，决定恢复周氏子孙的爵位。由于周亚夫才能突出，所以大臣们都推荐周亚夫，文帝封周亚夫为条侯，赓续绛侯周勃的爵位。

自战国以来，匈奴问题一直是困扰中原地区的北方边患。虽然自高祖刘邦开始与匈奴和亲，但也是战和不定，未能从根本上解决。

汉文帝后元六年（前158），匈奴再次大举南下，侵扰汉朝北方边境。汉文帝立刻集结大军，兵分三路防备匈奴对长安造成的威胁，同时监视匈奴大军的一举一动。汉文帝又任命宗正刘礼为将军，驻军霸上（今属陕西西安，霸水以西的白鹿原）；任命祝兹侯徐厉为将军，驻军棘门（今属陕西咸阳）；任命镇守河内的条侯周亚夫为将军，驻军细柳（今属陕西咸阳，渭水北岸）。

汉文帝为了犒劳三军，亲自前往慰问驻军。汉文帝御驾抵达霸上和棘门的驻军，御驾一路奔驰而入。见到汉文帝亲自慰劳，汉军上下自然非常兴奋，将军和各级军官亲自前来欢迎，结束后又热热闹闹地欢送汉文帝一行。汉文帝御驾又抵达细柳慰问，细柳驻军的军容与霸上、棘门大相径庭。士兵披甲执锐，兵刃闪亮，弩机弓箭的弓弦拉满，箭在弦上，全军上下高度戒备。汉文帝派使者报告周亚夫，结果吃了闭门羹，禁止进入军营。使者非常生气，非常傲慢地说："天子马上就要抵达。"只见驻守军门的都尉义正词严道："将军令曰'军中闻将军令，不闻天子之诏'。"②说完后，毫不理睬使者。使者急得团团转，但也毫无办法。没过一会，汉文帝的车驾抵达军门外。

---

① [魏]王弼注，楼宇烈校释：《老子道德经注校释》，北京：中华书局，2008年，第151页。
② [汉]司马迁：《史记》卷五十七，第2074页。

使者顿时来了精神，仗着汉文帝的车驾，又前去交涉，都尉还是不肯放行。汉文帝于是专门命令使者手持符节诏令将军周亚夫："吾欲入劳军。"① 这时周亚夫命令军门都尉打开军门。驻军军吏告诉汉文帝一行车骑："将军有约，在军中不能骑马驰骋。"天子属官紧紧拉住马缰绳，缓慢地走进军营。

文帝抵达军营后，周亚夫身穿盔甲、手持兵器，向汉文帝作揖行礼，说道："身穿盔甲的将士无法跪拜，请以军礼面见天子。"天子见状为之动容，立刻非常严肃地俯身扶着车前的横木，向汉军将士致意。汉文帝非常郑重地遣使告知周亚夫："皇帝敬劳将军。"② 一套非常严肃的军礼完成，汉文帝离开了细柳军营。

汉文帝一行出了军门，群臣面面相觑，脸上写满了惊叹和不解。汉文帝看着这群大臣，若有所思地说："是呀，这才是真正的将军啊。朕之前去霸上、棘门劳军，那就如同儿戏一样。如果匈奴来偷袭，他们的主将肯定会被敌军俘虏。至于周亚夫这样的良将，治军有方、军纪严明，谁又能去侵犯他呢！"此后很长时间，汉文帝仍在不同场合夸赞周亚夫的治军有方。过了一个多月，匈奴退兵，三处驻军都撤了回来。汉文帝立刻重用周亚夫，拜周亚夫为中尉，位列九卿，直接指挥禁卫军，拱卫京师长安。汉文帝对周亚夫非常欣赏和信任。

这就是著名的细柳阅兵的故事。

周亚夫担任中尉治理严明，忠于职守，京城长安秩序井然。他为人公正，秉公执法，更深得汉文帝的信任。

后元七年（前157），汉文帝在未央宫驾崩。去世前，他将刚过而立之年的太子刘启叫到身边，告诫他："将来如果遇到紧急的状况，那

---

①［汉］司马迁：《史记》卷五十七，第2074页。
②［汉］司马迁：《史记》卷五十七，第2074页。

周亚夫是可以值得信任和重用的。"汉文帝担心不仅有北方边患匈奴的问题,还有诸侯国的问题,这是困扰汉初统治者的两大难题。文帝去世,太子刘启即位,是为汉景帝。汉景帝即位后,他立刻升任周亚夫为车骑将军,位列上卿,实际权力比肩三公,主要任务仍是拱卫京师,可见周亚夫在汉文帝、汉景帝心中的分量。

平定叛乱,稳定政局

为了巩固刘姓政权,刘邦先后在异姓王的故土上分封了九位子侄为同姓诸侯。这些同姓诸侯国的确在最初发挥了拱卫中央政权的作用,在汉初平定诸吕之乱中更起到了非常关键的作用。

刘邦试图以同姓诸侯王来拱卫汉政权,殊不知这为文景时期诸侯王的问题埋下了祸根。经过汉初政治局势的发展,诸侯国的势力大增。以郡县而言,当时汉中央政权直接控制的仅仅有 15 郡,而诸侯王控制的多达 39 郡。汉中央政府仅仅向诸侯国派丞相,其他的官员均由诸侯王任免,实际上这些诸侯国处于半独立的状态,严重威胁着中央政权。汉初政论家贾谊等人深刻认识到这个问题,并提出了削藩的建议,如"众建诸侯而少其力"[1]等等。总体而言,文帝一朝虽然与诸侯王有矛盾,也发生了一些叛乱,但仍能维持现状。

汉景帝即位后,重用晁错,先提拔为内史,后任命为御史大夫,位列三公。晁错坚决主张削藩,上疏《削藩策》,痛陈诸侯罪过,称:"今削之亦反,不削亦反。削之,其反亟,祸小;不削之,其反迟,祸大。"[2]汉景帝和晁错先试探性地以赵王有罪削夺赵王的河间郡,又以胶西王刘卬售卖爵位舞弊,削夺六个县。此举反弹并不大。

①[汉]班固:《汉书》卷四十八,第 2237 页。
②[汉]班固:《汉书》卷三十五,第 1906 页。

汉景帝前元三年（前154），楚王来朝，汉景帝趁机削夺楚王东海郡、吴国的豫章郡和会稽郡。看到各个诸侯国没有什么举动，朝堂上又在商量着如何削减吴王的土地，吴王一看急眼了，于是决定先下手为强。他想到了胶西王，一方面胶西王已经在削藩中受到了损害，另一方面胶西王个人争强好胜，喜欢斗狠逞勇。很快他们订立盟约，并私下联系其他诸侯国，以谋造反。以吴王刘濞为首，楚王刘戊、赵王刘遂、胶西王刘卬、济南王刘辟光、淄川王刘贤、胶东王刘雄渠等七国同时举兵发难，之前联络的齐王刘将闾、济北王刘志和淮南王刘安则因种种原因未能起兵，以吴王刘濞为首的吴楚七国之乱爆发了。为了师出有名，叛军打出"诛晁错、清君侧"的旗号。

汉景帝慌乱之中想到了他父亲的临终遗言。他立刻擢升周亚夫为太尉。汉景帝命令周亚夫率三十六将军前往迎击叛军实力最雄厚的吴楚联军，同时派郦寄、栾布等人对付赵、齐，大将军窦婴屯兵荥阳。汉景帝在爰盎的建议下，试图以腰斩晁错、恢复封国的故土来平息叛乱。晁错被杀，而吴楚七国叛军毫无退兵之意。

周亚夫在出征前，亲自向汉景帝请示："吴楚蓄谋已久，而且吴楚之地民风彪悍，将猛兵强，势头正盛，我们很难与之争锋，此时和他们交战，很难取胜。我建议牺牲梁国，命令梁国死守城池，任由叛军进攻。所谓攻城为下，在攻城中消磨叛军的锐气，使其疲敝。而我们趁机断其粮道，叛军必败无疑。"简而言之，周亚夫的核心战略就是"以梁委之，绝其粮道"①。汉景帝非常赞同周亚夫的意见，显然这场叛乱，如果吴楚败了，肯定也就树倒猢狲散了。

为什么周亚夫要提到梁国呢？因为梁国具有非常重要的战略地位。吴楚联军既定战略目标是要攻取洛阳，进而夺取长安，而梁国正

---

① [汉]司马迁：《史记》卷五十七，第2076页。

好位于吴楚联军西进的道路上。而且梁国正是汉景帝弟弟刘武的封国,兄弟关系非常密切,周亚夫相当于先给汉景帝打个预防针。

周亚夫率军抵达霸上,准备经崤山、渑池、洛阳,进而抵达荥阳前线。此时,策士赵涉拦住了周亚夫,说道:"将军此行,胜负关系汉朝安危,事关重大。东向出兵讨伐吴楚,胜利了汉朝宗庙得以安定,失败了天下就会陷入危难,不知将军能否听从臣下的建议?"周亚夫连忙下车,行礼询问。赵涉上前劝说:"吴王向来富有,很早就养了一批死士。现在吴王知道将军即将前往洛阳,肯定会在将军所经过的崤山、渑池狭窄陡峭的地带安排死士刺杀将军,如果他们成功,那对汉军将是毁灭性的打击啊。再说,军事行动一定要保密,如今将军的路线谁人不知?将军不如临时改变行军路线,从此处向右进军,走蓝田,出武关,顺利抵达洛阳,守住洛阳武库。这样看似绕着走了一圈,其实是以迂为直,实际抵达的时间相差也就不过一两天。将军顺利抵达洛阳武库,战鼓雷动。那些诸侯王还在崤山、渑池一带准备伏击将军呢,结果将军如神兵天降抵达洛阳,绝对是出其不意。"周亚夫听完,连连称赞,迅速下令改变行军路线,果然顺利抵达洛阳。周亚夫高兴地说:"七国起兵造反,我坐传车就能平安抵达洛阳,一路没有遇见叛军的一兵一卒,实在出乎意料啊。如今汉军已经驻守荥阳,那荥阳以东的战事,就没有什么值得忧虑的了。"周亚夫立刻派军前往崤山、渑池之间的险要地带,果然发现了吴国的伏兵,周亚夫惊出了一身冷汗。如果叛军刺杀周亚夫成功,那不仅对周亚夫个人而言是一场悲剧,而且对此次平叛的战局将产生非常不利的影响。周亚夫深知他能安全抵达荥阳对战局有着至关重要的影响,尤其是对那些仍处于观望态度的诸侯王起到了心理上的震慑作用,于是他请示汉景帝任命赵涉为护军。

周亚夫继续率军前往荥阳与窦婴等人会合。荥阳是中原战略要地,汉军能够顺利在荥阳集结,就等于是抢占了先机。荥阳有武库这样的军械库,有敖仓这样的天下大粮仓,为战争的胜利奠定了非常坚实的基础。

周亚夫命令汉军不与吴楚军争锋,将梁国作为诱饵,任由吴军全力攻打,也不救援,让吴军在梁国的坚城之下钝兵挫锐。此时吴楚叛军正与梁军交战,很快突破梁军的第一道防线。梁军在梁国南部的棘壁(今属河南永城)遭遇失败后,迅速回城,据城坚守。梁国虽然城坚池深,有韩安国指挥,但是面对吴国大军,也是危在旦夕。梁王即刻派人向太尉周亚夫求援。周亚夫并未派兵救援,反而东进屯兵昌邑(今属山东潍坊)。汉军在昌邑坚壁高垒,既可以监视吴楚联军的一举一动,与梁都睢阳成掎角之势,又可以随时寻找战机,切断吴楚粮道。

梁王不断派来使者前来央求周亚夫出兵,周亚夫则以各种理由推脱,拒不出兵救援。周亚夫明白,此时梁国继续坚守,汉军不出兵是最好的战略选择。梁王实在无奈,只得上书找他的哥哥汉景帝了。汉景帝护弟心切,早将他与周亚夫的约定抛之脑后。汉景帝专门派使者前来,诏令太尉周亚夫即刻率军驰援梁国。从细柳阅兵我们就可以猜出来周亚夫的态度,周亚夫拒不奉诏,不出一兵一卒,继续坚壁高垒。

周亚夫完全按照与汉景帝商定的既定战略部署兵力。当他发现吴楚联军和梁军均已疲惫不堪,判断时机成熟,于是趁着吴楚叛军顿兵梁国城下、无力抽身的时机,立刻派出以弓高侯为首的轻骑兵迅速南下,攻占淮泗口,断绝了吴楚叛军守备相对空虚的后方粮道。粮草是战争的根本,粮草不足使吴楚联军陷入了困境,刘濞明白西进已无可能。

此时周亚夫看准战机,迅速率军进驻下邑(今安徽砀山)。吴王完全慌了神,前路被阻,后路也被截。吴军转过头大举进攻周亚夫所部,周亚夫还是坚壁清野,拒不迎战。吴楚联军想速战速决,多次主动挑战,但是粮草充沛的汉军毫不理睬,吴楚联军对此毫无办法。

周亚夫统率的汉军和吴楚联军就这么僵持着,此举显然对汉军有利。一天夜里发生了意外状况,军中出现了惊扰,甚至相互攻击,甚至闹到了太尉周亚夫的营帐前,但周亚夫始终没有丝毫慌乱,静卧在帐中。过了一会,骚乱很快就平息了。史书没有明确记载骚乱的原因,可能是吴楚叛军故意制造的骚乱,试图寻找战机。

吴楚联军饥肠辘辘,无奈之下做困兽之斗,试图以声东击西的战术来攻破周亚夫的军营。吴楚叛军大肆攻打汉军军营的东南方向。周亚夫仔细观察,发现这些叛军虽然声势浩大,但非常可疑,他判断东南方向可能并不是叛军真正的攻击点。于是,周亚夫下令一定要坚守东南角。他预判楚军一定是声东击西,立刻派军前往军营西北方向布置防御设施。吴国的精兵强将果然在军营的西北方向出现了。一切正如周亚夫所料,由于早已做好了防备,吴军的偷袭并未成功。久攻不下的吴军,只能无奈撤退。

周亚夫一声令下,汉军的精兵迅速前往追击,吴军顿时四散而逃。败局已定的吴王刘濞带着一些精锐亲兵逃往江南丹徒。汉军一路追击,俘虏劝降叛军。首恶吴王刘濞自然不能放过,汉朝悬赏千金求其人头。一个月左右,就有越人带着刘濞的人头前来领赏。吴王败亡,齐赵之地也在栾布、窦婴指挥下,迅速平定。参与叛乱的其他诸侯王也纷纷畏罪自杀,封国亦被废除。

周亚夫平定了吴楚七国之乱,这为后来汉武帝能够最终彻底解决诸侯国问题,巩固中央集权奠定了坚实的基础。从这个意义上来讲,周亚夫对汉帝国功不可没。但此次平叛周亚夫得罪了一个人,那就是梁王刘武,这对周亚夫入朝为官非常不利。

忤逆龙鳞，直言获罪

周亚夫平叛归来，说是再造大汉也不为过，因此得到了汉景帝的重用。景帝前元五年（前152），丞相陶青因病去职，景帝立刻升任周亚夫为丞相。

周亚夫是一位难得的名将，但是让他参与政事，他的很多优点可能会变成缺点，甚至会引来杀身之祸。

周亚夫战时得罪了梁王刘武，入朝为官后，耿直的性格又得罪了汉景帝。汉景帝想要废掉太子刘荣，找周亚夫商量，结果周亚夫根本不懂汉景帝的心思。周亚夫深知太子的废立，关乎国本，他直陈己见，坚决反对。汉景帝非常恼火，开始疏远周亚夫。汉景帝前元七年（前150）正月，汉景帝废刘荣，四月封王美人（王娡，汉武帝母亲）为皇后，刘彻被立为太子。周亚夫并未改变汉景帝废立的想法，反而忤逆了龙鳞。同时，梁王刘武也时常来京城，由于忌恨周亚夫，经常在汉景帝的母亲窦太后面前说周亚夫的坏话。

接下来发生了一件事，周亚夫又得罪了始终影响景帝朝政局的窦太后、如日中天的王皇后和王皇后的哥哥王信。王皇后不仅得到景帝的宠爱，同时窦太后也非常喜欢她。出于对王皇后的偏爱，且王信又在回护梁王刘武一事出力颇多，窦太后就向汉景帝建议说："王皇后的哥哥王信可以封侯。"景帝显得稍微有点为难，说道："最初南皮侯窦彭祖和章武侯窦广国，先帝在位的时候并没有封侯，等到儿臣即位后才给他们封侯。王信封侯的时机不成熟啊。"窦太后说道："作为君主，应当根据不同时势处理政务。我哥哥窦长君在世时，无法封侯，死后他的儿子才得以封侯，这件事到现在我还后悔。皇帝赶紧封王信为侯吧！"景帝只能说道："我还是和丞相周亚夫商议一下吧。"不用想，周亚夫一定会坚决反对，原因就是汉高祖刘邦曾经约定的

"非刘氏不得王，非有功不得侯。不如约，天下共击之"①。周亚夫明确指出："王信虽然是王皇后的兄长，但无尺寸之功，如果贸然封侯，就是违背高祖的约定。"汉景帝本身对此事就不是很赞同，此事也就到此为止。

周亚夫的性格实在不适宜在朝中为官。一次，匈奴王徐卢等五人前来投降，汉景帝出于政治的考量，想要封侯，以吸引更多的匈奴首领投奔汉室。结果作为丞相的周亚夫坚决反对："那些背主之人投降陛下，陛下封侯，那又怎么能够要求我们的臣子守忠义节操呢？"景帝非常生气："丞相的说法不可用。"仍然坚持封徐卢等人为列侯。周亚夫称病不朝。景帝中元三年（前147），景帝干脆以病为由将其罢免。

周亚夫显然在现实政治中是一个不讨喜的人。但是，周亚夫的军事能力还是卓绝的，他的忠诚、正直也让汉景帝放心。如此弃用，也是非常可惜，于是景帝想再考验考验周亚夫。过了一段时间，景帝在宫室内召见条侯周亚夫，并赐给他酒肉。为了试探周亚夫，汉景帝只是放置了一大块肉，没有切开，也没有筷子。周亚夫心中不快，于是吩咐掌管宴席的官员尚席取一双筷子。周亚夫的不快汉景帝当然看在眼里，只见汉景帝笑着说："难道这些还不能满足你的要求吗？"周亚夫此时才反应过来，连忙免冠谢罪。汉景帝起身，周亚夫趁机小碎步快步离开。汉景帝目送周亚夫，看着他的背影，心中感慨万千，叹息："此怏怏者非少主臣也！"②显然，汉景帝可能还是想着像他父亲一样，将自己的儿子托付给周亚夫。但是此时的周亚夫已经功高震主，更重要的是以周亚夫的性格，年幼的太子根本无法驾驭。

①［汉］司马迁：《史记》卷五十七，第2077页。
②［汉］司马迁：《史记》卷五十七，第2078页。

事已至此，周亚夫必死无疑了。无情最是帝王家，离周亚夫之死只差一个更加合理的借口了。

被诬谋反，绝食而死

没过多久，周亚夫的儿子为父亲准备后事，专门从管理官府手工业的官署那里买了甲盾五百套，用于将来陪葬，这在汉代属违法行为。既然官府禁止，又具体从哪里买的呢？陈直在《汉书新证》中指出："郡国工官所造兵器，可能运至京师，而亚夫子盗买之。"① 雇佣前来搬这些甲盾的工人非常辛苦，结果周亚夫的儿子竟不给钱。这些雇工就非常生气，他们当然知道周亚夫的儿子是偷买了官家器物。一气之下，他们就集体诬告周亚夫的儿子要反叛。不用说，此事肯定牵连到周亚夫。很快就有人上书景帝，汉景帝立刻将此事交给相关的官吏查办。这些狱吏深知景帝心思，依据文书所列罪状一一责问，周亚夫根本不予理睬。景帝更加生气，又将他交给廷尉，廷尉斥责："君侯欲反邪？"② 周亚夫镇定自若，说道："臣所买器，乃葬器也，何谓反邪？"③ 就当时葬俗而言，的确汉人的明器一般使用的都是模型，而非实物，迄今为止的考古发现也能证实当时的葬俗④。狱吏当然不听周亚夫的辩解，仍是咄咄逼人："君侯纵不反地上，即欲反地下耳。"⑤ 这显然是欲加之罪何患无辞。这些狱吏为了尽快给汉景帝复命，于

---

① 陈直：《汉书新证》，北京：中华书局，2008年，第259页。
② [汉]司马迁：《史记》卷五十七，第2079页。
③ [汉]司马迁：《史记》卷五十七，第2079页。
④ 1965年在陕西咸阳杨家湾发现的杨家湾兵马俑，形制非常小，骑兵俑高68厘米，步兵俑高44—48厘米，这些兵马俑是用黏土做成铠甲等，手中所持也非实用兵器，为象征性的兵器。购买武器本身就违反汉律，又在周亚夫与汉景帝关系非常微妙之时购买，给了汉景帝非常重要的口实。
⑤ [汉]司马迁：《史记》卷五十七，第2079页。

是采用各种侮辱,网罗罪名。一开始,狱吏想要抓捕周亚夫时,他就有不祥的预感。周亚夫不愿遭受侮辱,想要自杀,结果他的夫人制止了他。在进入廷尉的监狱后,狱吏网罗的各种罪名显然是要将他置于死地,当然他也深知这是汉景帝的意思。

景帝后元元年(前143),56岁的周亚夫宁死不受辱,绝食五日,最后吐血而死,未到耳顺之年的大将周亚夫终究如相面者所言未能善终。

周亚夫的一生,最为历代兵学家、军事家所称道的就是"细柳阅兵"。三个月平定来势汹汹的七国之乱,是他军事指挥水平的集中体现,是他一生功业的高光时刻。平定七国之乱也是他为景帝朝乃至整个汉帝国做出的最大贡献,对中华民族统一国家的形成产生了深远影响。当然,周亚夫的悲剧也有其深刻的历史背景。大背景是汉初功臣集团的没落,小背景就是汉景帝即位后法吏、军吏的崛起,皇权的进一步加强,而周亚夫下狱冤死就是一个时代的标志性事件[1]。曾国藩曾对周亚夫有非常高的评价,当然也指出了他的致命缺点:"周亚夫刚正之气,已开后世言气节者之风。观其细柳劳军,天子改容,已凛然不可犯。厥后将兵,不救梁王之急,不肯侯王信,不肯王匈奴六人,皆秉刚气而持正论,无所瞻顾,无所屈挠,后世西汉若萧望之、朱云,东汉若杨震、孔融之徒,其风节略与相近,不得因其死于非命而薄之也。惟其神锋太隽,瞻瞩太尊,亦颇与诸葛恪相近,是乃取祸之道,君子师其刚而去其傲可耳。"[2]

---

[1] 李开元:《汉帝国的建立与刘邦集团——军功受益阶层研究》,北京:生活·读书·新知三联书店,2000年。

[2] [清]曾国藩:《曾国藩全集》十四册《诗文》,长沙:岳麓书社,2012年,第496页。

三、悲情名将

为将不易,善终更不易。孙武告诉了每个将领如何打赢战争,但却忽略了功成名就的将军们如何全身而退的问题。在中国古代名将中,大多都以悲剧的方式结束了自己的一生。他们或功高盖主不知收敛,逃不脱兔死狗烹的怪圈,或遭受奸人诬陷,或终身抱憾,或郁郁寡欢,或提心吊胆。其中著名者,有先轸、吴起、白起、廉颇、李牧、韩信、英布、彭越、周亚夫、李广、灌夫、公孙贺、窦宪、钟会、邓艾、刘牢之、斛律光、高长恭、宇文宪、贺若弼、高颎、侯君集、高仙芝、郭崇韬、林仁肇、岳飞、蓝玉、袁崇焕、年羹尧等等。

1. 白起:"人屠"终遭横祸

白起,秦国郿(今属陕西眉县)人,生年不详,公元前257年被迫自杀,战国四大名将之首。白起在秦昭王时期兼并六国的战争中立下了不世之功,推动了秦统一六国的进程,是战国时期最著名的军事将领。

战功赫赫,将星升起

白起早年出身行伍,以善于用兵闻名于秦国。魏冉慧眼识才,多次向秦昭王举荐白起。白起得到重用后,军事才能逐渐显露,并受到秦昭王的赏识，升任左庶长（秦十级爵位）。公元前294年，秦昭王任白起为将，攻打韩国。白起指挥秦军一举拿下新城（今属河南伊川），因军功迁至左更（秦十二级爵位）。面对秦国咄咄逼人的攻势，韩国并未坐以待毙，而是主动寻求与魏国联合抗秦。次年（前293），秦昭王再次任命白起为秦军主将，与韩魏联军战于伊阙（今河南洛阳龙门），韩魏联军大败，主将公孙喜兵败被俘，秦军斩首24万，攻取五座城池。白起以军功迁为国尉，成为秦国的最高军事长官。白起率秦军乘胜追击，渡过黄河，夺取了韩国的大片土地。秦国军功爵制让白起如鱼得水[1]。公元前292年，白起因功迁任大良造（秦十六级爵位）。这一年，白起再次领兵攻打魏国。白起主攻河东，司马错主攻河内，秦军合军后随即攻下垣城（今属山西垣曲），此次出兵，秦国攻取了魏国60余座城池。秦军在白起的率领下屡战屡胜，绝望的韩魏两国只好向秦国妥协，割地求和。韩魏的臣服使得秦国连横战略得以顺利实现，为秦国东进奠定了坚实的基础。

公元前280年，秦昭王命白起为主将，攻打赵国，迅速夺取光狼城（今属山西高平），斩首三万。在秦国强大军事压力下，赵国被迫求和。次年（前279），秦赵通过渑池（今属河南渑池）之会，达成和解。在与三晋国家达成和解之后，秦国转而南下攻楚，白起率军拿下楚国五座城池，其中以鄢之战最为惨烈。鄢城（今属湖北宜城）具有非常重要的战略意义。鄢城是楚国防御秦军的战略要地，距郢都非常近，因此楚国高度重视，派重兵镇守。面对楚军拒险而守，白起屡次强攻不下，秦军伤亡惨重。白起利用地势，果断采取水攻，堵塞西山长谷水，决水淹城。城中楚军、百姓伤亡惨重，尸横全城。尤其是城东北方向，竟达十万，整个城东都散发着尸体的阵阵恶臭。此战过后，楚

---

① 朱绍侯：《军功爵制研究》（增订版），北京：商务印书馆，2017年。

军留下了深深的心理阴影。公元前278年,秦国趁楚国新败,无力还击之时,再次出兵,白起自然又被任命为主将。白起率领秦军势如破竹,很快攻破郢都,楚王被迫出逃。为了给楚国造成更大的心理打击,白起竟然纵火烧了楚先王的陵墓。楚王无奈之下一直向东逃到陈(今属河南周口)建都,郢都成为秦国的南郡。

　　面对白起的赫赫战功,秦昭王非常高兴,封白起为武安君,以表彰其军功和才能。白起继续为秦国征战,攻取了楚国的巫郡和黔中郡。

　　面对秦军的攻势,楚国节节败退,只得与秦国讲和。腾出手来的秦国将战略方向又再次转向了三晋。公元前276年,秦国终于有了出兵的借口,赵、魏两国合兵攻打韩国,韩国被迫向秦国求援。面对如此良机,秦国即刻出兵,在魏冉、白起等人的指挥下,大破赵魏联军于华阳(今属河南新郑),魏国主将芒卯脱逃,秦军俘虏了赵、魏两国部分将军。秦军先击杀魏军13万人,之后追击赵军,与赵将贾偃展开了殊死搏斗,秦军战胜。白起将俘虏的2万赵军沉杀于黄河。此战过后,魏国被迫割让南阳大片土地,以换取和平。此时,秦昭王采取了范雎"远交近攻"的政策,对三晋国家开展了长期的攻伐。白起也因此在外连年征战。公元前264年,白起率军攻取了轵关陉(今属河南济源);公元前263年,又攻取太行山以南的南阳地区(今河南王屋山南)。公元前262年,秦军攻克野王(今属河南沁阳),将韩国拦腰截为两段,上党郡与韩国本土因此而完全隔绝。韩国危在旦夕,韩桓惠王惶恐万分,赶忙以阳成君为使入秦,愿献上党郡(今属山西长治)17县向秦求和。

秦赵争胜,长平对峙

　　韩王有意求和,上党郡守却不愿拱手相让,坚决抵抗秦军。韩桓惠王无奈,只得改派冯亭为上党郡守。冯亭抵达上党后,也不愿献地入秦，并与上党百姓商量如何生存。冯亭指出："如今上党通往新郑的道路已经被秦军切断，韩国本土已经无力帮助我们了。秦军逼近，韩国本土援军根本无法抵达，我们还不如以上党郡归服赵国。如果赵国接受的话，那么秦国必定怒火攻心，攻打赵国。这样韩、赵两国将会面对共同的敌人，必定能够团结起来阻止秦军东进。"于是冯亭遣使入赵，要将上党之地献给赵国，试图激化秦、赵矛盾，拖赵国下水，以减轻韩国所面临的军事压力。

冯亭献地，对赵国而言，犹如烫手山芋，因此赵国君臣意见并不统一。平阳君赵豹看穿了冯亭的意图。他指出韩国献地，不过是要嫁祸于赵。赵国如果接受上党郡，必然会引起秦国的不满，但赵国并不具备战胜秦国的条件，此举显然是引火烧身，所以赵豹坚决反对赵国接收上党。但是，赵王认为赵国出兵百万，在外征战多年也不能得到一城一池，如今兵不血刃就能得到 17 城，何乐而不为呢？平原君赵胜、赵禹也赞成赵国接收上党郡。于是赵王派遣平原君赵胜前去接收上党郡，并封冯亭为华阳君。

赵国这一举动，无异于虎口夺食，引起了秦国的极大不满，秦、赵之间的矛盾也因此全面激化。公元前 261 年，秦昭王命令秦军进攻韩国缑氏（今属河南偃师），直趋荥阳，威慑韩国，同时命令左庶长王龁率领大军由太行一路奔袭上党。上党赵军兵力势单力薄，不敌秦军。赵孝成王以廉颇为将，派援军试图坚守上党地区。等到廉颇率领赵军主力赶到时，上党早已失守，所以廉颇根据情势，决定扼守长平（今属山西高平）地区。秦将王龁见状也驻兵长平，并不断进攻赵军。四月，秦军斥兵（侦察兵）斩杀赵裨将茄。六月，秦赵两军又战于长平以南，秦军攻取赵二障（城堡），斩杀赵军四都尉。七月，秦军又攻占赵西堡垒（今属山西高平）。面对不利局面，廉颇不愧为久经沙场的老将。他鉴于实际情况，及时改变战略方针，转为守势，依托有利地形,筑垒固守,以逸待劳,疲惫秦军。廉颇适时调整,充分利用有利地形,以丹水为屏障,凭借天险,建立了一个相对坚实的正面防御阵地。赵军主力所处地带,都是长平地区少见的平原之地,非常有利于赵军骑兵优势的发挥。由于赵军避战不出,秦、赵两军在长平一线50多里的山地上对峙长达三年多。

秦军为了配合秦赵战略决战,在外交上先稳住魏国和其他国家,同时还从内部瓦解赵国的团结。秦、赵两国常年暴师在外,秦国已是粮尽仓空,赵国也是无以为食。秦军虽处战略攻势,偶然也有得手的机会,但廉颇的坚守不出,使得秦国始终无法与赵军主力正面接触,颇显无奈。赵孝成王由于国内粮食危机以及赵军伤亡颇多,错误认为廉颇避战不出是由于胆怯,所以多次督促廉颇转守为攻,主动出击。廉颇非常冷静,始终不肯听从赵孝成王的错误指挥。秦国正是利用赵国君臣在攻守问题上的分歧与矛盾,果断采用离间计,派人携带财物前往赵都邯郸收买赵王的左右权臣,离间赵王与廉颇的关系。同时秦国间谍四处散布流言,说秦军害怕的不过是马服君之子赵括,廉颇太容易对付了,并且马上就要投降秦国了。赵王对廉颇不听从命令早已忍无可忍,又忽闻廉颇要降秦,更是怒不可遏,立刻决定以赵括前往长平代廉颇为赵军主将。赵括的母亲得知赵括即将奔赴长平战场时,连忙上书阻止赵王。但是此时被愤怒冲昏头脑的赵王一意孤行,仍然坚持任命赵括为将。

秦国终于借赵王之手,把久经沙场的廉颇从赵军主将的位置上拉了下来,为秦军决战长平扫清了障碍。赵王任命赵括为将,仓促转守为攻。秦国的离间计产生了预期效果,战事正按照秦国的设计继续发展。

长平决战，毁誉参半

公元前 260 年七月，赵括率援军抵达长平战场，接替老将廉颇。赵括上任，立刻更换将佐，同时改变赵军原有部署，这一突如其来的变故搞得赵军上下离心离德，斗志消沉。

就在赵军临阵换将之际，秦国也针锋相对地及时调整军事部署：立即增加军队，并且征调骁勇善战的武安君白起为上将军，代替王龁统率秦军。当然，秦国这一次换将，是在悄无声息中完成的。为了避免引起赵军的注意，"令军中有敢泄武安君将者斩"①。赵括哪里是白起的对手。在此之前，白起早已功盖天下。首战，伊阙之战，斩杀韩、魏联军 24 万，俘虏其将公孙喜，秦昭王以此战，威震中原，自称西帝。再战，南破楚国，拔鄢、郢，焚夷陵，打得楚人丧魂落魄。三战，华阳之战，歼灭魏军 13 万，沉杀赵卒 2 万于黄河。四战，夺取南阳，拔韩之野王。

白起抵达前线后，针对赵括求战心切、鲁莽轻敌等弱点，制定了诱敌入伏、分割包围而后聚歼的作战方针，并且作了周密细致的部署。首先，以原先的第一线秦军为诱敌部队，等待赵军出击后，立刻佯败向预设主阵地的方向撤退，诱敌深入。其次，巧妙利用长壁构筑袋形阵地，以秦军主力坚守营垒，抵挡赵军主力的攻势。第三，动用奇兵两万五千人埋伏在侧翼，待赵军出击后，及时穿插到赵军后方，切断贸然出击的赵军退路，并协同主阵地长壁中的秦军主力，完成对出击赵军的包围。第四，用五千精锐骑兵插入赵军营垒的中间，牵制和监视赵军营垒中的剩余军队。第五，组织一支轻装勇猛的突击队，等到赵军被围后，主动出击，不断消耗赵军的有生力量，力争从意志上彻底摧毁赵军。

---

① [汉]司马迁：《史记》卷七十三，第 2334 页。

战局按照白起预定的方向发展。公元前 260 年八月，对秦军战术布置茫昧无知的赵括统率赵军主力向秦军发起了大规模的出击。两军刚刚交锋，秦军的诱敌部队便佯败后撤。鲁莽的赵括不知是计，立即率军实施追击。而担任诱敌任务的秦军且战且退，退至秦军的壁垒。赵军遭到了秦军主力的顽强抵抗，攻势受挫，被阻于坚壁之下。秦军的阵地位于丹河以西，秦军依据地形，背靠山峰，建立一个近似半圆形的防御阵地。丹河以西并非平原地带，赵军"胡服骑射"以来建立的训练有素的骑兵并不能充分发挥战斗力。秦军最擅长的弓弩箭阵却在这种地形下非常容易地对赵军造成强有力的压制。赵括见攻势不利，想要退兵，但为时已晚，预先埋伏于两翼的秦军两万五千奇兵迅速出击，及时穿插到赵军进攻部队的侧后，抢占了西壁垒（今属山西高平），截断了轻率出击的赵军的归路，构成了对出击赵军的包围。另外，五千秦军精骑也迅速穿插到了赵军的营垒之间，牵制、监视留守在营垒的赵军，并切断赵军包括粮道在内的军事补给线。在完成对赵军的分割包围之后，白起下令突击部队轮番出击被围困的赵军。赵军数战不利，情况十分危急，被迫就地构筑营垒，转攻为守，等待救援。这时，赵国国内粮食缺乏，后勤补给严重不足。齐国周子建议齐国援助赵国粮食，但齐王并没有听从周子的建议，拒绝支援赵国。

秦昭襄王得知白起已经完成了对赵军的分割包围，便亲赴河内地区动员民众参战。他宣布凡参战者，赐爵一级，于是将当地 15 岁以上的男丁全部编组成军，增援长平战场，倾全国之力与赵国展开决战。这支部队开进到长平以北的丹朱岭及其以东一带高地，进一步断绝了赵国的援军和后勤补给，从而确保了白起彻底歼灭被围赵军。

九月，赵军断粮已经 46 天，军营中出现人吃人的残酷情形。赵军军心动摇，死亡的阴影时刻笼罩着这支疲惫之师，局势变得非常危急。赵括准备拼死一搏，做困兽之斗。他组织了四支突围部队，轮番冲击秦军阵地，希望能杀出一条血路。但在秦军的强力压制下，赵括始终未能成功。绝望之下，赵括只得孤注一掷，亲率赵军精锐强行突围，但仍不敌秦军的万弩齐发，遭遇惨败，赵括也丧生于秦军的箭镞之下。

赵括已死，赵军失去主将，斗志全无，也不再抵抗，40余万饥疲之师全部向秦军解甲投降。面对这40余万赵军降卒，秦国如何处理？白起认为："之前秦军夺取上党，上党百姓不愿做秦国的臣民而宁愿归附赵国。而且赵国士兵变化无常，不全部杀掉他们，恐怕要出乱子。"所以，为了永绝后患，除幼小的240人之外，其余全部被白起坑杀，六国为之震恐。

长平之战，秦、赵两军相持三年多，秦军也死伤过半。这场空前激烈而残酷的长平之战，以秦国的胜利而结束。这是战国时期规模最大、最惨烈的一场战争，也是中国历史上时间最早、规模最大的包围歼灭战。长平一战，秦国从根本上削弱了赵国。此后秦国对六国的战争所向披靡，关东六国已经无法与秦国进行真正意义上的对抗，秦统一六国的道路变得畅通无阻。

将相失和，白起身死

公元前259年，长平之战结束，秦军平定上党郡。白起兵分三路，试图一举攻破赵都邯郸。此时，赵国出于自救，不得不以其人之道还治其人之身，采用虞卿之谋，离间白起与范雎，派苏代游说秦相范雎。苏代对范雎说："武安君白起擒杀赵括了吗？"范雎答道："是的。"苏代再问："白起率军要攻打赵都邯郸吗？"范雎答道："当然是。"苏代接着说："以秦军的兵力，邯郸危在旦夕。秦王称帝，武安君当为三公。武安君白起的功劳彪炳千秋，为秦国攻取了70多座城池，南定鄢郢，重创楚国，北上俘获赵军40万，赵国几近灭国，即使周公、召公和太公望的功劳也不过如此。如果此时赵国灭亡，秦王称帝，那武安君白起位列三公定当无疑。那相国您甘愿屈居一介武夫之下吗？即使相国不甘心，届时木已成舟，不得不从，悔之晚矣。秦军攻打韩国，取陉城，困上党，上党的老百姓竟然主动归附赵国，天下百姓不愿为秦民已经很久了。如今秦国灭亡赵国，赵国北边的土地将会被燕国控制，东边的土地将被齐国攻取，南边的土地并入魏国，那么秦国其实没有得到多少土地。所以相国不如趁机要挟韩国和赵国，迫使他们主动割让土地给秦国。那么武安君白起将不会再建功立业了。"听了苏代的这段话之后，范雎出于与白起争功的个人目的，进言秦昭襄王："秦军连年在外作战，太疲惫了。请大王还是答应韩国和赵国的求和，也可以让秦军好好休整一番。"秦王听取了范雎的意见，以韩国割垣雍、赵国割六城的条件讲和，秦军罢兵。由此也使得白起和范雎的关系出现裂痕，为后来邯郸之战秦军的惨败以及一代名将白起自杀身亡埋下了伏笔。

　　不久，秦王再次派遣军队攻打赵国邯郸。当时白起正在生病，所以没有领兵打仗，秦王以五大夫王陵为将。公元前258年正月，王陵率军攻打邯郸，战争进展不顺。秦王增兵协助王陵全力进攻，结果王陵竟损失了五个校的兵力，依然没有任何进展。此时，武安君白起的病恰好痊愈了，秦昭王立刻想到再次以白起为将进攻邯郸。白起不仅在战术上非常娴熟，战略眼光也非同一般。他明白此时的七国局势已今非昔比，他劝说秦昭王："邯郸此时其实不容易攻取。诸侯国的救兵已经不断涌向了邯郸，东方六国对秦国的怨恨积聚已很久了。秦国长平一战的确全歼了赵军，赵军损失惨重，可是秦国也元气大伤，死伤过半，国内兵力空虚。如今我们横跨河山，千里之外去围攻邯郸，那么赵国在内，诸侯国军队在外，里应外合，秦军必败无疑。

万万不可！"此时秦昭王当然听不进去任何一句不同的意见，他亲自以军令的形式下达给白起，强行起用，但白起坚持不肯受命。秦昭王还不死心，又派应侯范雎前去劝行。白起见到范雎气就不打一处来，坚决推辞，不仅不肯赴任，还称病不出。秦王不得已只得使王龁代王陵为将，围邯郸长达八九月之久，但是仍未有任何成效。这时，信陵君无忌窃符救赵，杀晋鄙夺魏军，率领十万大军已经从侧翼攻击秦军，春申君黄歇也开始指挥楚军攻击秦军，令秦军损失惨重。这时白起又私下抱怨："秦王不听我的谏言，看看现在怎样？"秦王听到传言后，怒从心生，又一次试图强行起用白起为将，白起依然拒不赴任，并坚称病情十分严重。应侯范雎再次前往，白起仍坚持己见。此时的秦昭王，对外战事不利，对内大将拒不受命，一怒之下，免除白起一切职务，废除爵位，降为普通士兵，命令他即刻离开咸阳，前往阴密（今属甘肃灵台）。白起一方面看到秦军前线失利痛心疾首，另一方面又遭到秦王的无情处罚，果真病倒了，迟迟未能成行。

　　过了三个月，秦军面对东方各国联军，连连失败，前方报告秦军失利的使者络绎不绝。秦昭王心情非常烦躁，但他认为这一切后果都是白起拒不出战所造成的。于是他开始找白起撒气，派使者前往白起住处驱逐他，命令其立刻离开咸阳。无奈之下，白起拖着病体，落寞地离开咸阳。当白起行至咸阳城外十里的杜邮（今属陕西咸阳），秦国君臣正在讨论白起之事，秦昭王说："朕命令白起离开咸阳时，白起流露出失意不满的样子，非常不服气，怨气十足。"群臣面面相觑，不敢说话，他们非常忌惮白起。这时与白起素有矛盾的范雎，趁机落井下石。公元前257年十二月，秦王最终决定杀白起以绝后患。秦昭王派使者追上白起，赐剑让其自杀。白起从未想过自己会有如此凄凉结局，他端详着秦王的赐剑，自言自语："我白起到底做了什么样的事情得罪了上天，而沦落到今天的下场呢？"过了一会，他又自言

自语地说："看来我的确该死。长平一战，赵军降卒40多万，我欺骗
了他们，将他们全部坑杀，仅凭这一点，的确该死。"说完后，引颈自
杀。白起为他自己找到一个该死的理由，聊以自慰。司马迁在写到
白起之死时，也愤愤地说："白起料敌合变，出奇无穷，声震天下，然不
能救患于应侯。"[1] 黄朴民对白起之死分析更全面，直接原因当然是
范雎的嫉妒，根本还是制度、人心和人性："功臣之间出于嫉妒、争名
夺利等阴暗心理的倾轧斗争，是传统政治弊端的客观反映，是导致将
星陨落、功臣不得善终的重要原因之一。同时也表明，对于功臣宿将
来说，最大的危险不在于战场上的明敌，而是来自自己周围暗藏的形
形色色以同僚面目出现的敌人。这种人为的政治内耗、倾轧，使得多
少功臣没有倒在战场却倒在官场，让历史付出无谓的代价。"[2]

　　秦人深知白起无罪而横遭杀身之祸，"死而非其罪"[3]，非常同情
他，于是在民间祭祀中都会自发进行祭拜。今天的陕西咸阳渭城乡
的三姓庄村仍有白起墓，封土呈圆丘形，残高五米，底部半径约八米。
同时在陕西洛川也有白起墓，清代立有"白起将军之墓"碑。可以证
明多地民众曾对其进行祭祀。白起一生，斩杀六国将士100多万，约
占战国时期战死人数的一半，后世称之为"人屠"。

2. 廉颇：负荆请罪，老而弥坚

　　廉颇，生卒年不详，嬴姓，廉氏，山西太原人，战国四大名将之一。
战国时期赵国名将，晚年流落魏国、楚国。

---

① [汉]司马迁：《史记》卷七十三，第 2342 页。
② 黄朴民：《白起范雎生死劫》，《光明日报》2005 年 6 月 21 日。
③ [汉]司马迁：《史记》卷七十三，第 2337 页。

负荆请罪，将相和睦

赵惠文王十六年（前283），赵国以廉颇为主将攻伐齐国，大获全胜，并且攻取了阳晋。廉颇在此战中作战勇敢，指挥有方，威震诸侯。廉颇的军事才能也得到了赵王的认可，拜为上卿。

蔺相如也因缘际会，成为赵国冉冉升起的政治明星。蔺相如在完璧归赵、渑池之会中有勇有谋，多次挫败秦国，维护了赵国的尊严，也因此得到了赵王的赏识，亦拜上卿，并位列廉颇之上。廉颇火冒三丈，愤愤不平地说："我廉颇是赵国的将军，在攻城野战中立有大功，而蔺相如仅凭借自己的口舌之利怎能居我之上？况且他曾经还是缪贤的舍人，地位低贱。如今我竟然居他之下，这让我感到羞耻。"说完这些之后廉颇还扬言："如果有一天让我碰见了蔺相如，我一定当众羞辱他。"

蔺相如听说这件事后，就始终躲着廉颇，不愿与他碰面。此后每次上朝，蔺相如都以生病为由，不去上朝，避免与廉颇争位列的高低。有一次，蔺相如外出，远远看见了廉颇的车子。蔺相如赶忙命赶车的掉头避开。蔺相如的舍人听说了这件事后，一起前来进谏："我们这些人远离父母亲人前来侍奉先生，就是仰慕先生的高尚品德啊。如今先生与廉颇官阶同等，而廉颇口出恶言，先生却提心吊胆一再躲避，先生的恐惧之情也太过分了吧！我们这些庸人都觉得受到了极大的羞辱，况且您贵处将相之位，我们实在看不下去了。我们这些人没有您的雅量，请求离去。"蔺相如听到这里连忙挽留，言辞恳切地说道："诸位先生觉得廉颇将军和秦王哪个更厉害呢？"几位舍人面面相觑，不假思索地说："当然廉颇将军差一些了！"蔺相如接着说："那以秦王的威猛，相如尚且在秦廷上当众呵斥他，羞辱秦国群臣。相如虽然才智愚钝，但又何尝害怕廉将军呢？我想强秦之所以不敢随意向赵国用兵，正是因为我们两个人能够团结一致辅佐赵王啊。假如两虎相斗，那必定无法共存，甚至两败俱伤。我之所以这样处处让着廉颇将军，就是将国家大事放在个人私仇之上啊。希望各位能够明白我的良苦用心！"蔺相如的舍人听完后连连点头，纷纷称是。

这件事情很快就传到了廉颇耳朵里，廉颇细细回想自己最近做的一些事和说的一些话，不禁感到羞愧难当。于是，他决定袒露胸背，背着荆条，由宾客带着，前往蔺相如处，当众向他道歉，愿意接受责罚。蔺相如见廉颇前来，又惊又喜，上前扶起廉颇，连忙说："我是何等粗鄙卑贱之人啊，竟然不知将军如此的宽厚。"两人很快和解，相处融洽，成为生死之交。

天时地利均不如人和，廉颇与蔺相如的将相和，使赵国君臣空前团结。就在当年（前279），赵国配合燕国，由廉颇率领军队东向攻打齐国，击破齐国一军的兵力。公元前276年，廉颇再次攻伐齐国，夺取了齐国的几邑（今属河北大名）。公元前275年，廉颇领兵攻打魏国，先后攻取了魏国的防陵、安阳（今均属河南安阳）等地。赵惠文王二十八年（前271），廉颇率兵攻打齐国，军队打到齐国的平邑（今属河南南乐），后来赵军主动收兵了。

赵国的强大引起了秦国的不安，公元前269年，秦国以胡阳为将，围攻赵国驻阏与的军队。秦国此举引起了赵国的不安，赵惠文王连忙召见廉颇，问道："将军看能否派兵救援呢？"廉颇沉思良久，对赵王说："从邯郸出发，要翻越太行山才能抵达阏与，路途遥远，道路崎岖，很难救援。"后来，赵王又找到乐乘，乐乘也和廉颇的意见一致。赵王还是想出战，于是又召见赵奢，赵奢认为狭路相逢勇者胜，不应因为路途遥远、道路崎岖而不救。于是赵王以赵奢为将，前往阏与。当然，阏与之战在赵奢的指挥下获胜。但是廉颇深知战争的危险性，他用兵谨慎的风格可见一斑。

长平之战，廉颇遭弃

公元前 262 年，秦国攻克野王（今属河南沁阳），将韩国拦腰截为二段，韩国上党郡与本土就完全隔绝了。韩桓惠王非常惶恐，希望通过献上党郡换取和平。而上党郡两任郡守都不愿意献城，并将上党郡献给赵国，由此引发了秦、赵长平之战。

公元前 261 年，秦军以左庶长王龁为将，率领大军由太行一路袭击上党。上党赵军兵力不敌，很快被王龁攻克。赵孝成王迅速做出反应，以廉颇为将军，前往上党，力图全力坚守上党地区。廉颇临危受命，率领赵军主力迅速前往上党。遗憾的是廉颇援军还未赶到，上党郡就已失守。廉颇抵达上党后，根据敌我双方的形势，因地制宜，决定扼守长平（今属山西高平）地区，与秦军对峙。

在与秦军对峙中，秦将王龁不断小规模试探性地进攻，并取得了一些小胜。四月，秦军斥兵（侦察兵）斩杀赵裨将茄。六月，又战于长平以南，秦军攻取赵二障（城堡），斩杀四都尉。七月，秦军又攻占赵西堡垒（今山西高平北韩王山），赵军数战不利。面对如此不利局面，廉颇不愧为一名久经沙场的将帅，及时挽回了形势。他鉴于实际情况，及时改变战略方针，转取守势，依托有利地形，筑垒固守，以逸待劳，疲惫秦军。廉颇充分利用有利地形，以丹水为屏障，建立了一个相对坚实的正面防御阵地。赵军主力所处的地带，是长平地区少见的平原之地，非常有利于赵国骑兵优势的发挥。廉颇的适时调整收到了成效，虽然秦强赵弱，但秦军仍然束手无策。廉颇这一招非常奏效，秦军速决势头被抑制了，两军在长平一带相持不下。

廉颇凭借天险，固守长平，避战不出。秦、赵两国在长平一线五十多里的山地上对峙长达三年多。秦、赵两国常年暴师在外，秦国国内已是粮尽仓空，赵国也是无以为食。秦军虽然屡屡攻击，偶然也有得手的机会,但廉颇的坚守不出,使得秦国始终无法与赵军主力正面接触。赵孝成王错误认为廉颇避不出战是由于胆怯,所以多次派人要求廉颇主动出击秦军。廉颇非常冷静,始终不肯听从赵孝成王的错误指示。秦国正是利用赵国君臣在攻守问题上的分歧与矛盾,果断采用离间计,派人携带财物前往赵都邯郸收买赵王的左右权臣,并四处散布流言:"秦之所恶,独畏马服子赵括将耳,廉颇易与,且降矣。"[1]赵王对廉颇不服从命令已经忍无可忍,又得知廉颇要降秦,更是怒不可遏,决定以赵括代廉颇为赵军主将。蔺相如见状急忙谏止,但赵王还是坚持要以赵括为将。

秦国终于借赵王之手,把廉颇从赵军主将的位置上拉下来。赵括抵达长平,仓促转守为攻。长平一战,赵括身死,赵军40万大军被白起坑杀,赵国实力大损。

廉颇老矣,尚能饭否

长平之战后,廉颇被免职,赋闲在家。廉颇失势后,眼看门客都离他而去,令一代名将感到很落寞。

秦国为了彻底击破赵国,长平之战后又再次发动邯郸之战。六国深感唇亡齿寒,迅速派军救援,助赵国击退秦军,赵国才勉强得以保全。但是经过长平之战、邯郸之战后,赵国已经不再有往日的雄姿。过了几年,战国七雄中最弱小的燕国竟然也开始打起了赵国的主意。燕国丞相栗腹向燕王建议:"赵国的精壮在长平之战中都被坑杀了,而现在他们的遗孤还未长大成人,此时正是攻打赵国最好的时机。"燕王听完连连称妙,迅速集结军队,浩浩荡荡地向赵国开进。

赵国上下义愤填膺,赵王只得重新起用廉颇为将,迅速予以反

---

[1][汉]司马迁:《史记》卷七十三,第2334页。

击。赵军在鄗城一带击破燕军，生擒栗腹。很快，廉颇率领赵军围攻燕国都城蓟（今属北京），燕国危在旦夕。燕国被迫割让五座城池向赵国求和，赵王最终答应与燕国讲和。此战，廉颇率领赵军打出了士气，也让六国看到了赵国实力尚存。赵王非常高兴，以尉文为封地，封廉颇为信平君，并且为假相国，代理相国事务，廉颇又重新回到了赵国政坛。得知廉颇再次得到重用，他的门客又回来投奔。廉颇想起了他们当初的背信弃义，看也没看他们一眼，说道："你们都回去吧。"其中一位门客很清楚廉颇的心思，说道："将军怎么如此参不透世事呢？现在天下人哪个不是以利为本，将军有权有势，那我们这些门客就跟着您；将军无权无势，我们离开将军，这本是天下最普通的道理啊，将军又有什么抱怨的呢？"

所谓一朝天子一朝臣。随着赵孝成王的去世，廉颇在赵国的仕途也就走到了尽头。赵悼襄王刚刚继位就派乐乘取代廉颇的位置。廉颇得到消息后大怒，率领门客攻打乐乘。乐乘没有丝毫防备，只得败逃。新君继位，政局动荡，廉颇如此忤逆行为的后果他也是知道的，于是他逃奔到魏国大梁避难。

廉颇在魏国待了很久，但是魏王始终无法信任他，也没有任用他。赵国在与秦国的对峙中屡屡陷入被动，赵王也动了让廉颇重新回到赵国的心思，而廉颇也希望自己能够在赵国重新得到任用。廉颇此时已是英雄暮年，赵王担心廉颇是否能够统兵打仗，就派使者前来看廉颇是否还能任用。这时，廉颇在赵国的政敌郭开便私下贿赂赵王的使者，让他在赵王面前诋毁廉颇。廉颇见到赵王使者前来，非常兴奋。为了显示自己宝刀未老，他放开肚皮吃喝，吃了一斗米、十斤肉，并且披甲上马，展示自己的力量和武艺。赵王使者看完后回到赵国，违心地向赵王汇报："廉老将军虽然年纪比较大了，吃饭尚且还好，但是他与我坐下来谈论，不一会儿就如厕三次。"听了使者的回答,赵王也颇感无奈,认为廉颇的确老了,也就没有再起用他。

楚国得知廉颇在魏国不受重用,于是暗中派人迎接廉颇到楚国。廉颇虽然到了楚国为将,也感谢楚王的知遇之恩。但由于此时楚国东迁至寿春(今属安徽寿县),国势大衰,所以廉颇始终也未能在楚国立有尺寸战功。他也时常感叹:"我多么想指挥赵国军队驰骋沙场啊。"然而,廉颇还是未能回到赵国,终老于楚国寿春。

3. 李牧:移动的"北方长城"

李牧,生年不详,卒于公元前229年,嬴姓,李氏。李牧是战国时期赵国负责北方防御的优秀将领,战国四大名将之一。

北方长城,谨慎用兵

战国后期,北方匈奴迅速崛起,与匈奴接壤的秦国、赵国、燕国都必须防御北方匈奴的入侵。李牧长期驻扎在代郡和雁门郡防备匈奴南下攻赵。李牧驻守期间,赵王给予了其充分信任,允许他根据实际战事的需要任命下属,不受赵国已有制度的约束。同时,两郡内征收的所有赋税都由将军幕府来支配,作为士卒的日常开支。李牧爱卒如子,对待战士非常优厚。每天都会击杀几头牛来犒劳士卒,同时以骑射作为最基本的军事训练,加强对敌人的警戒,尤其注重烽火台警报系统。李牧还向匈奴派去很多间谍侦察敌情,从而达到知彼知己的效果。

李牧非常谨慎,并不轻易与匈奴作战。他严令部下将领:"如果匈奴前来进攻边塞,我们的士兵即刻进入防御工事,守卫城堡,如果有谁胆敢私自前往抓捕敌人,便即刻斩首。"军令如山,以后每次匈奴大举南下,当烽火燃起,赵军就立刻进入防御工事,不与匈奴交锋。

如此反复，过了好几年，赵国也没有人员的伤亡和物资的损耗，匈奴亦无所得。

对李牧避而不战的措施，不仅匈奴上下认为李牧是个胆小鬼，不敢出战，就连李牧率领的赵国守边将士也认为自己的主将太过怯战。赵王看到李牧如此做法，也觉得他有损赵国的国威，于是责令他出战。李牧依然坚持自己的战略方针，拒不出战。赵孝成王一怒之下，将李牧召回邯郸，让其他人代替李牧为将。

新将上任，一改李牧之前"窝囊"的做法。在此后一年，每次匈奴前来进犯赵国北方边境，他就立刻率领边兵与之交战。结果赵国边兵在野战中完全不及匈奴的骑兵，屡屡失败。不仅如此，赵军损失惨重、伤亡颇多，边境的农业生产、畜牧业也无法正常发展。

赵王此刻才意识到李牧对匈奴战略的正确性。亡羊补牢，为时未晚。他连忙请李牧再次出任赵国北方边境将军。此时李牧仍对赵王之前的做法耿耿于怀，以生病为由，杜门不出。赵王仍然强行起用李牧，一方面向李牧表达诚意，一方面也表明此职位非他莫属。李牧看到赵王的诚意，于是提出要求："大王若要一定用我，那我还将执行以前对匈奴的策略，您若同意，我才敢奉命前往。"赵王满口答应。

痛击匈奴，一战成名

李牧再次为将，依然坚持之前的种种防御部署与战略方针。这样，匈奴好多年南下掳掠，屡屡一无所获，始终也无可奈何。从此，匈奴最终认定李牧怯战，始终不敢与匈奴大军有任何交锋。李牧对士兵的体恤依然如故，每天都会给士兵很多赏赐。这些士兵看到匈奴如此嚣张，也为李牧对士兵的仁爱所感动。所谓士为知己者死，这些士兵于公于私，都愿与匈奴决一死战。李牧看到士兵的士气高涨，人人请战，心知决战时机已经成熟。

　　李牧在"怯战"名号的掩饰下,开始了新的部署。他筹备从边兵中选出最具战斗力的1300乘战车,精良战马13000匹,曾经因杀敌勇敢而获得百金赏赐的勇士50000人。能拉硬弓、臂力过人的弓箭手100000人。选出精兵后,他开始以各种阵法训练士兵的协同作战能力,以有利于车、骑、步等各兵种的相互配合。经过一段时间的训练之后,李牧开始准备与匈奴进行决战。

　　李牧决定先以小利诱敌,他故意将大批的牛马和民众赶到田野上。匈奴看到满山遍野的人口和牲畜,一开始担心这是个圈套,就派小股部队前来试探性地进攻。李牧看到匈奴小股部队入侵,于是刚刚交锋就假装失败,并故意在慌乱之中将几千人遗弃给匈奴,任其杀戮、俘虏。匈奴看到赵军如此狼狈,误以为赵军失败,立刻报告单于。单于决定倾巢出动,令匈奴军大举入侵,以获取更大战果。李牧看到匈奴已经上当,于是布置很多疑兵,布下很多奇阵,等到匈奴入侵后,赵军张开左右两翼大规模包抄反击匈奴主力。一时间,战车冲击,万弩齐发,匈奴士兵完全被眼前的景象吓傻了,顿时乱作一团,各自奔命。此战,李牧击杀匈奴十余万人,彻底摧毁了匈奴的主力,单于在慌乱之中侥幸逃跑。李牧以战胜之余威,又先后攻灭了襜褴,击破东胡,降服林胡等少数民族政权。李牧一战成名,匈奴也在此后的十年间,一蹶不振,不敢轻易接近赵国的北方边境城池。

秦军离间,饮恨而终

　　赵悼襄王二年(前243),李牧领兵攻打燕国,先后拿下武遂(今属河北徐水)、方城(今属河北固安)。赵王迁三年(前233),强秦再次重创赵国,秦军在武遂大败赵军,杀死主将扈辄,斩杀赵卒十万人。赵国再次起用李牧,以李牧为赵国大将军。李牧在极度不利的局面下,在宜安(今属河北藁城)一带大败秦军,打跑了秦军主将桓齮。

此战过后,李牧被封为武安君,在赵国的地位空前上升。赵王迁四年(前232),秦军进攻番吾(今属河北平山),李牧再次击败秦军,同时将兵锋直指韩国和魏国。

赵王迁七年(前229),秦国大将王翦进攻赵国,试图一举攻下赵国。赵国派李牧、司马尚领兵抵御秦军。王翦看到李牧为将,深知此战若要真打起来必定是一场恶战,并且胜负难料。他发现此时赵国大军在外,赵王如惊弓之鸟,离间计必定会产生意想不到的效果。于是,秦国用重金贿赂赵王的宠臣郭开,让他利用赵王的疑心,在赵国上下造谣李牧、司马尚即将谋反。国难之下,赵王更难相信手握重兵的将领,于是他派赵葱和颜聚接替李牧和司马尚。李牧深知赵王定是中了秦国的离间计,因此他拒不交出兵权。李牧此举让赵王更加坚信了自己的判断,于是派人暗中逮捕李牧,并残忍杀死,撤换了司马尚。赵国此举无疑是自毁长城。得知李牧被杀,三个月后,王翦大举进攻赵军,失去李牧的赵军哪里是秦军的对手。王翦大败赵军,斩杀赵葱,俘虏赵王迁和颜聚,赵国就这样灭亡了。

赵国的灭亡有其根本原因,但最直接的原因当然是赵王迁轻信谣言,错杀李牧,自毁长城。

四、英雄不问出处

　　每个人都有自己的独特人生,都以不同的方式谱写着自己的人生乐章。所谓英雄不问出处,中国历史上有一批名将,他们身份卑微,出身行伍,却凭借自己的智慧和勇敢,冷静指挥,从士卒开始,一步步成长为划时代的英雄,甚至在某个历史节点成为改变历史走向的关键人物。如田单、白起、韩信、卫青、霍去病、刘裕、石勒、狄青等等。

1. 田单:临淄市掾,力挽狂澜

　　田单,生卒年不详,齐国田氏的疏族支系,主要活跃于齐湣王和齐襄王时期。在五国攻齐的战争中,田单在安平之战中的准确军事预判,在即墨之战中利用"火牛阵"一举击败燕军,尽复齐地,都对齐国有再造之功。

　　临淄市掾,临危受命

　　公元前386年,周安王册命田和为诸侯。田氏代齐后,妫姓田氏正式站在了齐国政治舞台的中央。但田单仅仅因为是田氏支系,并未能获得高官尊爵。齐湣王时期,田单在都城临淄担任市掾,也就是管理市场、维持秩序的一个官员。田单具有很好的军事素养,但是并没有为人所知。日子就这样一天天地过去,田单也只能日复一日、年复一年从事着与他的军事才能毫无关联的工作。但就在这看似乏味的生活中，却孕育着大危机、大机遇，原因就是齐国先后在齐宣王、齐湣王时期出现过重大决策失误。

齐湣王十五年（前286），以齐国为主导，联合楚国、魏国，出兵攻灭宋国，占领淮泗地区，引发了列国的强烈不满。这是当时的大环境。齐国的冒进，使得自己四面树敌。当然，促成五国伐齐的主角还是燕国。早在公元前316年，燕王哙迷信禅让说，就将燕国王位让给了相国子之，但是子之徒有其名，治国无能。燕国政治动荡，民众生活困苦。燕太子平试图攻灭子之却被杀，燕国陷入内乱。公元前315年，齐宣王率军进入燕国，燕国民众欢迎齐军前来平定燕国内乱。齐军很快进入蓟都，燕王哙、子之被杀。没想到的是，齐军并未就此止步，而是趁火打劫，烧杀抢掠。燕国民众这才发现，送走了豺狼，又迎来了恶虎。燕国民众奋起反抗，齐军被迫退兵。燕国公子姬职回国即位，是为燕昭王。燕昭王即位后，立志雪耻，招贤纳士，一直都在谋划如何攻打齐国。在齐国引发众怒的契机下，燕国主导，联合赵、魏、韩、秦，合纵攻打齐国。

公元前284年，五国伐齐。乐毅身兼燕国上将军和赵国相国，统率五国联军攻齐，在济西之战中大败齐军，并兵临临淄城下，齐湣王出逃莒城，据城坚守。在燕国大军于齐国横行、临淄城破之际，临淄市掾田单逃往安平（今属河北衡水）。田单看到当时齐军一溃千里、士气全无的乱象，知道安平城破只是一个时间的问题，必须早做打算。他命令他宗族的人立刻将全部马车的车轴末端砍掉，重新加固，并安装上铁笼。当时族人也不理解，只是照做。很快燕军就打过来了，安平城破，齐国民众争相逃跑，大路上全是逃亡的车子，争先恐后，互不相让，结果车挤车，车轴末端的车轊碰撞，车子全坏了，都被燕军俘虏。而田单的族人因为提前将长长的车轴末端砍断，同时给车轊加固了铁笼,因此得以顺利逃脱,向东逃至即墨。田单此举,展现了他非常敏锐的军事预判能力和危机应对能力,更重要的是为他主持即墨战事提供了契机。

燕军经过几年的征战,占领齐国七十多座城池,唯独莒和即墨两座城池没有被攻破。此时齐湣王在莒,燕军增兵全力攻打,但是始终未能攻破。燕军于是引兵围困即墨,即墨大夫愤而出战,战败而死。一时间,即墨城中群龙无首,于是就推举田单主政,并说:"安平之战,田单宗人以铁笼得全,习兵。"① 即墨城中人以田单为将军,主持即墨城的军政要务以抵抗燕军。田单终于有机会施展自己的军事才能了,只不过局面非常险恶。

摆火牛阵,一举复国

五国联军破齐之后,仅有燕国在齐国继续攻城略地,进行统治,转眼五年过去了。公元前279年,燕国政局出现变动,雄主燕昭王薨,其子即位,是为燕惠王。燕昭王播下的是龙种,收获的却是跳蚤,他的儿子远不如他贤能。燕惠王还是太子的时候,就与乐毅不和。他刚刚即位,就对统兵在外的乐毅颇有意见。得知新君与重臣之间素有矛盾,田单大喜,感叹上天不亡齐国。

田单立刻派人前往燕国,用计离间燕惠王和乐毅。间谍在燕国都城到处散播:"齐王已死,城之不拔者二耳。乐毅畏诛而不敢归,以伐齐为名,实欲连兵南面而王齐。齐人未附,故且缓攻即墨以待其事。齐人所惧,唯恐他将之来,即墨残矣。"② 燕惠王新君即位,根基不稳,最忌讳手握重兵的权臣生有二心。齐国间谍流言的确也恰恰符合燕

①〔汉〕司马迁:《史记》卷八十二,第2453页。
②〔汉〕司马迁:《史记》卷八十二,第2454页。

惠王此时的心理,燕惠王很快就相信了。于是他派亲信骑劫代乐毅为燕军主将。乐毅明知是田单的反间计,但也无可奈何。乐毅不敢贸然回到燕国,于是逃亡赵国。燕军上下人人愤怒,为乐毅深感不平,且对骑劫颇多藐视,燕军由此而军心不稳。

田单看到骑劫为将,显然是离间燕国君臣的目的已经达到。少了主将乐毅,燕军指挥水平大打折扣,战斗力也大不如前。田单开始为击败燕军做各种准备。

田单先命令即墨城中所有人饭前必须要祭祀祖先,祭品还要丰盛。很多鸟儿发现祭品,于是盘旋上空争抢食物。城外的燕军看到如此怪异现象后,也不知什么原因。在燕军疑惑不解时,田单趁机大肆宣扬这种异象,并称:"神来下教我。"① 田单还向城里的齐人说:"当有神人为我师。"② 这时有一个好事的士兵闲来无事跑到田单面前,嬉皮笑脸地说:"臣可以为师乎?"③ 说完后扭头就跑。田单正愁没人呢,还想着如何把这个戏码加足,结果有人送上门来了。田单连忙起身,将那名士兵追回来,并请他东面而坐,田单以神师之礼事奉之。这个士兵非常心虚,连连摆手,悄悄说:"臣欺君,诚无能也。"④ 田单立即制止了他。士卒大体明白田单的意图了,索性就与田单一起配合,扮演起神师。从此以后,田单每次有什么重大的军事决策,需要发号施令的时候,言必称神师。齐人非常信服田单,也相信一切都是上天之意,并萌生战胜燕军的信心。这几乎是对早已陷入绝望的即墨城齐人注入的一针强心剂。

燕军长期围城,又临阵换将,士气不高,但毕竟燕军还是非常强

①[汉]司马迁:《史记》卷八十二,第2454页。
②[汉]司马迁:《史记》卷八十二,第2454页。
③[汉]司马迁:《史记》卷八十二,第2454页。
④[汉]司马迁:《史记》卷八十二,第2454页。

大的。田单需要继续激发齐军的士气,提高战斗力。田单又以神师的名义谎称:"吾唯惧燕军之劓所得齐卒,置之前行,与我战,即墨败矣。"[1] 燕军久攻不下,得知这个消息后,竟然相信了,于是就把所有齐军降卒的鼻子全给割了,并且置于军阵前列。即墨城中人看到如此情景,不由大怒;他们坚守城池,丝毫不敢出差池,唯恐自己被燕军俘虏。即墨城空前团结,无人投降。

　　田单决定故伎重施,再次派出间谍,将消息带给燕军:"吾惧燕人掘吾城外冢墓,僇先人,可为寒心。"[2] 田单故意又放了一个假消息,骑劫的确指挥水平一般,竟然相信了,令燕军将即墨城外的齐人祖坟全部给掘了,还将尸体全部给焚烧了。即墨城中的人,远远看到城外自己的祖先被如此侮辱,人人一把鼻涕一把泪的,伤痛欲绝,愤怒到了极点。他们纷纷请战,个个欲杀燕军而后快。

　　田单看到群情激愤,判断时机已经成熟,士卒已经可用。但毕竟燕军人多势众,田单还需要进行充分准备。田单身先士卒,亲自带上版插[3],与士兵们一起修筑防御工事。田单还以身作则,将自己的妻妾都编入军队后勤,鼓励城中的老弱妇女也加入城池的防卫中,并将城中所有的食物拿出来犒劳大家。田单尽最大的力量增加兵员,争取民心,增强战斗力。

　　田单还需要继续示弱,让敌人放松警惕。即墨城被围,城中困窘。于是田单命令齐军的精锐甲士隐藏起来,专门派上一些老弱病残、柔弱女子前往城墙之上负责防务。燕军发现后,错以为齐军精锐尽丧。而田单又趁机遣使前往燕军军营,向骑劫请降,并商量献城的具体事

---

[1][汉]司马迁:《史记》卷八十二,第2454页。
[2][汉]司马迁:《史记》卷八十二,第2454页。
[3] 版,筑墙的夹板;插,同"锸",掘土的工具。

宜。燕军围城好多年了，久久不能破城，士卒早已是人心思归，听说即墨城即将投降，也是异常兴奋，都在大声呼喊万岁。

为了让燕军更加放松，田单又将即墨城中百姓手中的黄金全部收集起来，大概有一千镒。田单命令城中的富豪带着这些钱财前往燕军大营，富豪假装偷偷逃出城外，并几经周折，见到了燕军主将，向骑劫表达了自己此番来意，就是为了城破后保住一家老小的周全。只见他说道："即墨即降，愿无虏掠吾族家妻妾，令安堵。"[1]骑劫非常高兴，满心欢喜地收下了财物。骑劫不仅因为得到财物而高兴，更是由此判断即墨城中此时肯定已经是密布投降的阴云，而且已是人人自危了。燕军上下因此越加懈怠了。

毕竟即墨城中的齐军仅有约五千余人，人数有限，田单还得另想他法。灵机一动，他的一个想法在脑海中出现了。于是，田单动员城中老百姓将自家的耕牛贡献出来，然后专门给耕牛身上披上红色的缯帛，还在上面画上了各种颜色的龙纹图案。与此同时，还在每头牛的牛角上都绑上了锋利的兵刃，在牛的尾巴上绑上了浸足燃脂的芦苇。一切准备就绪，夜幕逐渐降临，燕军都已熟睡。田单命令士兵在城下凿出几十个洞穴，将牛悄悄赶出洞穴，并点燃牛尾巴上的芦苇。一千多头牛被烧得往前拼命奔跑，疯狂冲向了燕军军营。田单亲率齐军五千精锐尾随火牛之后。睡梦中的燕军还不知道怎么回事，不知灾难已经降临。只见牛尾上的芦苇烧得火红，一片灯火通明的样子。燕军睡眼惺忪，看见各色的龙纹到处闪动，以为是天兵降临，牛角上的利刃更是击杀燕军无数。五千齐军衔枚而行，趁机痛击燕军，很多燕军还没有弄清是怎么回事，就已经一命呜呼了。即墨城中的老百姓也没有闲着，他们在城墙上拼命地击鼓呐喊助威，老弱病残都

---

[1]〔汉〕司马迁：《史记》卷八十二，第 2455 页。

敲打铜器来壮大声势，一时间震天动地。

燕军士兵心中大惧，还没有来得及列阵，都已经四散而去。齐军在乱战中，找到了燕军主将的营所，杀死燕军主将骑劫。失去主将的燕军，就像无头苍蝇一样，迅速溃败，一发不可收拾。田单深知不能给燕军喘息的机会，一旦燕军重新集结，以现有齐军的力量恐怕很难对付。于是田单当机立断，命令齐军一鼓作气，紧紧尾随追击。齐人不堪燕人统治很久了，得知田单率领齐军反击，在田单所经过的城池，齐人纷纷背叛燕人，很多青壮年也纷纷加入田单的大军，齐军逐渐从兵力上有所改观，实力越来越雄厚。田单乘战胜之威，继续追击，一路势如破竹，燕军一路败逃，逃到了黄河边。于是，齐国被燕军占领的七十多座城池，就这样转眼之间被田单收复。齐国复国，田单亲自前往莒城迎接齐襄王。齐襄王在田单的护送下，回到了都城临淄。

齐国复国，田单首功。齐襄王册封田单为安平君。

解裘衣人，遭君忌惮

田单以即墨城为据点，反攻燕军，为齐复国。田单最开始对立太子颇有犹豫，以至于齐国百姓都觉得田单要自立为王了。这也为后来他与齐襄王的种种罅隙埋下了祸根。后来齐襄王被立，田单也就成了齐国的相国，权势很大。齐襄王对田单非常忌惮。

一个寒冷的冬季，田单渡淄水，碰到了一位老人过河弄湿了衣裳。到了对岸，冷得无法走路，无奈地坐在河边的沙滩上。田单看到老人受寒，如果不施救就可能有生命危险。田单先是看了看后面的车子上有没有多余的衣裳送给老人，结果没有，于是就把自己身上的裘衣脱下来披在老人身上。齐襄王听说这件事后，非常厌恶，甚至起了杀心，愤怒地说："田单之施，将欲以取我国乎？不早图，恐后之。"① 说完了，齐襄王可能觉得一不小心说漏了嘴，担心田单知道后会对自己不利，下意识地环顾四周，仅仅发现一个串珠子的人。齐襄王就把他招呼过来，问道："你听见我说的话了吗？"那人迅速前来，恭恭敬敬地说："听见了。"齐襄王反问："那你认为我该怎么办？"那人说道："大王不如趁机把这个善行变成自己的。大王您现在亲自下令嘉奖田单：'寡人忧民之饥也，单收而食之；寡人忧民之寒也，单解裘而衣之；寡人忧劳百姓，而单亦忧之，称寡人之意。'② 田单有这样的善行，而大王专门嘉奖，能够以田单之善为善，这也是大王的善行啊。"齐襄王一听，连连称善。于是齐襄王赐田单牛酒，嘉善他解裘衣人之举。

可以说，如果没有那个串珠之人的劝谏，田单可能早就遭遇不测了，但是这样的灾祸，只要田单还在尊位，就不可能到此为止。

遭人陷害，有惊无险

当时有个叫貂勃的人，经常中伤、诽谤田单，说安平君田单是个卑鄙小人。田单非常诧异，他又不认识貂勃，不知貂勃为何如此中伤。田单于是专门设置酒宴招待貂勃，貂勃也如期而至。田单问道："单哪里得罪了先生呢？让您专门如此为难我呢？"貂勃拜谢，说道："盗跖的狗朝着帝尧这样的圣王乱叫，并不是因为盗跖尊贵而帝尧地位低下，而是因为狗的天性就是朝着不是它主人的人吠叫。"貂勃看了看同坐的公孙子和徐子，就以他们打比方，继续说道："我们姑且假设公孙子是个贤人，徐子是个不肖之人。如果现在公孙子与徐子发生争斗，那么徐子的狗肯定会冲上去抓住公孙子的腿肚子疯狂乱

①[汉]刘向集录，何建章注释：《战国策注释》卷十三，北京：中华书局，1990 年，第 461 页。
②[汉]刘向集录，何建章注释：《战国策注释》卷十三，第 462 页。

咬。那如果这只狗能够离开不肖者,而去做一个贤者的狗,那么它岂止是仅仅冲上去咬腿肚子而已!"田单听完后,立刻明白了,拱手说道:"单愿恭敬接受先生的建议。"第二天,田单就把貂勃推荐给了齐襄王,而貂勃也很快获得重用。事实上,貂勃后来的确在齐国的政治斗争中保护了田单,使得田单免遭他人陷害。

当时,齐襄王非常宠幸的九个人想要联合起来对付田单,也有可能是齐襄王授意,或是他们揣测到齐襄王的心思。他们私下串通好,搞了一个大阴谋,试图一举扳倒田单。他们先是向齐襄王建议:"当时,燕国攻伐齐国的时候,楚王专门派主将率领数万大军前来救援齐国。现在齐国已经安定,社稷也已稳固了,那我们为何不派使者前去拜谢楚王呢?"齐襄王听了也觉得在理,于是就问:"那我们当下派谁去合适呢?"这九人异口同声推荐貂勃,因为他们知道貂勃是田单推荐的人,他们试图在貂勃身上做文章,并一举拿下田单。

貂勃出使楚国,楚王非常高兴,于是大宴款待。貂勃因此在楚国停留了很多天。一切按照这九人的布置发展。他们又同时找到齐襄王,接着谗言:"夫一人身而牵留万乘者,岂不以据势也哉?且安平君之与王也,君臣无礼而上下无别。且其志欲为不善。内(牧)[收]百姓,循抚其心,振穷补不足,布德于民,外怀戎、翟,天下之贤士,阴结诸侯之雄俊豪英,其志欲有为也,愿王之察之。"① 简言之,他们竟然异口同声造谣田单谋反,这又戳中了齐襄王的敏感神经。

过了几天,齐襄王下令:"召齐相田单前来拜见我。"田单早已听到风声,自知此行凶多吉少。田单于是脱掉自己的帽子和鞋子,光着上身步行前来拜见齐襄王。齐襄王见状也是无可奈何,毕竟没有实在的证据,再说貂勃出使还是他自己亲自下令的。在退下的时候,田

---

① [汉]刘向集录,何建章注释:《战国策注释》卷十三,第464页。

单又请求齐襄王赐死以明志。

过了五天，齐襄王对田单说："子无罪于寡人，子为子之臣礼，吾为吾之王礼而已矣。"[1] 貂勃听闻田单在齐国遭人陷害，匆忙从楚国赶回来。貂勃此次出使楚国，外交成果丰硕，增强了齐、楚两国的联盟。齐襄王专门设宴招待为其接风洗尘，酒喝得非常尽兴，于是齐襄王随口一说："召相国田单前来一起喝酒。"貂勃终于找到机会了，只见他赶紧避席，并行最隆重的跪拜礼，跪下并拱手至地，继而叩头至地，问道："大王为何说出这样的亡国之言呢？大王与周文王相比如何呢？"齐襄王当然有自知之明："我不如，我不如。"貂勃说道："大王说的我也赞成，我当然也知道大王不如文王，那大王与齐桓公相比呢？"齐襄王也忙说："我不如。"貂勃接着说："大王说的我依然赞成，我当然也知道大王不如齐桓公。"貂勃一番长篇大论扑面而来，他从周文王与太公、齐桓公与管仲的关系说起，批评齐襄王称呼田单为"单"，并没有给以足够的尊重。貂勃还指出自开天辟地以来，没有哪个人对国家的功劳可以与田单相提并论。如果田单以即墨反攻燕军的功劳，自立为王，可能也没有人能够阻止，但是田单还是从大义出发，专门修建了栈道木阁，将齐襄王迎回临淄，齐襄王这才得以君临天下。现在国泰民安，齐襄王却又如此轻率面对田单，甚至还怀疑他谋反，这连三岁小孩子都不如。最后貂勃建议："王不亟杀此九子者以谢安平君，不然，国危矣。"[2]

齐襄王真的被貂勃说动了，他杀死了这九个宠臣，并且还益封夜邑一万户给田单。田单的危险又一次解除了，可谓有惊无险。

---

①［汉］刘向集录，何建章注释：《战国策注释》卷十三，第464页。
②［汉］刘向集录，何建章注释：《战国策注释》卷十三，第465页。

为齐拓土，客死他乡

田单将要攻打狄人，他专门去拜见贤人鲁仲连，向其讨教攻敌之策。鲁仲连看着田单，对他说："将军攻狄，不能下也。"[1] 田单不仅疑惑，而且非常生气，并对鲁仲连说道："臣以五里之城，七里之郭，破亡余卒，破万乘之燕，复齐墟，攻狄而不下何也？"[2]

田单没有拜别鲁仲连，而是拂袖而去，非常失礼。田单率军前往攻打狄人，齐军苦战三月毫无进展，顿兵挫锐于外，齐军一时非常被动。甚至此时出现了童谣："大冠若箕，修剑拄颐，攻狄不（能）下，垒[于]（枯）[梧]丘。"[3] 童谣开始预言齐军此次军事行动的失败，田单非常恐惧，他想起了鲁仲连的话，于是赶忙前往再次拜见。一见面，田单立即向鲁仲连谢罪，并说："先生很早就判断单不能攻克狄人，我想请先生说说您的看法。"鲁仲连也不计较，直言道："将军当年在即墨，身先士卒，坐下就编织盛土用的器物，站起来就拿着挖土的工具构筑工事，日夜不息。在战前动员号召大家：'大家要勇敢地冲向战场了，我们的宗庙都没有了，国家马上就要灭亡了，我们的魂魄将无所依，我们也将无家可归。摆在我们面前唯一选择就是，拼死疆场！'那个时候的将军，抱着一颗必死的心，士卒个个也是视死如归。听完将军号召，士卒没有不流泪的，个个奋臂高呼，人人欲战。这就是将军攻破燕军的原因，我想将军肯定是认同的。彼一时，此一时，这个时候将军已经东有夜邑这样的封地，西有淄水之上的各种娱乐，腰上挎着宝剑，浑身上下珠光宝气。此时将军驰骋在淄水、渑水之间，时刻留恋着生的乐趣，早已没有必死之心了，这就是将军之所以攻狄无

---

① [汉]刘向集录，何建章注释：《战国策注释》卷十三，第470页。
② [汉]刘向集录，何建章注释：《战国策注释》卷十三，第470页。
③ [汉]刘向集录，何建章注释：《战国策注释》卷十三，第470页。

法取胜的根本原因。"

田单细想，的确如此。他向鲁仲连表明自己的心志："我田单现在有必死之心，先生您就看好了。"

第二天，田单重回战场，他仿佛又回到了他破燕之战的情景，齐军上下士气为之一变。田单前往第一线，激励士气，不顾个人安危亲自巡视城池的防务。只见田单身先士卒，站在敌人弓箭和弩机能够击中的危险之地，毫无惧色，手持鼓槌击鼓指挥齐军作战。看到主将田单如此奋不顾身，齐军作战勇敢，很快狄人就被打败。田单率军得胜而归。

公元前 265 年，赵孝成王即位。秦、赵发生战争，赵国向齐国求救，齐襄王以田单为主将，率军救援。后来燕国又攻打赵国，赵国割济东的卢、高唐、平原等三城给齐国，换取田单为赵将。田单前往赵国，率赵军再次大败燕军，后来还攻打韩国[①]，为赵国夺取大量土地。

也就是在这一年，齐襄王法章病逝。齐国历史上最后一位齐王即位，即齐王建。田单自此以后再也没有返回齐国，具体原因史籍阙载。一年后（前264），赵孝成王任命田单为赵相，此后田单的事迹史籍未载。

田单一战成名，火牛阵广为人知。他的用兵，太史公马迁盛赞："兵以正合，以奇胜。善之者，出奇无穷。奇正还相生，如环之无端。夫始如处女，适人开户；后如脱兔，适不及距：其田单之谓邪！"[②] 根据《战国策》的记载，田单非常善于以奇兵取胜，他曾与赵奢论兵，反对赵奢用众，他说："吾非不说将军之兵法也，所以不服者，独将军之用众。用众者，使民不得耕作，粮食挽赁不可给也。此坐而自破之道

---

① 参见 [汉] 刘向集录，何建章注释：《战国策注释》卷二十一，第 784 页。
② [汉] 司马迁：《史记》卷八十二，第 2456 页。

也,非单之所为也。单闻之,帝王之兵,所用者不过三万,而天下服矣。今将军必负十万、二十万之众乃用之,此单之所不服也。"[1] 田单看到战争对社会生产带来的灾难性后果,所以才主张用兵当用精兵,以少胜多,征服天下,才是真将军,而非动辄几十万大军在外。我们从田单所指挥的战争来看,尤其是在齐国的复国战争中,他非常重视士气的培养、身先士卒不畏死的精神,进攻时能够出其不意、充分利用各种手段震慑敌军。这种战法,往往不需要太多的兵力,却能够达到出奇制胜的效果,这些都与他的兵学思想息息相关。

2. 韩信:胯下之辱,功高震主

韩信,淮阴(今属江苏淮阴)人,或为韩国王族之后,军事才能卓著。韩信是楚汉战争中刘邦非常倚重的将领,对楚汉局势有着举足轻重的作用。他指挥的安邑之战、井陉口之战、垓下之战等,都永载史册。韩信被刘邦盛赞为"连百万之军,战必胜,攻必取"[2] 的汉初三杰之一,也是与彭越、英布齐名的汉初三大名将之首,后世称之为"兵仙"[3]。

漂母哀怜,胯下受辱

韩信落魄时,生活贫苦又无可称道的善行,因此在有司向国家推荐人才时,他也未能在列。同时,他又不懂得如何谋生,不得已经

---

① [汉]刘向集录,何建章注释:《战国策注释》卷二十,第709页。
② [汉]司马迁:《史记》卷八,第381页。
③ 学术界已有的韩信评传类著作就有孙家洲:《韩信评传——兵家之仙》,南宁:广西教育出版社,1995年;徐业龙:《韩信评传》,济南:齐鲁书社,2008年;孙家洲:《韩信评传》,北京:解放军出版社,2014年。

常以蹭饭来维持生计，但是时间久了，很多人都非常讨厌他。他曾经有一段时间在下乡（今属江苏淮阴）的南昌亭亭长家寄居长达数月，亭长的妻子看到韩信丝毫没有离开的意思，非常嫌弃他，又不好赶走他。于是亭长妻子就早早起来做好饭，并在床上偷偷地把饭吃了。等到韩信睡起，前往吃饭时，发现人家并未准备任何饭食。韩信明白个中意味，怒而转身离去。

饥肠辘辘的韩信来到城下的淮水边钓鱼，半天竟也没钓到一条。此时岸边正好有几位年长的妇女在漂洗棉絮，其中一位大娘看到韩信一脸饥色，就主动拿出饭给韩信吃，韩信居然在此混饭十来天。韩信非常感激，他严肃地对这位大娘说："我以后肯定会重重报答您的！"韩信万万没有想到这位老大娘立刻变了脸色，怒斥："大丈夫不能自食其力，我不过是同情你是王孙之后，难道我还希望你能报答我？"韩信听完后默然离开。

屋漏偏逢连夜雨，失望至极的韩信落寞地游荡在淮阴城中。这时一个年轻屠户看到韩信失魂落魄的样子，就上前侮辱他："你虽然长得高大，并且佩剑，装模作样，但实际上不过是个胆小鬼。"并当众挑衅："你韩信如果不怕死，就用剑刺杀我；如果不敢的话，就从我的胯下爬过去。"韩信看着眼前的情景，仔细打量了这个屠夫，深感虎落平阳被犬欺，为了减少不必要的麻烦，他接受了胯下之辱。一时间，整个淮阴城中都知道韩信是个胆小鬼。

秦末天下大变，韩信终于有了用武之地。公元前208年，项梁打过淮水，韩信仗剑前往投奔。在项梁帐下韩信也未能获得重用。项梁战死后，又跟随项羽。项羽将其留在身边，授郎中。韩信多次为项羽出谋划策，但始终未得项羽重用。韩信不愿在此碌碌无为，准备改换门庭。后来刘邦封汉中王，韩信偷偷潜逃，脱离项羽，归顺汉王刘邦。在这个天下大乱，英雄辈出的时代，此时的韩信籍籍无名，随汉王刘邦到了汉中,也只做了一个管理仓库粮饷的小官。后来因为犯法当斩,和他一起的13个人已经依次被斩杀,刽子手也已走到韩信面前。韩信抬起头来,正好看见了滕公夏侯婴,四目相对,韩信大声说道:"汉王难道不是要取天下吗?为什么又要斩杀壮士呢?"夏侯婴听了这句话,颇觉惊奇,仔细打量一下韩信,觉得身材魁梧,相貌堂堂,于是摆摆手,让刽子手下去了。夏侯婴召见惊魂未定的韩信,与他讨论国家大事,发现韩信语出不凡,赏识其才,于是向刘邦汇报,刘邦提升韩信为治粟都尉。

登坛拜将,冠绝群雄

韩信还在等,他在等一个机会。韩信经常有意无意地多次与萧何谈论天下大事,萧何非常惊讶于韩信的才能。刘邦建都南郑,政治失势,汉军将领多思东归,因此逃亡者数十人。韩信也在想,萧何肯定已经多次向汉王推荐自己,但是汉王始终不予重用,于是就想着离开,另寻机会。萧何听说韩信逃亡了,大惊失色,来不及向刘邦报告,亲自追韩信。不明真相的一些人就向刘邦说:"丞相萧何也逃了。"刘邦又惊又怒,如丧左右臂膀。过了一两天,萧何拜见汉王,刘邦看到萧何前来,又怒又喜,破口大骂:"你为何逃跑呢?"萧何笑笑:"臣不敢逃亡啊,我只是在追逃亡者。"刘邦颇为不解,问道:"你到底在追谁呢?"萧何回答道:"韩信。"刘邦以为是谁呢,原来是个无名小卒,又大骂道:"汉将逃亡者十多个,你一个都不追,你现在说你追韩信,鬼才信呢?"萧何非常恭敬地说道:"那些将军不过是泛泛之辈,而韩信,国士无双。大王如果仅仅满足于长期在汉中称王,那么就没有必要用韩信了。如果大王要取天下,那么除了韩信,真的找不出第二个人了。这关键在于大王是什么打算了。"刘邦毫不隐瞒自己的雄心壮志,说道:"我当然想东进了,怎能长期待在这里呢?"萧何建议:"大王谋划东进,若能重用韩信，韩信肯定会留下来，若不能重用，韩信最终还是会离开的。这将是大王最大的损失啊。"刘邦很不情愿，但不能驳萧何的面子，于是说道："我看在你的面子上，姑且拜他为将吧。"萧何据理力争："即使拜将，韩信也必定不会留下来辅佐大王。"刘邦非常惊愕地说："拜他为大将？"萧何顺势说："太好了！"萧何赶紧建议："大王向来傲慢无礼，任命大将就像呼叫小孩儿一样，这就是韩信之所以离开的原因。大王一定要郑重地拜韩信为大将，选择良辰吉日，斋戒，设立坛场，安排礼仪，这样才能显示出大王的诚意。"刘邦同意了。

　　听说汉王要任命大将，汉军诸将都非常高兴，都以为自己会被任命为汉军大将。结果到了拜将那天，发现竟然是刚刚从项羽军营中逃过来的毫无领兵经验的小军吏韩信，整个汉军都惊呆了。

　　拜将仪式结束后，刘邦亲自将韩信让到上位坐下。刘邦问道："丞相多次向我提起将军的才能，那将军有什么谋略献给寡人呢？"韩信恭敬拜谢。他问汉王："大王如今东进争夺天下，最大的敌人难道不是项王吗？"汉王回答："当然。"韩信接着问："大王您觉得在勇敢、强悍、仁爱、强大等方面与项王相比怎样呢？"刘邦听完后，沉默良久，但还是实事求是地说："我的确在这些方面不如项王啊。"韩信心里非常高兴，刘邦的确是位雄主，丝毫不隐瞒自己的劣势。于是他就献出了他震古烁今的对策。这就是刘邦夺取天下总谋划，对刘、项二人各自的优劣分析得清清楚楚，并预判刘邦最终会夺取天下。刘邦听完大喜，自恨与韩信相见太晚，开始部署兵力。

　　韩信建议汉军明修栈道暗度陈仓。刘邦出兵陈仓（今属陕西宝鸡），迅速平定了三秦地区。公元前205年，汉军出兵函谷关，先后降服了魏王魏豹、河南王申阳、韩王郑昌、殷王司马卯等。其中韩信领兵击破郑昌军，迫使其投降。

　　在如此大好局面下，汉王刘邦又联合了齐王田荣、赵王歇，反击楚军。刘邦率领56万联军浩浩荡荡开往彭城，并攻下了彭城。刘邦以为万事大吉，天天饮酒作乐，结果项羽率精兵3万救援，联军被打散，刘邦仓皇逃到荥阳一带。韩信立刻率军与汉王会师。汉军在京县、索亭（今均属河南荥阳）一带击破楚军，暂时稳住了局面。此后楚汉双方一直在荥阳一线形成拉锯，楚军始终无法西进。

安邑之战，声东击西

韩信一方面助汉王稳住荥阳一线，同时还要开辟新的战场来减轻荥阳一线的军事压力。汉王彭城之败后，很多诸侯王又与楚国和好，与汉反目，一时局面很被动。五月，魏王豹以回家探望母亲疾病为借口归国。他一回到魏地，立刻切断了河关（黄河东岸称蒲津关，西岸称临晋关），断绝与汉的联系，并与楚重归旧好。魏王豹的反叛让刘邦腹背受敌。刘邦非常无奈，但还是希望争取，又派郦食其前往游说，却也无济于事。

八月，刘邦以韩信为左丞相，率军攻打魏国。魏王也不示弱，以黄河为天险，设重兵于蒲坂渡口，面对临晋关，试图阻止汉军过河。韩信看到魏军重兵把守，强渡必定会损失惨重，胜负亦未可知，于是他调集大军，好像要从临潜强渡黄河。对岸的魏王豹信以为真，准备全力在此迎战汉军。事实上，韩信在临晋大张旗鼓，仅仅是佯攻，与此同时，韩信偷偷出兵夏阳（今属陕西韩城），以木盆陶盆等一切可以渡河的工具渡过黄河，偷袭魏国重镇安邑（今属山西夏县）。得知汉军已渡过黄河攻陷安邑，惊慌之余，魏王豹引军迎战韩信，但腹背受敌，终被生擒。韩信平定魏地，建河东郡。安邑之战，对楚汉之争的战局产生了重要的影响。韩信以河东郡为据点，开始经略赵、代，进攻燕、齐，从而形成对楚的战略大包围，此后的军事行动都是建立在此役胜利的基础上。

井陉之战，背水之阵

在韩信攻克代国之后，韩信的精兵被刘邦调往荥阳前线缓解楚军的压力。韩信和张耳率兵数万，试图东进越过太行山的重要关隘井陉口，攻打赵国。赵王和成安君陈余得知汉军即将偷袭赵国，立即在井陉口集结重兵，号称二十万大军。这时，李牧之孙广武君李左车向成安君陈余分析两军各自的处境，并建议赵军充分利用井陉的地形，请命领兵三万人，偷袭汉军的辎重部队。但是他的计策遭到了陈余的否决。

李左车发现的正是汉军的软肋，也是韩信最担心的。当韩信暗中得知李左车的计策没有得到采用，喜出望外，放心地率兵前往井陉口。汉军行至距井陉口还有三十里时，全军休整，准备投入战斗。韩信先以两千骑兵作为奇兵，这天夜里，两千骑兵轻装出发。韩信命令每人手持一把汉军的红旗，从小路行军，秘密集结在离赵军大营最近的山上监视赵军动向。韩信命令："如果赵军发现汉军逃跑，肯定会倾巢追击，赵军大营必定空虚，你们趁机迅速攻入赵营，拔掉赵军的旗帜，插上我们汉军的旗帜，并火速摆好战斗阵型。"这支骑兵出发后，韩信命令裨将传令全军开始吃早点，并说："等到打败赵军后我们大家再饱餐一顿。"汉军诸将面面相觑，没有人会相信韩信说的话，但仍佯装回答："诺。"韩信明白，汉军诸将毫无信心，他还是给诸将耐心讲述此役的原则："赵军已取得先机，他们抢占了有利地形安营扎寨，做好了基本工事。如果他们没有看到我们汉军大将的旗鼓，肯定不会贸然出击我们的先头部队，害怕汉军遇难而退，反而不能擒杀我韩信。"

韩信决定示弱引诱赵军出战，他先派出一万汉军作为先头部队，军队开出井陉口，渡过黄河后，背水列阵。赵王歇、陈余都是知兵之人,远远望去,看到大名鼎鼎的韩信竟然如此排兵布阵,仰天大笑。天刚刚亮,韩信为了吸引赵军前来攻击,他的仪仗队大张旗鼓开往战场。陈余看到活捉韩信的战机,命令立刻前往攻击汉军,双方激战很久,难分胜负。韩信、张耳假装军力不支,弃甲曳兵,非常狼狈地逃往河边阵地。河边汉军看到韩信逃回,赶紧让开通道,让退回的汉军进入军阵。韩信进入背水阵中,指挥汉军立刻变为圆阵,双方再次陷入激战。赵军看到汉军已经完全陷入背水阵的绝境中,人人争先恐后,都想生擒韩信、张耳,赵军阵营大空。

汉军身居死地,人人只能拼死作战,以一当十,赵军虽然人数上有优势,但仍然无法迅速击败汉军。这时,赵军最薄弱的地方就是赵军身后的大营。而韩信预先埋伏在赵营附近的两千骑兵看到赵军已空虚,便攻入赵营,迅速将赵军旗帜全部拔掉,竖起了汉军的2000面红旗,一时间火红一片。

赵军一时无法击败背水阵的汉军,也无法生擒韩信等汉将,士气大减,于是就想要退回营中。疲惫不堪的赵军回头一看,整个赵营都是飘扬的汉军红旗,非常震惊,顿时军心大乱,军队四散逃去。赵将试图整肃军队,接连杀了几个逃兵,但仍无法阻止。汉军军心大振,前后夹击,一举击溃赵军,斩杀陈余于泜水之上,生擒赵王歇。

战争结束后,韩信念念不忘真正知兵的李左车,他严令不准伤害广武君,若是谁能够生擒的话,将获得千金的奖励。重赏之下必有勇夫,很快就有人将广武君绑到了韩信的账下。韩信亲自给李左车松绑,并让李左车东向而坐,韩信西向而坐,以师奉之。

井陉口之战在汉军诸将的怀疑和赵军的嘲笑中获胜了。诸将向韩信献上敌将首级和俘获的俘虏,在禀报自己功绩、恭贺韩信的同时,仍然不解地问韩信:"兵法上说,右后方背靠山陵,前左方面临水泽,这是死地啊。如今将军却命令臣等列背水阵,还告诉我们攻破赵国再饱食一顿，我们当时根本无法信服将军所言，但竟然真的胜利了，不知将军所用何法？"韩信哈哈大笑："我所用之法也在兵法中，不过诸位将军没有在意而已，兵法不也说：'陷之死地而后生，置之亡地而后存？'况且我所率领的汉军多是新兵，并非对各位将士有恩德，也非老部下，甚至没有严肃认真的训练，如此形势之下，如果不置于死地，使人人自战，怎么能有战斗力？假如把诸位将士布置在生地作战，万一遇到不利状况，必然会各自逃走，难道可以指挥他们打胜仗吗？"听韩信如此解释，诸位将领才恍然大悟，非常佩服，并说："简直太绝了，我们的确比不上将军啊！"

垓下决战，灭楚功臣

井陉口之战后，韩信亲自向李左车询问破燕、齐之法。李左车献计韩信一纸书信降服燕国。韩信又趁着郦食其游说齐王的机会，进军历下（今属山东济南），偷袭齐国，齐王田广一直逃到高密。项羽忙派心腹爱将龙且率20万大军前来支援。田广和龙且率领齐楚联军与汉军对峙，战争一触即发。

这时，有人就劝龙且："韩信率领汉军远离本土，作战必定非常勇敢，兵锋不可挡。而齐军和楚军都是在本土作战，容易逃散。为今之计，不如深壁高垒，命令齐王田广的心腹前往招降刚刚投降的城池守将，那些守将得知齐王还在，同时楚军又来相救，必定会反汉。若是整个齐地都反汉，那汉军必定陷入绝境，不战而降。"龙且私心很重，求功心切，关键他看不清自己的能力，盲目自信。他趾高气昂地说："我知道韩信的为人，很容易战胜。再说了，我前来救援齐国，对方却不战而降，那我又有什么功劳呢？我若是打败韩信，齐国的一半国土可以分封给我，我为什么不打呢？"

韩信与龙且夹潍水列阵，韩信大军驻扎在潍水之西，齐楚大军在潍水之东。韩信命令士兵连夜赶制了一万多个袋子,里面装满了沙子,堵在了潍水上游。经围堵的河水相对较浅,韩信率军主动出击。龙且看到韩信半渡,立刻出兵反击,韩信佯败而逃,急忙回撤。龙且大笑道:"我就知道韩信一直是个胆小鬼。"于是指挥大军渡潍水追击汉军。韩信命令掘开上游的沙袋,河水汹涌而至。龙且和先头部队刚刚渡过潍水,而大部分军队则尚未渡过潍水,韩信率军反击,龙且不敌,当场被斩杀。东岸尚未渡河的楚军看到主将龙且被斩杀,四散而逃。齐王田广见势不妙,也匆忙逃离战场。韩信指挥军队继续追击,扩大战果,俘虏了大批楚军。

汉高祖四年(前203),韩信一举平齐。韩信派人向汉王报告,以齐人多变诈为由,想要做假齐王。刘邦正在荥阳一线处于困顿之境,虽然很生气,但是在张良的示意下,还是立韩信为齐王,并命令其继续进攻楚军。此举也为韩信之死埋下了隐患。

韩信平定北方大片土地后,势力大增,在楚汉之争中处于关键地位。项羽深感恐惧,于是派武涉前去劝韩信自立,三分天下。但是韩信感念刘邦的知遇之恩,没有答应。齐国人蒯通又以相人术劝韩信。韩信还是不忍背叛汉王,也觉得汉王不会褫夺自己的齐国,始终没有答应。功高震主的韩信迟早会成为刘邦的眼中钉,可惜韩信不自知,只不过楚汉鼎立之时,刘邦尚且还能容忍。

汉高祖四年(前203)九月,楚汉缔结鸿沟停战协定,平分天下。刘邦在张良的建议下,试图追击项羽并一举攻灭,但韩信、彭越并未如期抵达战场,刘邦在固陵(今属河南淮阳)惨遭失败。汉高祖五年(前202),刘邦用张良计,再次召集各路人马在垓下与项羽决一死战,韩信与刘邦会师垓下(今属安徽灵璧),韩信为垓下之战中汉军的最高军事统帅。

韩信率军作为汉军的先头部队,刘邦居中,周勃殿后。韩信列三军阵,韩信居中。韩信的中军刚刚与楚军接触,初战不利,韩信主动后撤,楚军追击,左右两军推进,迅速对楚军形成了包围之势。项羽拼死力战,但仍是不敌。西楚霸王面对四面楚歌,黯然伤神,霸王别姬,英雄落寞。项羽拒绝渡过乌江,率领28骑兵继续战斗,直到战死身亡。韩信在此役中立有首功,但正如蒯通所言,项羽死了,韩信也危险了。

兔死狗烹,功成身死

垓下之战后,刘邦突袭夺取韩信的兵权,并封他为楚王,建都下邳。韩信回到家乡,兑现自己当年的承诺,找到当年曾给他饭吃的老大妈,赐她千金。又找到当年的亭长,赐给他百钱,并告诉他:"您做好事有始无终。"当他找到那位曾经侮辱他的屠夫,那屠夫也已不再年轻,瑟瑟发抖地站在韩信面前,还在为年轻时的张狂后悔不已,韩信却任用他做了中尉,并告诉诸将:"这是壮士,正是当年的胯下之辱造就了今日韩信的功业。"

虽然天下暂时平定,但刘邦始终无法对韩信放心。由于钟离眜事件,又有人告发韩信谋反,刘邦更是如芒在背,越发不信任韩信。在陈平建议下,刘邦假装游云梦泽,韩信不知是刘邦的阴谋,前来迎接,结果被生擒,韩信大喊:"果若人言:'狡兔死,良狗亨;高鸟尽,良弓藏;敌国破,谋臣亡。'天下已定,我固当亨!"①但刘邦早已是吃了秤砣铁了心要收拾韩信,还是把他绑起,带到洛阳,贬为淮阴侯。没有一兵一卒的韩信,基本对刘邦已经没有什么威胁了。

韩信此时才深知刘邦忌惮他的才能,深居简出,心里很不是滋味。一次,刘邦问韩信:"你觉得我能带多少人马呢?"韩信略微思索,说道:"以陛下的才能,不过十万人。"刘邦很好奇,接着问:"那你

---

① [汉]司马迁:《史记》卷九十二,第2627页。

呢?"韩信回答:"那当然是多多益善了。"刘邦有点生气,还是大笑:"你多多益善怎么还被我俘虏了?"韩信再拜,说道:"陛下虽不能带兵,但是能够驾驭将领。再说陛下是天子,并非人力企及。"

只要韩信还活着,刘邦就不放心,因此他一直想要找个机会杀死韩信。后来陈豨叛乱,刘邦出征,吕后和萧何合谋,将韩信骗进宫中杀死,并诛杀了韩信三族。一代名将就这样离去,令人唏嘘。蒯通称其"功无二于天下,而略不世出者也"[1]。

韩信的悲剧不时被后人提起,如唐代诗人刘禹锡的《韩信庙》所言:"将略兵机命世雄,苍黄钟室叹良弓。遂令后代登坛者,每一寻思怕立功。"[2]

3. 卫青:虽为"人奴",拜将封侯

卫青,字仲卿,生年不详,死于公元前106年,汉河东平阳(今属山西临汾)人,是汉武帝时期优秀的军事将领。他出身卑微,善于骑射,胆识过人,谋略出众,是将帅之才。在汉武帝反击匈奴的战争中,卫青作为汉帝国的大将军,五战五捷,发挥了举足轻重的作用。

出身骑奴,历经坎坷

卫青的父亲郑季,在平阳侯曹畤家为小吏,后来与同在侯府的奴婢卫媪私通,生下了卫青。卫青与他的父母一样,同为平阳侯家的奴仆。他很小的时候,跟随父亲生活,以放羊为生。由于卫青是私生子,所以他同父异母的兄弟从来不把他当兄弟看待,而是像奴隶一样对

---

①[汉]司马迁:《史记》卷九十二,第2625页。
②[唐]刘禹锡:《刘禹锡集》卷二十四,北京:中华书局,1990年,第311页。

他。卫青一次跟随别人去甘泉宫的监狱，有一个犯人给卫青相面："贵人啊，一定会封侯的。"卫青觉得很荒唐，大笑道："我不过是奴仆之子，能够不被别人欺负就够了，封侯之事与我何干！"

　　随着年龄增长，卫青成了平阳侯的侍卫骑士，常随平阳公主左右，姐姐卫子夫为平阳公主家的歌女。建元二年（前139），汉武帝来平阳公主家，一下子就被卫子夫迷住了。卫子夫很快入宫并得到了汉武帝的宠幸。卫氏一家由此接近权力中心，活跃在西汉的政治舞台上。

　　卫子夫入宫后，一直无法生子的皇后陈阿娇非常嫉妒，当她听说卫子夫得到汉武帝宠幸并已怀孕的消息，醋意大发，一时无处发泄，卫青就是最好的出气筒。卫青此时正在建章宫中当差，是个无名小卒。皇后将卫青囚禁起来，想要杀他来泄愤。卫青的朋友，汉武帝的骑兵侍从公孙敖带了一群壮士强行将卫青夺了回来，才幸免于难。汉武帝听说这件事后，为了保护卫青，就将他提升为建章宫的警卫，留在身边侍奉自己。卫青大难不死，随着卫子夫日益受到宠幸，封大中大夫，继续追随汉武帝左右。

将帅之才，连战连捷

　　经过汉初70年的休养生息，汉朝经济蒸蒸日上，国家日益富强。汉武帝即位后，一改黄老主导的思想，对整个国家的战略进行了调整。在思想上，罢黜百家独尊儒术，在军事上，对匈奴的战略由防御转为进攻。

　　汉武帝非常喜欢狩猎，经常带着他的侍从亲信前往。卫青擅长骑射、材力过人的优势很快就显现出来了。此时卫子夫又得宠，卫青自然很快就得到了汉武帝的重用。元光五年（前130），汉武帝任命卫青为车骑将军，率骑兵一万人出上谷（今属河北怀来），与公孙贺、李广、公孙敖兵分四路出击匈奴。公孙敖损失惨重,李广被俘后侥幸逃脱,公孙贺无功而返,只有卫青兵出龙城(今属蒙古国),直捣单于龙庭,斩杀匈奴700多人。汉武帝非常高兴,以军功封其为关内侯。龙城之战,卫青初露锋芒,其胆略为世人所钦佩,此战也是汉对匈奴的首次胜利,一时军心大振。更重要的意义在于,卫青此战为汉朝远程奔袭战提供了经验,成为此后汉军对匈作战的新战法,具有开创意义。在具体战术上,卫青也有改进。卫青发现,中原人的骑射技术无论怎样也很难在整体上与匈奴匹敌。如果与匈奴骑兵以骑射的方式远程对抗,汉兵显然落下风,可谓以己之短攻彼之长。卫青开始将步兵的一些战术原则移植到骑兵中,发明了新的骑兵战术,正如有学者总结:"不与匈奴人较量远距离骑射,而是把中原步兵惯用的正面冲锋战术移植过来,用肉搏战抵消匈奴人的骑射优势。"[1] 这种战术如果想要取胜,关键在于切断敌军后路,尽最大可能缩小战场范围,压制敌军骑射远程攻击的优势,从而迫使敌人进行近距离的肉搏战。可以说,正是这种战术,成就了卫青和后来的霍去病,也是武帝年间能够解决匈奴问题的关键所在。

元朔元年(前128)春,卫子夫生太子刘据,被立为皇后。秋天,卫青再次率军出雁门,率三万骑兵对阵匈奴,斩杀匈奴数千人,取得了雁门之战的胜利。此战相较龙城之战,规模更大,更加坚定了汉武帝北击匈奴的决心。元朔二年(前127),匈奴反扑,杀汉辽西(今属辽宁义县)太守,掳掠渔阳(今属北京密云)百姓2000多人,打败渔阳太守韩安国。汉武帝决定出击,发动河南(黄河以南)之战。车骑将军卫青出云中郡西行,一直到高阙(关塞名,今属内蒙古杭锦后

---

① 李硕:《南北战争三百年:中国4—6世纪的军事与政权》,上海:上海人民出版社,2018年,第43页。

旗），前后行军 2000 多里，途经沙漠、草地等无人区，最终对河南的匈奴大军进行了战略大包围，活捉匈奴数千人，缴获牲畜 10 万多头，仅让白羊王和楼烦王跑掉了。汉武帝大喜过望，封卫青为长平侯。卫青此战平定了河南地区，在主父偃的建议下，汉武帝在此处设朔方郡，将汉的疆域向北推进，基本从战略上解除了匈奴对长安的威胁，有利于西汉的统治。朔方也成了此后汉反击匈奴的桥头堡，此战也被军事史家认为是汉匈战争史上具有转折性的一次战役。

元朔三年（前 126）、元朔四年（前 125），匈奴两次攻入边郡，杀略数千人。元朔五年（前 124）春，汉武帝再次反击匈奴。卫青率 3 万骑兵，兵出高阙，苏建、李沮、公孙贺、李蔡等将军，出兵朔方，均归卫青节制。卫青避实击虚，并不与匈奴实力最强的左部势力对抗，而是攻击相对较弱的右贤王。他依然采取远程奔袭之法，行军六七百里后，神不知鬼不觉地出现在匈奴右贤王面前。匈奴右贤王认为卫青根本无法深入匈奴腹地，日日喝酒，夜夜饮醉。汉军十万大军神兵天降般突然围攻，令右贤王惊恐万分，趁夜色带着自己宠爱的妻妾和百余名精壮骑兵逃走。失去指挥者的匈奴大军迅速溃败，汉军立刻展开追击，虽然未能俘获右贤王，但活捉右贤王的裨将 10 多人，俘虏15000 多人，牲畜难以数计。此战大捷，卫青率大军班师回朝，汉武帝派使者到塞上迎接，使者授大将军印，其他将领都归大将军节制。卫青以大将军的仪仗队得胜而归，好不威风。汉武帝增封卫青为六千户，同时封卫青之子卫伉为宜春侯，卫不疑为阴安侯，卫登为发干侯。卫青坚决谢绝：“臣有幸任汉军统帅，幸赖陛下神灵，才得以捷报连连，这些都是诸位校尉的功劳。臣的孩子尚在襁褓之中，未有尺寸之功，陛下裂地封侯，那臣以后如何去鼓励将士力战，他们三人万万是不能受封的。”汉武帝也觉得有理，很快就封公孙敖、韩说、公孙贺、李蔡、李朔、赵不虞、公孙戎奴、李沮、李息、豆如意等人为侯。

　　元朔六年（前123），大将军卫青兵出定襄，节制六将军：合骑侯公孙敖为中将军，太仆公孙贺为左将军，翕侯赵信为前将军，卫尉苏建为右将军，郎中令李广为后将军，右内史李沮为强弩将军。汉军准备一举袭击单于王庭，虽未能成功，但仍先后斩杀匈奴万余人。右将军苏建、前将军赵信3000多人遭遇匈奴的主力，苦战一天一夜，汉军几乎全军覆没，赵信投降，苏建只身逃到大将军卫青处。卫青并未斩杀苏建，他领兵回到边塞，汉军暂时停止了对匈奴的攻势。由于此战军功不多，汉武帝并没有对卫青有其他封赏，右将军苏建贬为庶人。此战中，卫青的外甥霍去病崭露头角，获得汉武帝的欣赏与信任，封冠军侯，成为卫青此后出击匈奴的重要帮手。

　　元狩四年（前119）春，汉武帝决定再次出击匈奴，展开漠北决战。汉武帝命令卫青、霍去病各率骑兵5万，后勤补给步兵10余万。霍去病原本计划兵出定襄（今属山西忻州），直击单于。结果从匈奴俘虏那里得知单于已经东去，于是霍去病又改从代郡出兵。卫青出兵定襄，率领李广、公孙贺、赵食其、曹襄进击。汉降将赵信对匈奴单于伊稚邪说："汉军过了沙漠，早已人马俱疲，到时候就可以坐而俘之。"于是匈奴单于就将辎重北运，大军严阵以待，以逸待劳。卫青刚过沙漠就发现匈奴严阵以待，他也立刻沉着迎战。卫青先利用武刚车摆成圆形车阵，形成进可攻退可守的有利态势，此即《孙子兵法》所言的"先为不可胜"[①]。同时，他派5000骑兵迅速出击匈奴，单于也毫不示弱，派上10000骑兵，双方打得难分难解。双方战至黄昏时分，仍然难以分出胜负，突然起风，沙石横飞，两军根本无法看清对方。卫青抓住时机，命令骑兵迅速插入，从左右两翼包围单于。

　　单于看到汉军黑压压一片，兵强马壮，如果久战必定会对自己不

---

① ［春秋］孙武撰，［三国］曹操等注，杨丙安校理：《十一家注孙子校理》，第69页。

利。等到夜幕降临，单于乘着六匹骡子拉着的快车，在强壮精骑百余人的掩护下，进行突围。单于一行直冲汉军包围圈的西北方向，汉军措手不及，单于突围成功，迅速逃去。这时天色已经黄昏，双方将士混战，伤亡情况大体相当。汉军左校尉抓住一个俘虏打听单于的处所，结果才知道单于早已逃跑。卫青立刻派轻骑兵连夜追击，自己也紧随其后。汉军撤出战场，匈奴士兵也四散而去。汉军苦追了一夜，行军200多里，也未见到单于的踪影。他们一路斩杀匈奴散兵游勇10000余人。汉军一直追到寘颜山（今蒙古国的杭爱山）的赵信城，此处是匈奴的重要物资补给地。汉军就地补给，原地休整了一天，临走前又将城中剩余的所有粮食付之一炬。唐人卢纶的《和张仆射塞下曲》"月黑雁飞高，单于夜遁逃。欲将轻骑逐，大雪满弓刀"①，正是对此战的描述。

当然，此战中由于李广和赵食其所率的东路军迷路，无法如期抵达战场，未能赶上合击单于的会战。卫青率军在漠南地区遇到了东路军，卫青责问东路军将领李广和赵食其，结果李广愤而自杀，赵食其被贬为庶人。

此战又称漠北之战，是汉反击匈奴距中原最远、规模最大、任务最艰巨的一次战役，击杀俘虏19000人。卫青充分利用匈奴认为汉军无法进入漠北地区的麻痹心理，出其不意，痛击匈奴。匈奴遭此痛击，十几年间再也不敢南下。然而，杀敌一千，自损八百，此战汉军的损伤也非常惨重，士兵战马损失10多万，出征的14万匹战马，回来时仅剩下3万疲马。

谦虚谨慎，心胸豁达

卫青在汉武帝时期反击匈奴战争中因敌制胜，创造性地在沙漠草

---

① [清]彭定求等编：《全唐诗》卷二百七十八，第3153页。

原地带使用骑兵,采用远程奔袭、直捣黄龙的战略战术,解决了困扰汉朝北方边境70多年的匈奴问题,功名一时间举世无双,深受汉武帝倚重。卫青出身卑微,深知世事不易,看淡功名。无论身处何地,他的谦虚谨慎、心胸豁达、居功不骄、爱兵如子的品格也为他的人生增彩不少。

卫青身为大将军,又是皇亲国戚,权倾一时,当时许多公卿大夫都对他毕恭毕敬,唯有耿直的汲黯与他分庭抗礼。卫青并未对汲黯有任何交恶的举动,而是从心里非常佩服汲黯不趋炎附势的品格,敬重其才能。漠北之战后,他的外甥霍去病风头盛极一时,汉武帝重赏霍去病而不赏卫青,许多人都为卫青鸣不平,卫青却能淡然处之。随着霍去病的威望日增,原来许多在卫青门下的故人都改换门庭去追随霍去病,卫青也放任之,并未有丝毫的阻挠和怨言。

卫青贵为大将军,但他在领兵作战中,军令严明,作战勇敢,身先士卒,爱护部属,对士卒彬彬有礼,士卒都愿与他为伍。他在行军中,吃苦在先,享乐在后,往往把最危险的留给自己。行军中长时间缺水,若是找到水源,他总是看着所有人都喝足后才喝水。在班师行军中,他负责殿后,总是等到士兵全部渡河,他才肯渡河。他从不贪恋钱财,对于所得赏赐财物,都会转赐给与他出生入死的众将士。他对部下也多有恩德,苏建因亡军只身逃回,有人建议当斩,但卫青坚决不杀,最后汉武帝贬苏建为庶人。部下将领随他作战而获封侯的多达几十人。卫青一生为官多年,始终与人为善。

公元前106年,卫青去世。曾国藩对卫青的传奇一生有一个很好的概括:"卫青人奴,拜将封侯,身尚贵主。此何等时,又可以寻常行墨,困倔奇男子乎?"[1]

①[清]曾国藩:《曾国藩全集》(增订版)第二十二册《书信一》,长沙:岳麓书社,2012年,第506页。

五、少年英雄

自古英雄出少年。英雄不在年高,在历史的大坐标下,每个人的历史地位并不在于他在这个世界上存在时间的长短,而在于他生命的亮度和高度。当很多人还在天真无忧地享受着青春时光时,种种因缘际会,有一批名将却已经在战场上奋力杀敌,指挥千军万马保家卫国,年纪轻轻就成就了赫赫功业。他们犹如耀眼的流星,完成了他们各自的历史使命后,又早早离开了这个世界。如霍去病、孙策、周瑜、岳云等就是其中的典型。

1.霍去病:匈奴未灭,何以家为

霍去病(前140—前117),河东平阳(今属山西临汾)人,卫青的外甥,西汉反击匈奴杰出的将领。霍去病在河西之战中有胆有识,后又屡建奇功,为汉北方边境的安定作出了重要贡献。他英年早逝,只活了24岁,但留下了"匈奴未灭,无以家为"[1]的豪言壮语,响彻青史。

---

[1][汉]司马迁:《史记》卷一百一十一,第2939页。

出身卑微,一战成名

霍去病的母亲卫少儿是卫子夫和卫青的姐姐,也是平阳公主家的家奴。他的父亲霍仲孺是平阳县的小吏,卫少儿在嫁给陈掌之前与其私通生下了霍去病。霍去病年幼时,经常与奴婢生活在一起。汉武帝时期,很多想建功立业的年轻人都日夜练习骑射,霍去病是其中的佼佼者。后来随着卫氏家族在武帝朝地位的提升,霍去病的命运也发生了翻天覆地的变化。

元朔六年(前123),也就是霍去病18岁那年,因善骑射得到了汉武帝的宠幸,汉武帝将其留在身边为侍中。这年,卫青两次出兵定襄,北上反击匈奴。霍去病两次跟随自己的舅父卫青出征。卫青接受汉武帝诏令,调拨军中壮士归霍去病统领,并任霍去病为剽姚校尉。初生牛犊不怕虎,霍去病将卫青远程奔袭战法发挥到了极致。他率领八百轻骑壮勇,甩开卫青所率大军几百里,孤军深入,追击匈奴,出其不意,以少胜多,给匈奴造成了巨大的心理威慑。霍去病勇冠全军,得到了汉武帝高度赞扬:"剽姚校尉去病斩杀俘虏匈奴2028人,其中俘虏了匈奴的相国、当户等低级官员,斩杀了匈奴单于的祖父籍若侯,生擒了单于的小叔父罗姑比,两次出征功劳冠绝全军,朕今日以1600户封去病为冠军侯。"霍去病一战成名,深得汉武帝的赏识。

河西之战,屡建奇功

元狩二年(前121)春,霍去病封侯已经三年了,汉武帝决定发动河西之战。汉武帝任命年仅20岁的霍去病为骠骑将军,带领10000骑兵出陇西郡,试图彻底切断匈奴与羌人的联系。

霍去病率领10000铁骑跨过乌鳌山(今属甘肃皋兰),讨伐匈奴的重要部落邀濮,渡过狐奴河(今属甘肃武威),横穿匈奴休屠部的五个王国。霍去病此次出征中,对那些辎重部队以及已经表示臣服的匈奴士卒一律饶恕,不加追究。此战几乎将要俘虏匈奴单于,转战六天六夜,越过焉支山(今属甘肃山丹)千余里,两军短兵相接,斩杀匈奴的折兰王和卢胡王,诛杀了那些身披铠甲的坚决抵抗者,生擒活捉了浑邪王子和相国、都尉,斩首和俘虏8000多人。霍去病还缴获了休屠王祭天用的金制神像,因军功加封两千户。

这年夏天,霍去病与公孙敖、张骞、李广等出击匈奴。李广四千骑兵与匈奴左贤王万骑大军苦战两日,死者过半。张骞大军行动迟缓,误期当斩,后赎为庶人。但此时骠骑将军霍去病已经兵出北地郡(今属甘肃庆阳),深入匈奴腹地,而公孙敖在茫茫大漠中走错了道,两军未能顺利合军。在如此不利的局势下,霍去病丝毫没有受到影响,他率军快速推进,渡过沼泽居延(今属内蒙古额济纳旗),越过小月氏,军队开至祁连山,俘虏匈奴的酋涂王,降服2500人,斩杀30200人,俘虏了匈奴的五王、五王的母亲、单于阏氏、王子59人,相国、将军、当户、都尉63人。匈奴损失惨重,减少了大约十分之三的兵力。因为战功卓著,汉武帝加封霍去病五千户。与霍去病一起抵达小月氏的中级军官校尉全部赐爵左庶长。

霍去病能获得如此大功,当然与他的骁勇善战,智勇双全,指挥得当紧密相关,也与汉武帝的青睐有关。霍去病所率兵马是整个汉军中的精锐部队,他的军队中都是经过精挑细选的壮士,年轻气盛,敢于深入匈奴腹地。每次大军开进,霍去病都会率领精锐部队先大军而行,从未困顿。其他像李广这样的一些老将,所率兵马不如霍去病,而且也难以适应武帝时期大规模远袭的战法,经常连敌人都找不到。霍去病日益获得汉武帝的亲近和倚重,一时间地位与大将军卫青相当。

这年秋天,单于非常恼怒浑邪王多次被汉骠骑将军击破,损失几万人，于是想找个借口召回浑邪王，杀他立威。浑邪王感觉不妙，便与休屠王等开始谋划降汉，在汉军出没的地方寻找汉人，向汉军通消息。这时李息正在河上修城，部属抓到了浑邪王的使者，得知浑邪王想要降汉，大喜过望，连忙乘驿车飞报汉武帝。汉武帝得知这一消息后，非常冷静。他担心这是匈奴以诈降的方式偷袭边境，便命令骠骑将军率兵前往迎接。浑邪王与休屠王发生了矛盾，浑邪王杀死了休屠王并夺其军队。霍去病渡过黄河，与浑邪王的部众远远相望。当浑邪王的一些副将看到霍去病的汉军时，有些动摇，很多人又不想投降了，有些士兵开始逃跑。霍去病看到匈奴大军有乱象，当机立断，迅速进入浑邪王营寨中，与浑邪王相见。得知真相后，霍去病迅速出动汉军，斩杀不愿降汉的 8000 人，暂时稳定住了局面。在处理了突发状况之后，霍去病安排浑邪王乘着驿车前往汉武帝的行在，自己亲率浑邪王的部众渡过黄河，投降 4 万人，号称 10 万。到了京城长安后，汉武帝赏赐了投降的匈奴部众 10 亿钱，封浑邪王为万户侯，封地漯阴（今属山东禹城），封投降的小王呼毒尼为下摩侯，鹰庇为煇渠侯，禽梨为河綦侯，大当户铜离为常乐侯。此战霍去病居功甚伟，汉武帝表彰他说："骠骑将军霍去病率领我大汉雄师出击匈奴的西域王浑邪王，浑邪王和他的部众都相约来归附我大汉，骠骑将军带着军粮前去接应，同时率领骑射之士万余人，诛杀了那些不肯归降的恶人，斩杀8000 多人，降服异国国王 32 人，我汉军将士没有任何损伤，匈奴 10 万铁骑都要归顺。天下受兵害已久，如今我大汉威势已经达到河塞之外，天下应该没有大的祸患了，天下可以永久无事了。朕再增封骠骑将军 1700 户。"此战获胜令汉武帝非常得意，宣布减去陇西、北地、上郡三地的戍卒一半，并减轻天下百姓的徭役。不久，汉武帝将投降的匈奴安置在陇西、北地、上郡、朔方、云中等五郡的边境线上，均在黄河以南，将他们分成几个部落，按照原来的生活方式继续生活，成了汉的属国。

河西之战，霍去病两次深入大漠，率领汉军最精锐的骑兵，长途奔袭，连续攻击，对匈奴贵族进行了精准打击，消灭和俘虏了大批敌军，完成了断匈奴右臂的战略任务。从此以后，汉切断了匈奴与羌人的联系，控制了河西走廊，后又设立河西四郡，有力地控制了西域地区，为丝绸之路的畅通奠定了坚实的基础。在此役中受到沉重打击的匈奴，曾经感叹："失我焉支山，令我妇女无颜色。失我祁连山，使我六畜不蕃息。"①

匈奴作为长期活动在我国北方地区的少数民族，也不可能坐以待毙。元狩三年（前120），匈奴攻入右北平、定襄两郡，杀略汉军民1000余人。元狩四年（前119），汉武帝看到河西之战后，汉匈形势并未如想象中乐观，于是他与诸将商议："赵信这个叛徒经常为单于出谋划策，认为汉军根本不能越过大漠，不敢在大漠中轻易停留。如果我们现在派大军迅速出击，出其不意，攻其无备，肯定能够俘虏单于，一举歼灭匈奴主力。"众将皆称善。

这年春天，汉武帝命令大将军卫青、骠骑将军霍去病各率5万骑兵，辎重部队以及后续步兵多达10余万，再次出兵匈奴。由于汉武帝的偏爱，骠骑将军霍去病仍然挑选了一些敢于打硬仗并有长途奔袭经验的精兵。一开始霍去病想要从定襄出兵，直接迎击单于。当从俘虏口中得知单于已经向东而去，汉武帝又命令霍去病从代郡出兵，截击单于。大将军卫青率领其他将军出定襄，与霍去病一起攻打单于。

霍去病率领五万大军，各方面物资配备与大将军卫青相同。为了便于霍去病指挥，汉武帝并没有为其配备副将，给予其充分权力。霍去病率领5万铁骑兵出代郡、右北平一千多里，正好遇上了匈奴左

---

① [宋]郭茂倩：《乐府诗集》卷八十四，北京：中华书局，1979年，第1186页。

贤王的大军，一番恶战之后，斩杀、俘虏数万。霍去病又亲率招降的匈奴人马，轻装前行，越过茫茫大漠，渡过获章渠，诛杀匈奴小王比车耆，又转而攻击匈奴左贤王的左大将双，斩杀敌将，缴获敌人的战旗和战鼓。霍去病率军艰难渡过离侯山，跨过弓闾河，一路斩杀沿路敌军，生俘匈奴屯头王、韩王等3人，匈奴的将军、相国、当户、都尉83人，并在狼居胥山（今属蒙古国乌兰巴托）上举行祭天大典，在姑衍（今属蒙古国乌兰巴托）祭祀地祇，登高眺望一望无际的大漠。这一战，骠骑将军先后斩获敌军70443人，因粮于敌，减轻了后勤补给的压力，无论打到哪里，军粮都非常充足。汉武帝又以5800户益封骠骑将军，此时霍去病已经受封16100户，比起他征战多年的舅舅卫青还多了3300户，显贵一时。不仅如此，跟随霍去病一起出征的将军，因功封侯的也有不少。如右北平太守路博德因功封符离侯，北地都尉邢山因功封义阳侯，复陆支因功封壮侯，伊即轩因功封众利侯，李敢因功封为关内侯。已经封侯的骠侯赵破奴、昌武侯赵安稽也各益封300户。其他很多军官士卒都升官，获得很多赏赐。此战又称漠北之战，是汉匈战争中的一次战略决战。漠北之战中，汉军痛击以伊稚邪单于为首的匈奴贵族，有效制止了匈奴在边境的掳掠，保证了汉帝国北方边境的安定，推进了北方民族融合和统一。

　　后来，汉武帝又专门增设大司马一职，资历甚浅的霍去病与卫青同任此职，是最高军事长官。22岁的霍去病一时成为汉帝国炙手可热的英雄少年。汉武帝专门发布命令，规定骠骑将军霍去病与大将军卫青的级别和俸禄相同，而实际上此时霍去病的权势，在整个汉帝国仅次于汉武帝。大部分原先跟随大将军卫青的门人都改换门庭，投奔年轻有为的骠骑将军，大多获得了官爵。

匈奴未灭，无以家为

霍去病平时少言寡语，胆在心中，敢作敢为，勇于承担。汉武帝非常器重他，想让他再学习一些古代兵书，如孙子、吴起的兵法。年轻气盛的霍去病并不在意，笑着对汉武帝说："打仗的关键是因敌制胜，是当机立断做出最恰当的决定，而不在于是否学习兵法。"汉武帝连连称善。霍去病虽未读兵书，但是他已经无师自通，掌握用兵的关键，汉武帝非常满意。

汉武帝对这位英雄少年格外青睐，他亲自操心霍去病府邸修筑之事，这是天下最高的荣耀。汉武帝让霍去病去看看是否满意，霍去病慷慨回答："匈奴未灭，无以家为。"[①]汉武帝看到霍去病如此气度，深得己心，更是喜欢得不得了。

当然，金无足赤，人无完人，霍去病虽出身低贱，但因卫子夫、卫青的缘故，后来也更多在宫中侍奉皇帝，因此根本不懂得生活的艰辛。反映在治军上，就是丝毫不懂得体恤关心士卒。每次出兵打仗，汉武帝都会派皇家宫廷御膳人员赐予他几十车的食物，供他出征食用。每次出征回来，车上有很多他吃剩下的美味佳肴，而他的士兵还有吃不饱饭的，但霍去病从未想着将这些食物分给士兵吃。出征大漠，士兵有时难免缺粮，甚至有些人饿得都站不起来了，但霍去病从来不闻不问，依然只顾在那里玩蹴鞠娱乐。霍去病这点与他的舅舅卫青相差甚远。

花无百日红，人无百日好。元狩六年（前117），年仅24岁的少年英雄霍去病溘然长逝。汉武帝非常伤心，为了表达对霍去病的厚爱，让霍去病陪葬在自己的陵墓旁边，极尽人臣荣耀。汉武帝为霍去病修筑的坟墓，外形像祁连山的样子，象征着他一生的功绩。汉武帝

①[汉]司马迁：《史记》卷一百一十一，第2939页。

还调集了西北边境五郡归降的匈奴铁甲军，从长安一直到茂陵列队送殡。汉武帝给他的谥号，依据《谥法》，以"并武"和"广地"的意思合并，称景桓侯。霍去病死后，他的儿子霍嬗袭冠军侯。此时霍嬗年纪尚小，汉武帝非常喜欢他，希望他长大了像他父亲一样做一个勇敢的大将军。但是六年后，也就是元封元年（前110），霍嬗早夭，汉武帝以哀侯为谥号，冠军侯的封国就废除了。当然，霍去病的影响并未完全结束，他的同父异母弟霍光，对西汉中期的政治产生了举足轻重的影响。

2. 孙策：少年英雄，难与争锋

孙策（175—200），字伯符，吴郡富春（今属浙江杭州）人，是三国群雄之一。孙策相貌堂堂，待人友善，谈吐幽默，性格豁达，胸怀大志，作战勇猛，也是三国时期孙吴政权的重要奠基人。

年少丧父，羽翼渐丰

据史书记载，孙策是孙武的后人，他的父亲孙坚是东汉末年群雄之一。孙策曾参与汉末讨伐黄巾军、董卓的战争，战功颇盛，官至破虏将军，人称"孙破虏"。孙策与许多只知道吃喝玩乐的纨绔子弟不同，由于父亲常年在外打仗，孙策作为家中长子，曾带着母亲迁徙到舒县居住，处理家中大小事务。同时，他广交名士，与江东才俊周瑜结为至交。当时很多的江淮才俊、士大夫都仰慕他的为人。

汉献帝初平二年（191），孙坚在与荆州刘表的战争中，中暗箭身亡。孙策当时并未随父出征，与孙坚一同征战的是孙策的堂兄孙贲，所以孙策的一部分兵马就由孙贲接管。不久之后，孙贲率领孙坚余部依附袁术，成为豫州刺史。作为孙坚长子的孙策此时年仅17岁，父亲没有留给他一兵一卒。东汉末年是一个依靠实力立足、相信强者的时代,利益纠葛非常复杂。命运不相信眼泪,孙策忍痛将父亲安葬在曲阿(今属江苏丹阳),带着家人渡江暂居江都(今属江苏扬州),徐图未来。

当时徐州牧陶谦对孙策成见很深,显然江都并非久留之地。孙策决定带着母亲和家人前往曲阿,投奔他的舅舅——时任丹杨太守的吴景。孙策从头开始,与吕范、孙河等一起跟随吴景,在种种机缘巧合下,孙策招募到几百人,这些人是他起家的资本。所谓虎父无犬子,孙策精心操练这支军队,无论是战斗技能的训练,还是阵法的操练,都要求精益求精,显示了他过硬的军事才能,令天下英豪刮目相看。

兴平元年(194),孙策率部追随袁术。袁术见到孙策后,顿时被这个年轻人震撼了,当机立断将原先隶属孙坚的部曲重新交给孙策,孙策的实力进一步增强。这年,太傅马日磾手持符节安抚关东地区,结果被袁术扣留在寿春。当他得知孙策的才能,于是以礼征召孙策。见到孙策后,马日磾上表汉室,奏请任命孙策为怀义校尉。当时,袁术手下的很多将领也非常敬佩孙策的才华。袁术自己也曾感叹:"如果我有孙策这样的儿子,那么我就死而无憾了!"

一次,孙策的一个骑士犯了重罪,就逃到袁术军营的马厩里,试图躲过处罚。他料想孙策应该不敢在袁术的大营里杀人,但是他错了,孙策派人斩杀了这个骑士。然而孙策也明白擅闯他人军营的严重后果,更何况是袁术?于是,孙策专程前往袁术处谢罪。袁术也是统兵之人,深知军纪的重要性,况且来人是他赏识的孙策,便哈哈大笑:"伯符贤侄,士兵动辄叛变,这是我们都痛恨的,何故前来谢罪呢?"此事之后,军中士兵更加敬畏孙策的胆略。

袁术其实对孙策的情感非常矛盾。一方面,他爱孙策之才;另一方面,又担心孙策不甘心长久追随自己,所以他不太信任孙策,时刻提防着他。袁术最初答应任命孙策为九江太守，最后却不了了之，改而任用了陈纪。作为地方重要割据势力的袁术准备以寿春（今属安徽寿县）为基地攻打徐州，希望从庐江太守陆康处借调30000斛米作为军粮。陆康忠于汉室，认为袁术此举是叛逆，坚决不给，从而惹怒了袁术。孙策此前曾拜见陆康，但是陆康并没有亲自接见，仅仅派自己的主簿接待，孙策对陆康的怠慢一直耿耿于怀。袁术此时也想派骁勇善战的孙策前往，并且许诺："此前我错用了陈纪，每每悔恨没有兑现对将军的诺言。现在将军如果擒获陆康，庐江就是你的了。"孙策无论是从情感上，还是利益上来讲，都乐意而为。孙策率军前往庐江，将庐江城团团围住。陆康固守城池，前后坚持了两年多，还是被孙策攻下庐江。陆康在城破月余后，愤恨交加而病逝。袁术却又一次食言，任用他的故吏刘勋为庐江太守，这使孙策对袁术更加失望。

筚路蓝缕，立足江东

此前刘繇为扬州刺史，扬州的治所本在寿春，但此时袁术早已攻占寿春。刘繇只得前往曲阿，以曲阿为治所。此前在曲阿一带活动的孙策的舅舅吴景、堂兄孙贲都在丹阳，孙贲还是丹阳校尉。刘繇的实力虽不如袁术，但仍远优于吴景和孙贲，所以吴景和孙贲只能被迫退守历阳（今属安徽和县）一带。刘繇以曲阿为战略基地，派樊能、于麋东向驻扎横江津（今属安徽和县），张英屯兵当利口（今属安徽和县）抗击袁术。袁术先是派遣扬州刺史惠衢，后又任用吴景、孙贲等人，但是几年间没有丝毫进展，双方僵持不下。

此时孙策在袁术身边已经好几年了，袁术的反复无常、言而无信，他早已多次领教。所以孙策一直想找个机会离开袁术，前往江东创业，称雄一方。他认为眼下是一个好机会，便前往袁术帐下，主动请缨，希望袁术派自己增援吴景，平定江东。袁术此时已无良将可用，于是上表任孙策为折冲校尉,行殄寇将军之事。袁术了解孙策的才能,担心孙策离开自己后独自发展造成尾大不掉之势。在这种矛盾的心理下,他仅调拨孙策1000多士卒,十几匹战马。孙策宾客中也有几百人愿意随军前往。这对孙策来说已经足够了,他再也不用寄人篱下、仰人鼻息了。

孙策带着这1000多人,一路上攻城略地。对于击败的对手,并不是一味地屠杀,他更多采取"车杂而乘之,卒善而养之"①的方略,所以"胜敌而益强"②。到了历阳,孙策已经拥有五六千人了,成为一支不可小觑的力量。孙策将母亲和族人安顿在阜陵(今属安徽滁州),自己则率军转战江东一带。孙策指挥有方,军纪严整,军队战斗力强悍,所向披靡,很多士兵都愿意为他效力,一时无人敢与之争锋。且孙策所到之处,从不骚扰百姓,老百姓也愿意跟随他。

刘繇见势不妙,只能弃军逃跑,其他的郡守也大多弃城而逃。汉室的州牧郡守纷纷逃跑了,吴郡的严白虎等人作为地方势力很快兴起,兵力达10000多人,严守战略要地和重要城池。吴景等人建议先击破严白虎,再攻打会稽。孙策指出:"严白虎这些人虽然人多势众,但他们都是一群胸无大志的盗贼,不会长期经营,所以不宜先进攻,只需静观其变,等出现变乱就很容易将他们擒获。"

孙策率军渡江,兵临会稽。此时的会稽太守是东汉大经学家王朗,但在用兵方面,王朗的确不如孙策。当时虞翻劝谏王朗应当暂避锋芒,王朗并未采纳,而是在固陵一带设防,主动出击,试图阻击孙策,并且取得了一定的成效,导致孙策的进攻一度受阻。但孙策从谏如流,知人善任,请自己的叔父孙静前来,听听他的建议。孙静早年

①[春秋]孙武撰,[三国]曹操等注,杨丙安校理:《十一家注孙子校理》,第38—39页。
②[春秋]孙武撰,[三国]曹操等注,杨丙安校理:《十一家注孙子校理》,第39页。

随孙坚起兵，有着丰富的作战经验。他建议孙策："王朗此刻凭借天险固守城池，我们一定要迅速攻破。若是经年累月，顿兵挫锐于城下，到时候就会非常被动。我们应当出其不意，攻其不备。此处南进几十里就是查渎（今属浙江杭州），那里是通往会稽的要道，我们可以从那里突破，长驱直入。我对此地地形非常熟悉，我可以率军作为先锋，一定能够攻克。"孙策听完连连称好，依计行事。

孙策立刻着手准备秘密渡江，怎么渡江呢？他想起了韩信的木罂渡河。为了掩人耳目，达成战略奇袭的目的，他诈令军中："近日阴雨连绵，饮水太浑浊，士兵喝了大多腹痛难忍，我命令全军预备水缸数百口用来澄清浊水，以便饮用。"很快，水缸就备齐了。

黄昏时分，为了避免大规模调军引发王朗的警惕，孙策命令士兵故意燃起了很多明火迷惑王朗。孙静率军偷袭，迅速拿下了高迁屯（今属浙江萧山）。这样，孙策大军对王朗军形成了夹击之势，王朗大惊，立刻派原丹杨太守周昕等人率军迎战，但为时已晚。孙策斩杀周昕，迅速占领会稽。王朗只得与虞翻撤至东冶，孙策迅速追击并且生擒王朗、虞翻。孙策非常敬仰大经学家王朗，希望王朗能与自己一起共图大业。王朗还是选择忠于汉室，孙策尊重这位老经学家，并未勉强，后来将王朗送回汉室。孙策拜访虞翻，希望虞翻能够留下来辅佐自己。虞翻赏识孙策之才，决定归附孙策。孙策决定让虞翻继续担任会稽功曹，稳定人心，于是会稽平定。

此时，孙策已经势不可挡，迅速成为江东地区崛起的一股新势力，当初仅仅派兵给孙策1000人的袁术，做梦也没有想到孙策会发展得这么快。孙策此时已经另立门户，建安元年（196），他开始向汉室进贡，在政治上争取主动，成了割据一方的霸主。

稳定江东,英年早逝

建安二年(197),袁术称帝,孙策劝说未果,与袁术公开决裂,并出兵讨伐袁术。曹操也想拉拢孙策,上表奏请其袭父爵位,不久孙策又被封为明汉将军。

孙策奉诏与吕布、陈瑀等前往讨伐袁术。而心怀鬼胎的陈瑀见孙策在江东地区刚刚立足,根基不深,就打起了孙策江东地盘的主意。当陈瑀军队行至钱塘时,陈瑀以都尉万演等人为密使偷偷渡江,手持30多份印信与江东诸郡的祖郎和严白虎等一些地方割据势力相勾结。他们约定,一旦孙策军队开拔,便共同袭取孙策控制的江东诸郡。幸好,孙策发现了这一阴谋,先发制人,立刻派吕范、徐逸率军直奔海西(今江苏灌南)。陈瑀根本没有想到孙策军前来,毫无准备,所以很快被打败,被俘士卒多达4000余人,陈瑀只身逃跑。

建安三年(198),孙策派徐琨拿下丹杨,以舅舅吴景为丹杨太守。孙策自己则亲率大军继续西进,先后擒获祖郎、太史慈,并为己所用。这时,江东才子周瑜也前来投奔,孙策喜出望外,对周瑜礼遇甚厚。周瑜为孙策推荐了鲁肃,孙策的势力越来越大了。孙策再次向汉室进贡,继续向汉室表忠心,汉室册封孙策为讨逆将军,封吴侯,孙策在江东地区终于站稳了脚跟。

建安四年(199),刘繇去世,刘繇所部10000余人群龙无首。刚刚投奔孙策的太史慈推心置腹地向孙策建议应当招降这支军队,并自告奋勇前去招降。由于太史慈刚刚投降孙策没多久,很多人对他此举存有疑虑,表示反对,孙策胆略过人,用人不疑,还是决定派太史慈前去。太史慈果然顺利招降了这支军队,孙策实力又一次大增。

这一年,众叛亲离的袁术吐血而死,袁术所部也分崩离析。杨弘和张勋仰慕孙策,率军投奔,结果被庐江太守刘勋邀击,不幸被俘,其所带珍宝也被悉数劫走。这时,袁胤等人率领袁术的部众又去投奔刘勋,刘勋实力大增。孙策听说后,也不敢贸然前往营救,他决定智取。他假装与刘勋结盟,并假意劝说刘勋出兵攻打上缭(今属江西永修)地区以解决后勤补给的问题。刘勋不知是计,率军前往,当地军民坚壁清野,顽强抵抗,结果刘勋一无所获。

得知刘勋出兵后,孙策兵分两路,一路由孙贲率领,驻守彭泽一带,阻击刘勋;另一路由孙策、周瑜亲自率领,20000大军直奔刘勋的大本营皖城(今属安徽潜山),一举攻破,30000多人都投降了孙策。在这里,他与周瑜分别迎娶了大桥、小桥,成就了一段佳话。刘勋在前线一无所获,忽然得知孙策偷袭了他的大本营,赶紧回援。部队刚刚开进彭泽,早在那里以逸待劳的孙贲所部狠狠痛击了刘勋的疲惫之师,刘勋大败而逃。刘勋逃往黄祖处求救,黄祖派自己儿子黄射率领5000人赶来相救,结果也被孙策打得大败。孙策挥军攻打有杀父之仇的黄祖,战争非常激烈。黄祖几乎全军覆没,只身逃走。孙策缴获了黄祖的战船多达6000多艘,极大增强了孙策的水军实力。

当时北方地区袁绍与曹操争强,均无暇顾及江东地区,孙策趁着这个机会在江东不断壮大。在这段时间里,孙策并不仅仅满足于军事上的成就,他还不断整合父亲的旧部,尤其是孙氏宗族的势力,在江东建立自己的政治集团。孙策将会稽郡原来官长全部换成自己的亲信,自任会稽太守,堂兄孙贲为豫章太守,新设庐陵郡,堂兄孙辅任庐陵太守,孙坚旧将朱治为吴郡太守,等等。同时,孙策身边还聚集了一批江东才俊,作为智囊。

看到如此勇猛的孙策,曹操也是非常感慨,常常对身边的人说道:"猘儿难与争锋也。"[1] 面对孙策的强大,曹操也通过姻亲的方式

---

[1][晋]陈寿:《三国志》卷四十六,北京:中华书局,1982年,第1109页。

拉拢,并对孙策的弟弟孙权照顾有加,举为秀才。建安五年(200),官渡之战爆发。孙策有更大的政治抱负,他秘密部署兵力,甚至想借机袭击许都,迎汉献帝。但是这次足以影响东汉末年政治格局的行动,却因一件意外而终止,孙策的人生、在历史上的地位也永远定格在那一刻。

一日,孙策单骑外出,结果与仇家许贡的门客遭遇。对方人多势众,在战斗中孙策不慎受伤,伤势很重。孙策自知命不久矣,于是召张昭等亲信前来说:"天下大乱,以我们吴越将士的力量和三江之固,足以观成败,公等一定要好好辅佐我弟弟孙权!"然后又把孙权叫到面前,把印绶交给他,语重心长地说:"联合江东才俊,决胜于两阵之间,与天下群豪争夺,一争高下,贤弟不如我。举贤任能,各尽其心,保有江东,我不如贤弟。以后江东地区就交给贤弟了,一定要好好经营,不要辜负父亲和为兄开创的基业。"

夜里,年仅26岁的孙策去世。后来,孙权称帝登基,追谥孙策为武烈皇帝。

3.周瑜:江左风流美丈夫

对大多数人而言,对周瑜形象的了解出于《三国演义》,这更多地是他的文学形象。而《三国演义》为了凸显蜀汉,塑造诸葛亮的正面形象,虚构大量情节,对周瑜的形象多有贬抑。历史上真实的周瑜又是什么样子呢?那个在苏轼《念奴娇·赤壁怀古》词中"遥想公瑾当年,小乔初嫁了,雄姿英发。羽扇纶巾,谈笑间、樯橹灰飞烟灭"[①]的周

---

①[宋]苏轼著,李之亮笺注:《苏轼文集编年笺注》(第12册),成都:巴蜀书社,2011年,第8页。

瑜到底有什么样的伟业呢？

周瑜（175—210），字公瑾，扬州庐江郡舒县人，又称周郎。周瑜人长得高大威猛帅气，史籍载："长壮有姿貌。"[1] 同时，周瑜颇有文采，也算是文艺青年，对音乐有很高的造诣，即使酒过三巡，醉眼蒙眬，若是所奏音乐出现失误，他也能够立刻发现，并优雅地回头看看是谁弹错了。此雅行一时传为美谈："曲有误，周郎顾。"[2] 后世也留下了"顾曲周郎"的典故，一个英俊潇洒，才高八斗，风流倜傥的形象便在文人世界中出现了。唐人李端充分发挥想象力，写出了"鸣筝金粟柱，素手玉房前。欲得周郎顾，时时误拂弦"[3] 的诗句。

周瑜出身官宦世家，祖父周景在东汉桓帝时曾任太尉，拥立灵帝有功，叔父周忠也曾任东汉太尉，随汉献帝东迁。周瑜的父亲周异，曾为洛阳令。官宦世家的出身，为周瑜年少得志奠定了非常坚实的基础，因为当时还处于世家大族对政权发挥重要影响的时期。

初平元年（190），孙坚出兵讨伐董卓，孙策将家人迁到舒县。周瑜与孙策年纪相仿，两位年轻人惺惺相惜，周瑜慕名前往拜见，两人一见如故，相谈甚欢。周瑜非常大方，将路南的一个大宅让给孙策一家人居住。两人经常聊完后，周瑜还专门到后堂拜见孙策的母亲。周瑜和孙策的关系自此变得更加紧密，生活上互通有无，不分你我。初平二年（191），孙坚战死，孙策离开了庐江。

平定江东，迎娶小桥

兴平二年（195），周瑜的叔父周尚在丹杨（今属安徽当涂）任太守，周瑜前往丹杨探望周尚。非常巧，此时孙策即将东渡长江。军队

抵达历阳（今属安徽和县），孙策得知周瑜在丹杨，就派人送信周瑜。周瑜收到信后毫不犹豫率军迎接孙策，全力支持孙策，愿率军随孙策平定江东。孙策此时正是用人之际，兴奋地抓住周瑜的手说："我得到你的协助，大事就成了。"孙策与周瑜合军后，一路所向披靡，战无不胜攻无不克。两人合力率军先攻下了横江（今属安徽和县）和当利（今属安徽和县）；又横渡长江攻打秣陵（今属江苏南京），笮融、薛礼落荒而逃；转而奋力攻克湖孰（今属江苏南京）和江乘（今属江苏南京）两地，顺势进军曲阿（今属江苏丹阳），刘繇夺路而逃。一路上，周瑜与孙策攻城略地，也不断地收编武装势力，扩大军队，很快军队已达几万人。出于战略需求，孙策自信地对周瑜说："这支军队已经足够我平定吴、会两郡，安定山越，卿当立刻回去驻守丹杨。"周瑜拜别孙策，回军丹杨。

东汉末年，政治风云突变。很快，袁术派他的堂弟袁胤代周尚为丹杨太守。周瑜就和叔父周尚一起被迫回到了寿春。当然，周瑜的才能，袁术也是看得见的，于是很想拉拢周瑜。但是周瑜根本看不上袁术，不觉得他能成大事。但凡事还是要讲策略，毕竟他们现在名义上还是袁术的部属。为长远计，周瑜请求袁术委任他为居巢县的长官，其实周瑜是想趁机回到江东，跟随孙策。袁术傻乎乎的，就同意了周瑜的请求。

建安三年（198），周瑜假道居巢回到了吴郡。孙策得知周瑜回来，喜出望外，亲自带人隆重欢迎周瑜，立刻就任命他为建威中郎将，领兵卒2000、骑兵50。年仅20岁的周瑜，一时风头很盛，吴郡人称他为"周郎"。

由于孙策的绝对信任，周瑜在庐江一带盛名远播。周瑜被委以重任，先是守备战略要地牛渚（今安徽马鞍山采石镇），此地历来是兵家必争之地。后来周瑜还兼任了春谷县长官。没过多久，孙策想要攻打荆州，他先想到的还是周瑜，命周瑜为中护军，兼辖江夏太守。周瑜随孙策并力攻打皖城（今属安徽潜山），又不出意外地顺利攻克。此战成就了两段姻缘，也成就了周瑜的风流。战争中他们俘获了桥公，桥公有两个女儿，都是倾国倾城的绝色美人。孙策娶了大桥，周瑜娶了小桥。从此以后，周瑜就成为后世文人艳羡的对象。周瑜与孙策新得美人，意气风发，一鼓作气，征讨寻阳、江夏、豫章、庐陵等地。战事结束后，周瑜留守巴丘。

建安五年（200），26岁的孙策遇刺身亡，他年仅19岁的弟弟孙权执政。周瑜得知后，悲痛不已，但他深知事关重大，立刻率军星夜兼程奔丧吊唁，以防不测。此时，年幼的孙权也急需用人，周瑜既有能力又值得信任，是辅臣的不二人选。周瑜就以中护军的身份留在吴郡，与长史张昭一起协助孙权处理政务。当时，孙权只有会稽、吴郡、丹杨、豫章、庐陵几个郡的地盘，在周瑜鞠躬尽瘁的辅佐下，孙吴政权不断壮大，孙权也从毫无政治经验的哭泣小孩，逐渐成长为强有力的政治家。

建安十一年（206），周瑜督孙权的堂兄孙瑜等人一起征讨麻、保二屯，斩杀他们的首领，俘虏了一万多人，回军驻守官亭。很快，江夏太守黄祖派他的部将邓龙率军几千人攻入柴桑。周瑜得知后，迅速集结军队，追击邓龙。邓龙被周瑜生擒活捉，被押送到吴郡。建安十三年（208），孙权再次征讨江夏，周瑜任前部大督，为先行军的最高军政长官。也就在这一年的九月，曹操进入荆州，影响历史进程的赤壁之战即将爆发。正是因为这场战争，周瑜永远地被历史记住。

赤壁之战，名垂青史

周瑜能够名垂青史，多因赤壁之战，但在小说《三国演义》中，又被诸葛亮抢了风头。小说归小说，在真正的历史进程中，周瑜此战居首功,他的军事才能在此战中,展现得淋漓尽致①。孙刘联军赤壁之战的胜利,是三国鼎立局面形成的关键一战,深刻影响了历史的进程。

曹操官渡之战大胜袁绍后,他就开始筹划全国统一。他在邺城修建玄武池训练水军,准备南下。南方力量最雄厚的是孙吴政权,占据扬州的吴郡、会稽、丹杨、庐江、豫章、九江等六郡。在军事上,孙权拥有精兵数万,手下有周瑜、程普、黄盖等著名将领,内部团结,据有长江天险,是当时曹操吞并天下的主要障碍。另外,刘表无能,政权并不稳固;刘备无地盘,拥有诸葛亮、关羽、张飞、赵云等谋士猛将,力量稍强。

公元208年七月,曹操率军南下,很快刘琮便不战而降。同时曹操亲率精兵五千,在当阳(今属湖北当阳)的长坂坡击败刘备,占领了战略要地江陵。刘备与诸葛亮、赵云等人突围,与关羽一万多水军、刘琦一万多人马会合,退守长江南岸的樊口(今属湖北鄂州)。此时形势对孙吴政权非常不利。虽然诸葛亮曾会见孙权,分析利弊,指出曹军"强弩之末,势不能穿鲁缟"②,但孙吴政权内部存在着主战和主降的不同声音,战和不定,非常危险。长史张昭是文臣核心人物,以他为代表的大部分人认为曹操兵多势众,又挟新定荆州之胜,吴军和曹军实力悬殊,必败无疑,所以认定投降为上策。面对如此局面,鲁肃劝孙权尽快召回周瑜。周瑜奉命从鄱阳赶回柴桑(今江西九江西南)。周瑜在东吴大臣中的威望很高,面对主降派,他全力主战,说道:"操虽托名汉相,其实汉贼也。将军以神武雄才,兼仗父兄之烈,割据江东,地方数千里,兵精足用,英雄乐业,尚当横行天下,为汉家除残

---

① 林锡明:《周瑜的军事谋略和统帅素质》,《军事历史》1986年第2期。
②[晋]陈寿:《三国志》卷三十五,第915页。

去秣。况操自送死，而可迎之邪？请为将军筹之：今使北土已安，操无内忧，能旷日持久，来争疆场，又能与我校胜负于船楫间乎？今北土既未平安，加马超、韩遂尚在关西，为操后患。且舍鞍马，仗舟楫，与吴越争衡，本非中国所长。又今盛寒，马无藁草，驱中国士众远涉江湖之间，不习水土，必生疾病。此数四者，用兵之患也，而操皆冒行之。将军禽操，宜在今日。瑜请得精兵三万人，进住夏口，保为将军破之。"[1] 孙权听完后，怒曰："老贼欲废汉自立久矣，徒忌二袁、吕布、刘表与孤耳。今数雄已灭，惟孤尚存，孤与老贼，势不两立。君言当击，甚与孤合，此天以君授孤也。"[2] 当即拔刀砍向面前放置奏章文书的桌案，对群臣说："诸位将军谁再敢说迎降曹操的话，就与这个奏案下场一样。"

为了坚定孙权的决心，当天晚上，周瑜再次拜见孙权。周瑜说："大臣们仅仅听到曹操号称八十万大军，就惊恐不堪，根本不了解曹军的虚实，便妄言投降。事实上，曹操大军的中原人也就不过十五六万。如今出兵已久，军队疲敝，他收编了刘表的军队，最多也不过七八万，这些人现在还狐疑不定。想想曹军不过是疲病之卒，狐疑之众，即使兵再多也根本不足畏。只需精兵五万，便足以制服，希望将军不要担心。"

孙权听后，亲切地用手抚摸周瑜的背，说道："公瑾，卿言至此，甚合孤心。子布（张昭）、文表（芮玄）诸人，各顾妻子，挟持私虑，深失所望，独卿与子敬（鲁肃）与孤同耳，此天以卿二人赞孤也。五万兵难卒合，已选三万人，船粮战具俱办，卿与子敬、程公（程普）便在前发，孤当续发人众，多载资粮，为卿后援。卿能办之者诚决，邂逅不如

---

[1]［晋］陈寿：《三国志》卷五十四，第 1261—1262 页。
[2]［晋］陈寿：《三国志》卷五十四，第 1262 页。

意,便还就孤,孤当与孟德决之。"①

　　周瑜此番分析,实为后来赤壁之战的基本走势定下了基调。周瑜能在力量如此悬殊的情况下,冷静分析,发现战机,着实不易。周瑜直指要害的分析,使孙权更加坚定了联刘抗曹的决心,立刻拨精兵三万,命周瑜、程普为左右都督,鲁肃为赞军校尉,与刘备联合抗击曹操。

　　公元208年十月,周瑜率兵沿长江西上至樊口与刘备会师。尔后继续前进,在赤壁(今湖北赤壁)与曹军打了一个遭遇战,曹军战败,周瑜首战告捷。曹军被迫退回江北,屯军乌林(今属湖北洪湖),与孙刘联军隔江对峙。

　　正如周瑜所料,曹军多是北方人,不习惯风浪颠簸,于是用铁环把战船连接起来,曹军中又疾病流行。黄盖向周瑜建议火攻:"今寇众我寡,难与持久。然观操军船舰首尾相接,可烧而走也。"②周瑜采纳了这一建议,制定了"以火佐攻"的作战方针。

　　周瑜利用曹操骄傲轻敌的弱点,让黄盖诈降。曹操不知是计,欣然接受。黄盖率蒙冲(用于快速突击的小船)、斗舰数十艘,满载干草,灌以油脂。趁着东南风,战船向曹军迅速接近。曹军以为黄盖前来投降,皆"延颈观望"③,毫不戒备。黄盖在距曹军军阵二里许,下令各船同时放火,"火烈风猛,往船如箭,飞埃绝烂,烧尽北船"④。曹军船只首尾相连,分散不开,移动不便,顿时烧成一片火海。火势向岸上蔓延,烧毁了曹军营寨。曹军溃不成军,死者不计其数。长江南岸孙刘联军主力船队在周瑜的指挥下乘机擂鼓前进,横渡长江,大败曹军。曹操被迫率军撤退,自相踩踏、狼狈不堪。孙刘联军乘胜水陆并

---

①[晋]陈寿:《三国志》卷五十四,第1262页。
②[晋]陈寿:《三国志》卷五十四,第1262页。
③[晋]陈寿:《三国志》卷五十四,第1263页。
④[晋]陈寿:《三国志》卷五十四,第1263页。

进，一直追到南郡（今属湖北江陵）。周瑜和刘备率军继续追击，趁乱扩大战果。曹操边撤退边部署防御，他派堂弟曹仁驻兵江陵，自己率残兵剩勇狼狈撤回。"周郎年少，正雄姿历落，江东人杰。八十万军飞一炬，风卷滩前黄叶。楼舻云崩，旌旗电扫，熛射江流血。咸阳三月，火光无此横绝。"①

　　周瑜、程普很快就抵达南郡，与曹仁隔江而望，僵持不下。江陵城坚粮多，两军对峙，显然孙刘联军处于劣势。甘宁请战，前往夷陵，调动敌军。曹仁见状，立刻分兵围攻甘宁。甘宁不敌曹军，连连向周瑜告急。此时，救还是不救，大家争执不下，很多将领认为，此时兵力就不足，分兵就是大忌。周瑜力排众议，既然已经调动了曹军，他便采纳了吕蒙的建议，命江表之虎臣凌统驻守大后方，约定坚守十日。周瑜与吕蒙一起，亲率主力溯江而上，救援甘宁，很快夷陵之围解除，俘获三百匹战马。周瑜趁战胜之威，进驻江北地区，与曹仁约期而战。周瑜在混战中为流矢击中右胸，伤势非常严重，只好退兵。当曹仁得知周瑜受伤，卧床不起，又来挑战。为了鼓舞军心，周瑜强忍伤痛，亲自巡查慰问士兵，激励士气。曹仁见状，不明虚实，也不敢轻举妄动。两军相持了长达一年左右，曹军损失惨重，曹仁就弃城而逃，周瑜率军占领了南郡。经过赤壁之战，曹操狼狈败走，仍不忘为自己开脱："我从不觉得逃跑是可耻的。"他甚至给孙权写信，贬低周瑜的才能："赤壁之战，正好我军遭遇了疾病，所以我下令烧毁战船主动撤退，竟然让周瑜获得如此虚名。"

　　赤壁之战以孙权、刘备方面大获全胜而结束。赤壁之战后，曹操丧失了南下统一中国的资本。孙权集团在江南站稳脚跟，统治得到

---

①［清］郑板桥：《念奴娇·周瑜宅》，见卞孝萱、卞岐编：《郑板桥全集》（增补本）（第一册），南京：凤凰出版社，2012年，第159页。

了进一步的巩固。至于刘备集团，则乘机获取了立足之地，由于占据益州天府之国，势力也开始日益壮大。可以说，赤壁之战是三国鼎立最终形成的关键一战①。此战中，周瑜居首功。李白有《赤壁歌送别》诗云："二龙争战决雌雄，赤壁楼船扫地空。烈火张天照云海，周瑜于此破曹公。"②

王佐之资，英年早逝

赤壁之战结束，周瑜成为孙权最倚重的人，被任命为偏将军。这是孙权亲自任命的首位将军，同时兼任南郡太守，屯兵江陵。孙权将下隽、汉昌、刘阳、州陵作为周瑜的封地。

赤壁之战后，曹操也艳羡周瑜的才能，想将其招入麾下。建安十四年（209）冬十二月，曹操派蒋干密下扬州，游说周瑜。蒋干也是仪表堂堂，以口舌之才独步江淮地区。蒋干身穿布衣葛巾，以私人的名义拜见周瑜。周瑜当然明白无事不登三宝殿的道理，他出门相迎，先给了蒋干一个下马威："子翼如此用心，远道而来，是为曹氏当说客啊？"

蒋干听后连忙摆手："我和足下是同一州里的故人，相隔多年不见，如今听闻足下大名，不过是前来聊聊阔别之情，感受下高雅的风范，如今足下说我是说客，这是不是有点以小人之心度君子之腹，怀疑我的诚意啊？"

周瑜笑笑："我的音乐造诣虽然比不上夔和师旷，但是闻弦赏音，还是可以欣赏雅曲的。"于是盛情设宴款待，美酒美食，一应俱全。席间相谈甚欢，饭后周瑜对蒋干说："我正好有一些比较紧要的事情，需

---

① 黄朴民、白立超、熊剑平：《改变历史进程的二十四场战争》，北京：中华书局，2017年，第99—112页。

② [清]彭定求等编：《全唐诗》卷一百六十七，第1727页。

要马上出发,等事情办完后,再邀先生同饮。"过了三天,周瑜回来,邀请蒋干到军营中视察,参观吴军的军备情况。结束后,再次盛情款待蒋干,席间还展示了他的一些服饰珍玩之类的宝贝,趁机向蒋干表明了自己的态度:"丈夫处世,遇知己之主,外托君臣之义,内结骨肉之恩,言行计从,祸福共之,假使苏张更生,郦叟复出,犹抚其背而折其辞,岂足下幼生所能移乎?"① 蒋干当时知道周瑜的意思,只是赔笑,没有多说什么了。蒋干离开后,便盛誉周瑜雅量高致,并非言辞可以离间。中原的名士,也因此对周瑜称道有加。

赤壁之战后,曹操暂时无力南下一统,孙刘矛盾逐渐凸显,周瑜敏锐地发现这个问题。此时刘备以左将军兼任荆州牧,他准备到京口(今属江苏镇江)拜谒孙权。周瑜向孙权献策如何限制刘备的发展:"刘备以枭雄之姿,而有关羽、张飞熊虎之将,必非久屈为人用者。愚谓大计宜徙备置吴,盛为筑宫室,多其美女玩好,以娱其耳目,分此二人,各置一方,使如瑜者得挟与攻战,大事可定也。今猥割土地以资业之,聚此三人,俱在疆埸,恐蛟龙得云雨,终非池中物也。"② 面对周瑜的建议,孙权有自己的考虑,虽然曹操暂时无力南下,但也虎视眈眈,所以应当广揽天下英雄,再加上此时刘备实力不容小觑,非常难以控制,弄不好孙刘会很快翻脸,所以没有采纳周瑜的建议。

当刘备一行从京口返回,孙权等一行人送行,大宴叙别。等到张昭、鲁肃等人出去后,刘备私下对孙权说道:"公瑾文武筹略,万人之英,顾其器量广大,恐不久为人臣耳。"③ 离间之意图昭然若揭。

当然,孙权不傻,不会上当。当时,刘璋任益州牧,北方还有张鲁

①[晋]陈寿:《三国志》卷五十四,第1265页。
②[晋]陈寿:《三国志》卷五十四,第1264页。
③[晋]陈寿:《三国志》卷五十四,第1265页。

政权。周瑜认为这是北上进攻曹操的好机会,于是他亲自前往京口向孙权建议用兵,提出北上方案:"今曹操新折衄,方忧在腹心,未能与将军连兵相事也。乞与奋威俱进取蜀,得蜀而并张鲁,因留奋威固守其地,好与马超结援。瑜还与将军据襄阳以蹙操,北方可图也。"①

孙权这次非常赞同周瑜的意见,周瑜非常高兴,踌躇满志。拜别孙权后,周瑜火速赶回江陵,筹备物资,进入战备状况。但时运不济,正当周瑜再次准备建功立业之时,一场大病让他的人生定格在巴丘。周瑜自知命不久矣,仍然挂念吴国的大业,他给孙权写信:"修短命矣,诚不足惜;但恨微志未展,不复奉教命耳。方今曹操在北,疆埸未静;刘备寄寓,有似养虎;天下之事,未知终始,此朝士旰食之秋,至尊垂虑之日也。鲁肃忠烈,临事不苟,可以代瑜。傥所言可采,瑜死不朽矣!"②周瑜极力推荐鲁肃接替自己,此时周瑜不过36岁而已,已经在安排后事,这是何等悲怆。

周瑜去世后,吴国上下陷入一片悲痛之中。孙权痛哭流涕,捶胸跺脚:"公瑾有王佐之资,今忽短命,孤何赖哉!"③孙权身穿素服为周瑜举行哀悼活动,感动左右。周瑜的灵柩回到吴郡时,孙权亲自前往芜湖迎接。孙权命令以举国之力为周瑜举行丧礼。

公元229年,孙权称帝。称帝后的他也不忘周瑜之功,曾对公卿大臣说道:"孤非周公瑾,不帝矣。"④亦曾对陆逊谈起:"公瑾雄烈,胆略兼人。"⑤此论可谓中肯。周瑜与孙权私交非常好,早在周瑜与孙策为好友时,孙策的母亲就曾嘱咐孙权以兄长之礼待周瑜。当时,孙

①[晋]陈寿:《三国志》卷五十四,第1264页。
②[宋]司马光:《资治通鉴》卷六十六,第2102—2103页。
③[晋]陈寿:《三国志》卷五十四,第1265页。
④[晋]陈寿:《三国志》卷五十四,第1265页。
⑤[晋]陈寿:《三国志》卷五十四,第1280页。

权也仅是将军身份，很多将军、宾客对他疏于礼节，只有周瑜对他十分恭敬，并以臣子的礼节相处。

周瑜是一个非常有话题的历史人物，他的死也需要澄清，即使在很多学者看来并不必要。《三国演义》的影响太大了，书中说诸葛亮气死周瑜，这既冤枉了诸葛亮，也糟践了周瑜。周瑜是病死的，不是气死的。恰恰相反，据史籍记载，周瑜"性度恢廓"①，非常得人心。即使早年跟随孙坚、孙策、孙权的老将程普，一开始对这个后起之秀还是有点看法，甚至曾多次给周瑜难堪、羞辱，但是周瑜仍能"折节容下"②，不与程普计较。后来程普非常叹服，敬重周瑜的豁达，改而与他交好，还告诉别人说："与周公瑾交往，就像喝醇酒一样，不觉自醉。"他们之间的这段故事一时传为美谈。

①［晋］陈寿：《三国志》卷五十四，第 1264 页。
②［晋］陈寿：《三国志》卷五十四，第 1265 页。

六、高情商的名将

有一批名将，他们明白"狡兔死，走狗烹"①的道理，也有伴君如伴虎、"可与同患，难与处安"②的深刻体会，他们要么功成身退，要么慎之又慎，或者兼而有之，不至于惹上杀身之祸，能够善始善终，得以终其天年。他们或有幸遇到了光武、宋祖这样行伍出身的贤君，或是自身具有政治头脑，懂得如何在复杂的政治环境中求得自保。这是一批军事素养好，政治敏锐性强的高情商的名将，他们才是名将中少有的人生赢家。与秦始皇一起建立不世功勋的王翦，隋朝开国名将韩擒虎，唐朝开国名将李靖，唐朝中兴名将郭子仪，明初开国第一名将徐达，明初信国公汤和，晚清中兴名臣曾国藩等，都属此类。

1.郭子仪：权倾天下而朝不忌，功盖一代而主不疑

郭子仪（697—781），字子仪，唐朝华州郑县（今属陕西华县）人。他治军有方、谋略出众，史书称其"天下以其身为安危者殆二十年"③。他功盖天下却又得以安享晚年，正所谓"权倾天下而朝不忌，

①[汉]司马迁：《史记》卷四十一，第1746页。
②[汉]司马迁：《史记》卷四十一，第1752页。
③[后晋]刘昫等：《旧唐书》卷一百二十，北京：中华书局，1975年，第3467页。

功盖一代而主不疑，侈穷人欲而君子不之罪”①，这在中国古代名将中实属罕见。

出身武举，守卫边疆

郭子仪出身于官宦世家，他的父亲郭敬之，曾历任绥、渭、桂、寿、泗等五州刺史。郭子仪出生时，正处于女皇武则天统治时期。长安二年（702），在武则天的坚持下，中国历史上第一次武举由兵部主持。应试者从体格上来讲，必须是身材魁梧者；考试的项目主要有骑射、步射、平射、马枪、举重等。新兴的武举成为郭子仪的人生转机。

713年，唐玄宗即位，年号开元，唐朝进入开元盛世。郭子仪此时已经成长为一个六尺男儿（相当于现在的1.8米），身材魁梧、体貌秀杰，他对军事有着特殊的兴趣，武举所考核的骑射等基本技能他也掌握得非常娴熟，参加武举是他人生道路上的必然选择。郭子仪先以武举高等补左卫长史，随着资历的提升而不断晋升，又先后官任单于副都护、振远军使等职，为唐王朝守边。

天宝八载（749），唐玄宗在木剌山设置横塞军及安北都护府，命令郭子仪担任横塞军使，并拜已过知天命之年的郭子仪为左卫大将军。郭子仪身处边疆，深知责任重大，每日操练士兵，从不懈怠，这样又过了五年。天宝十三载（754），唐廷移横塞军以及安北都护府于永清栅北，并在此筑城，改为天德军使。同时，郭子仪又兼任九原太守、朔方节度右兵马使，他身上的担子又重了。这年，他已经58岁了，若是国家没有什么大的战乱，郭子仪与和平时代的所有将军一样，在历史上可能就毫无建树地走完此生。所谓盛极而衰，盛世之下暗藏危机，郭子仪作为一名武将，为国效力的时机随着安史之乱的爆发而出现了。

---

① [后晋]刘昫等：《旧唐书》卷一百二十，第3467页。

天宝十四载（755），身兼平卢、范阳、河东三镇节度使的安禄山以讨伐杨国忠为名，起兵反唐，安史之乱爆发。此时唐廷中央禁军人数有限，由于承平日久，内地军队的战斗力与边疆军队根本无法相提并论。同时，唐玄宗对安禄山的叛乱没有任何准备，整个国家的防务十分松懈。安史叛军浩浩荡荡，如入无人之境，渡过黄河，一路打过来。唐将哥舒翰率领 20 万唐军奉命据潼关（今属陕西渭南）而守，坚守不出，与叛军僵持半年之久。

率军平叛，连战连捷

安史之乱爆发后，由于战事需要，唐玄宗拜郭子仪为卫尉卿，兼灵武郡太守、充朔方节度使，诏令郭子仪率所部东进，出击叛军。郭子仪率军前往单于府，收编了静边军，并斩首叛将周万顷。这时，叛将大同军使高秀岩率军进犯河曲（今属山西忻州），郭子仪火速前往将其击败，收复云中（今属山西大同）、马邑（今属山西朔州）等地。郭子仪因战功加封御史大夫。

此时，安禄山率部攻打潼关受阻。天宝十五载（756），唐玄宗命令郭子仪出击井陉口，安定河北地区。此举对切断安禄山后勤补给线，威胁叛军的范阳老巢有着非常重要的战略意义。由于战事需要，郭子仪向朝廷举荐李光弼，唐玄宗任李光弼为河东节度使，率军支援河北。李光弼很快攻下井陉口，但是此时河北已经沦陷，李光弼先攻克常山（今属河北正定），大败叛军。史思明率叛军前来攻打常山，李光弼据城坚守。史思明切断唐军粮道，李光弼被迫向郭子仪求援。郭子仪率军昼夜兼程驰援李光弼。在唐军的内外夹击下，史思明大败。史思明退守博陵（今属河北定州），唐军久攻不下，被迫退守常山。当郭子仪率领唐军退守常山时，史思明又纠集了数万人不断跟踪追击，形势对唐军非常不利。为了摆脱叛军的尾随和追击，郭子仪决定设疑兵疲敌，并伺机击敌。

郭子仪从军中挑出骁骑 500 人，伪装成唐军主力，快速行军，仅仅三日就抵达唐县（今属河北唐县）一带。史思明率大军穷追不舍，数万叛军就这样被拖垮了。当疲惫的叛军发现其中有诈，正准备撤退的时候，郭子仪率主力发起痛击，叛军在沙河再次被击败。安禄山得知史思明一再被唐军击败，非常震惊，立刻又派精兵前来支援。

得到精兵支援的史思明，士气大振，率领 50000 大军再次向郭子仪所部发起猛烈攻击。此时，郭子仪率军驻扎在恒阳（今属河北曲阳）一带。看到叛军得到新援，来势汹汹，郭子仪深知此时很难与之争锋，所以并未急于与叛军决战。他令唐军坚壁清野，固守城池，挫敌锐气。史思明前来寻求决战，但唐军坚守不出，求战不得，叛军只得撤退。唐军看准时机，果断实施追击。他们白天不断炫耀兵力，搞得叛军人心惶惶，晚上又寻机去偷袭叛军的军营，让叛军根本无法正常休整。如此折腾，没过几日，叛军的战斗力就严重下降。郭子仪见疲敌、误敌的目的已经达到，便与李光弼约定共同出击，二人率领仆固怀恩、浑释之、陈回光等人在嘉山（今属河北曲阳）列阵以待。求战不得的史思明终见唐军出战，于是率领蔡希德、尹子奇等人也列阵对峙。

郭子仪向已经疲惫至极的叛军发动攻击，叛军大败。唐军斩杀 40000 人，生擒 5000 人，获得战马 5000 匹。叛军几乎全军覆没，叛将史思明披头散发，赤脚而逃，一口气逃到博陵（今属河北定州）。

嘉山一战，大大鼓舞了唐军士气、挫败了叛军的嚣张气焰。此战郭子仪功不可没。河北十余郡郡守都斩杀了叛军的守将，开门迎接唐军。从战略上讲，唐军此战切断了安史叛军大本营与潼关前线的联系，实现了对叛军的分割。郭子仪计划北上，进军范阳，直奔叛军老巢，一时间唐军军威大振。从形势上来讲，战局已经朝着有利于唐军的方向发展了，但是唐玄宗的一个错误决定却打乱了郭子仪的北上计划。

天宝十五载（756）六月四日，在唐玄宗的压力下，潼关守将哥舒翰恸哭之后，被迫出关迎敌，最后兵败被俘。叛军蜂拥而入，开进长安，玄宗仓皇逃往四川。七月，唐肃宗在灵武（今属宁夏灵武）即位，诏令郭子仪班师勤王。郭子仪只能放弃北上计划，率领50000唐军立刻回军灵武，守卫肃宗的行在。唐肃宗见到郭子仪后，大喜，即刻拜郭子仪为兵部尚书、同中书门下平章事，负责平叛大军的总调度。唐肃宗大阅六军，让刚刚经历潼关之败的唐军士气复振。唐军南下关中及三辅地区，试图收复京城长安，军队开至彭原郡（今属甘肃宁县）。这时，唐肃宗素来器重的吏部尚书、同中书门下平章事房琯，主动请缨，唐肃宗委以重任，结果铩羽而归。唐肃宗此刻才真正明白，在此安危存亡之际，他也只能仰仗精明强干的郭子仪率领能征善战的朔方军前往平叛。

此时，叛将阿史那从礼率领同罗、仆骨5000骑兵，同时鼓动河曲九姓府、六胡州等部落军数万人逼近灵武行在，唐肃宗处境十分危急。郭子仪指挥回纥首领葛逻支出击，杀敌数万，俘获牛羊无数，河曲（今属山西忻州）平定，暂时稳定了唐王朝的临时政治中心。

收复两京，力克强敌

唐军必须重新夺回两京，才能改变平叛的形势，彻底挫败叛军锐气。若要夺回两京，就必须扫清交通要道上的叛军，关键在于拿下潼关。当时叛将崔乾祐据守潼关。至德二载（757）三月，郭子仪率军大败崔乾祐，收复潼关。崔乾祐被迫退保军事要塞蒲津（今属山西永济），恰好永乐尉赵复、河东司户韩旻、司士徐昈、李唐宗室李藏锋等人也在蒲州城中。他们四人密谋，等到唐军前来，在城内策应唐军。退守蒲州的崔乾祐根本不知道他已经身处危险之中。郭子仪兵临蒲州城下，赵复等人为唐军攻城做内应，他们斩杀叛军城门的守卫者，开门迎接唐军，郭子仪几乎兵不血刃地攻下这处军事要地。后来，郭子仪又攻下了陕郡（今属河南三门峡）的永丰仓。就这样，郭子仪率军接连获得胜利，肃清了潼关、陕郡之间的叛军，为收复两京奠定了坚实的战略基础。

也正是在这个月，叛军内部出现分裂，安庆绪谋杀父亲安禄山。唐肃宗得知消息后，立刻诏令郭子仪前往凤翔（今属陕西宝鸡），任命其为司空，担任关内、河东副元帅，希望趁叛军内乱一举收复长安。郭子仪率军驻扎在潏水之西，叛将安守忠屯兵于清渠左岸。唐军与叛军展开了激烈的战斗，叛军以精锐骑兵夹击唐军，唐军大溃。郭子仪在战事不利的情况下，迅速重新集结部队，在武功据守。此战失败，郭子仪主动向朝廷请罪，请求降职，同时等待援军。

九月，兵马大元帅广平王李俶率领15万大军前来，回纥也派叶护太子率精锐骑兵前来助唐平叛。大战一触即发。郭子仪与李俶亲率中军，李嗣业为前军，王思礼为后军，在香积寺以北、沣水以东摆开阵势，唐军军阵纵深绵延30多里。一声令下，两军展开激战，李嗣业的前军进攻并不顺利，叛军李归仁的铁骑战斗力强劲，唐军前军军阵已经有所松动，崩溃在即。在这千钧一发的时刻，李嗣业身先士卒，手持长刀上前拼命杀敌，亲自斩杀叛军骑兵十多人，唐军将士的士气有所提升，军阵才得以稳固。这时，郭子仪指挥回纥骑兵从叛军军阵后猛烈冲击，叛军陷入混乱。唐军前后夹击叛军，叛军大溃，郭子仪指挥唐军趁机歼敌，不给叛军任何喘息和再次集结的机会。经过七八个小时浴血奋战，唐军杀敌6万多人，俘虏2万多人，敌军残部仓皇逃到城中。身在长安的叛将张通儒得知消息后，连夜逃往陕郡。第二天，唐军进入长安，长安百姓痛哭流涕，他们盼星星盼月亮，终于盼来了唐军。

唐军进行了短短三日的休整，继续东进，收复洛阳。十月，安庆绪派严庄率10万叛军浩浩荡荡前往陕郡支援张通儒。郭子仪率军向洛阳方向进军，叛军得知唐军前来，倾巢出动，开至陕郡城西的战略要地新店（今属河南洛阳），依山列阵。看到敌军已经率先抵达战场，占据了有利地形，以逸待劳，郭子仪决定正面攻敌的同时，又派李嗣业率回纥军绕道山顶偷袭叛军，于是两人约定好时间，准备同时对叛军发起攻击。

敌军派出骑兵试探唐军的虚实，试图引诱唐军深入。郭子仪派出两队人马毫不犹豫地予以回击，敌军逃走。但不久之后敌军卷土重来，郭子仪增兵继续追击。这一次郭子仪命令军队适度追击，每次追击还没到叛军军营就迅速撤回。最后，叛军又派出200名骑兵袭击骚扰唐军，未交战又撤回了。这时郭子仪预算李嗣业率领的回纥军应该已经抵达山顶的预定作战地点，他决定全线出击。郭子仪指挥唐军横穿敌军军营，试图将叛军分割包围。当然，叛军也毫不示弱，张开两翼试图反包围唐军。叛军利用地形优势与唐军展开了殊死搏斗。唐军的分割包围并不顺利，被迫稍稍退却，郭子仪焦急地等待李嗣业的策应。事实上，李嗣业率领回纥军在山中行军时遭遇了一些叛军，延误了行程，结果抵达指定战斗地点要比预定时间晚一些。

叛军见唐军已经开始退却，以为唐军要逃跑，连忙派出3000人断了唐军的归路。正在唐军军心出现动摇之际，李嗣业率领的回纥军从叛军军阵后面突然出现并发起猛攻。一时间尘土飞扬，箭如雨下，叛军被这突如其来的阵势吓得不知所措，拔腿便跑，惊呼："回纥大军来啦！"叛军军阵瞬间土崩瓦解，争相奔命。郭子仪指挥唐军立刻追击，几番冲击后，叛军尸体遍布山野道路。严庄率叛军残部逃到洛阳，安庆绪决定放弃洛阳，退守相州（今属河南安阳）。

在郭子仪的指挥下，唐两京终于光复。郭子仪拥戴广平王浩浩荡荡开进东都洛阳,唐军列阵天津桥南,洛阳城人声鼎沸,热烈欢迎唐军。郭子仪因军功加封司徒,封代国公。

郭子仪以他的军事天才,挽救了李唐王朝。此时,从整个形势上来讲,唐军已经一扫刚开战时的种种阴霾。与之相应,叛军亦开始分崩离析,一路败退,叛军的失败仅仅是个时间问题。

平息叛乱,安危之主

收复两京后,郭子仪入朝拜见唐肃宗,唐肃宗派兵仗前往灞上欢迎,慰劳道:"虽仍是李唐天下,但其实是由爱卿再造啊!"郭子仪赶忙下马,诚惶诚恐,连连拜谢天子。

正如唐肃宗所言,郭子仪是李唐的再造功臣,值此变乱之秋,唐肃宗面对功高盖主、手握重兵、长期在外的郭子仪仍然有所顾虑。两京收复后,局势暂时稳定下来,唐肃宗开始对郭子仪有所防范,郭子仪不再是唐军的副统帅(实为唐军的最高总指挥者),唐军几路节度使开始各自为军,同时,唐肃宗还派宦官鱼朝恩为观军容使监军。

乾元元年(758)十月,唐肃宗决定展开对相州的进攻。郭子仪从杏园渡过黄河,围困卫州(今属河南卫辉)。安庆绪率大军支援,郭子仪严阵以待。叛军前来进犯,郭子仪先选出3000弓箭手作为预备队,并命令:"一会儿开战,我们佯败撤退,敌人肯定前来追击,你们一定要迅速进入营垒中,擂鼓呐喊,并全力射杀敌军。"果然不出所料,当郭子仪佯败后退时,叛军尾随追击,突然唐军箭如雨下,叛军大败。郭子仪指挥军队立刻掉头追击,很快攻下卫州,并进围相州。当时,唐军九路节度使共同围攻相州,唐军引水灌城,城内缺乏粮食,人心惶惶。此时,唐军看似已经占尽了优势。不过,九路节度使各自为战,互不节制,所以他们进退顾望,而郭子仪仅对朔方军有实际指挥权。此时,史思明率五万叛军前来支援相州。唐军与史思明部展开了搏杀。突然，大风拔木，天色昏暗，咫尺难见，居于军阵后方的郭子仪还没碰到叛军，唐军就已经向南溃败，叛军也退出了战场。郭子仪仅率朔方军退保河阳（今属河南焦作）。此时，唐肃宗诏令郭子仪留守东都洛阳。非常无奈的是，此战失败的罪责竟然由已经对唐军没有指挥权的郭子仪承担。郭子仪被诏令回长安，解除兵权，由朔方节度使李光弼接替。

上元二年（761），河中军叛乱，镇西、北庭等地也相继发生叛乱，此时安史之乱还尚未完全平定。无奈之下，唐肃宗只得重新起用郭子仪。郭子仪不负众望，很快就将河东地区稳定下来。这年四月，唐代宗即位，代宗也忌惮郭子仪功高盖主，很快又罢免郭子仪。此时安史叛军已经走向末日，广德元年（763），历时八年的安史之乱终于结束。

屋漏偏逢连夜雨。广德元年（763）十月，吐蕃20万大军突然攻唐，连下诸多城池，逼近长安。代宗匆忙之中再次起用郭子仪，自己则仓皇逃往陕州。无兵无将的郭子仪只能眼看吐蕃攻占长安。后来郭子仪亲自前往商州（今属陕西商洛）征集军队，仅得4000人马。虽然勤王之师先后抵达，但仍是敌众我寡，郭子仪决定采用智取的策略。他命令唐军虚张声势，白天鼓钲通鸣，旌旗相连，晚上则火把遍地，灯火通明。吐蕃不知唐军虚实，误以为各地勤王之师已至，匆忙连夜撤离长安。郭子仪不费吹灰之力就吓退了吐蕃大军。

永泰元年（765），原朔方节度使仆固怀恩勾结吐蕃、回纥、吐谷浑等部发动叛乱，率领30万大军南下，直奔长安。唐代宗再次起用郭子仪，郭子仪仅仅率1万余人驻守泾阳。叛军将郭子仪团团围住，面对敌强我弱的形势，郭子仪命令将士据城固守，以待战机。突然，仆固怀恩暴毙军中，吐蕃、回纥内部矛盾重重。由于郭子仪多次统领回纥军平定安史之乱，和回纥诸多将领都有一定的交情。他决定利用这层关系，试图前往联合回纥共击吐蕃。为了消除回纥的误解，郭子仪单骑冒险前往,亲自游说回纥将领。鉴于郭子仪的威望,回纥的诸将见到郭子仪均下马参拜。郭子仪详陈利害,动之以情,晓之以理,回纥最终决定与唐军合击吐蕃。结果,吐蕃大败。

唐德宗时,赐郭子仪为"尚父",极尽人臣之荣。建中二年(781)六月,85岁的郭子仪去世,唐德宗废朝五日,以示哀悼。唐德宗还下诏表彰郭子仪之功,命令君臣依次前往吊唁;下葬时,德宗还亲自到安福门哭送,文武百官也随同前往。唐德宗赐谥忠武,并配飨代宗庙庭。

郭子仪一生战功卓著,虽然先后遭受鱼朝恩等小人的谗言,但仍对李唐忠心耿耿,总能在危难中挺身而出守卫大唐。郭子仪出将入相,在唐玄宗、唐肃宗、唐代宗、唐德宗四朝为官长达60多年。他在极度艰难的情况下平定安史之乱,成为再造大唐的中兴将军。他的一生,"富贵寿考,繁衍安泰,哀荣终始,人道之盛,此无缺焉"[1],令人艳羡。

2. 徐达:持重有谋,功高不伐

徐达(1332—1385),字天德,濠州钟离(今属安徽凤阳)人,明朝开国元勋,封中山王。徐达精通韬略,在元末明初重大战役的决策中发挥了巨大作用。他治军严明,指挥有方,曾指挥明军平定元都两个,省会三个,郡邑数以百计。徐达为人低调、好学儒雅、谦虚谨慎,在明初非常严酷的政治环境下能够尽得生前死后之荣光,实属难得。明太祖朱元璋称其"破虏平蛮,功贯古今人第一;出将入相,才兼文武

---

① [后晋]刘昫等:《旧唐书》卷一百二十,第3467页。

世无双"[1];张廷玉称其"中山持重有谋,功高不伐,自古名世之佐无以过之"[2]。

少有大志,择木而栖

徐达出身畎亩之中,祖上世代务农,但这并没有影响他的视野和格局,年纪轻轻就壮志在胸、心怀天下。徐达体格魁梧,颧骨较高,刚毅武勇,是一个天生的军人,而历史也给了他一个天大的机缘,那就是他与明太祖朱元璋是同乡、发小,身处风云际会的元末明初。元朝末年,各地义军风起云涌,朱元璋此时正在郭子兴帐下。当时,义军首领徐寿辉等人非常赏识徐达的才能,都想拉拢他,但徐达认为这些人都没有经世之略,均一一婉拒了。

至正十三年(1353),朱元璋回到家乡招兵买马。22岁的徐达和朱元璋两人相谈甚欢,对当下形势判断、战略思想以及制胜之道等各方面有着高度的默契,于是他决定跟随朱元璋参加红巾军。正是徐达这样的一个决定,注定了他不平凡的一生。

徐达为人沉默寡言,精于谋略。他治军严明,军令如山,说一不二。在朱元璋的重用下,徐达如鱼得水,很快脱颖而出。至正十四年(1354),朱元璋率领24人南略定远(今属安徽滁州),拿下滁州。此战中,徐达军功位列第一,可见朱元璋对他格外看重。当朱元璋遇到危难时,徐达也是挺身而出,舍命相救。朱元璋、徐达攻取和州后,由于红巾军内部郭子兴与孙德崖等人不和,郭子兴生擒了孙德崖,而孙德崖所部也活捉了他的女婿朱元璋。作为朱元璋的发小,徐达主动以自己作为人质换回朱元璋,所幸的是后来徐达也成功脱身,此事让

[1][清]梁章钜:《楹联丛话》,北京:中华书局,1987年,第12页。
[2][清]张廷玉等:《明史》卷一百二十五,北京:中华书局,1974年,第3738页。

他们成了生死之交。此后不久，至正十五年（1355），郭子兴病逝，朱元璋完全掌握了这支红巾军。

朱元璋与徐达谋划渡江攻打集庆（今属江苏南京）。徐达与常遇春为军中先锋，指挥俞通海等水师迅速拿下长江下游江防要地采石矶（今属安徽马鞍山），乘胜又攻取了太平。当时陈也先和康茂才率元军水陆并进，大举来犯。徐达各个击破，派汤和击敌水军，邓愈攻打陆军，元将陈也先被迫投降。此时，陈也先的弟弟陈兆先在方山一带集结军队。徐达准确估计陈兆先的战略意图，他认为敌军肯定会联络倪文秀，并率领水师在采石矶一带集结，进犯太平。徐达棋高一着，派军东进溧阳、溧水，阻击敌人的援军；同时派出疑兵扰乱敌人的作战部署，牵制敌人的兵力。战斗打响后，徐达先派奇兵攻击敌军，敌军军阵大乱，倪文秀不得不逃走，陈兆先被擒，康茂才见大势已去，索性率领所部前来投诚。

至正十六年（1356）三月，徐达率军随朱元璋围攻集庆，仅仅十来天就攻下集庆，朱元璋在此驻守，并改集庆为应天府。朱元璋命令徐达率军顺流直下，攻打镇江。镇江城破，徐达斩杀元将平章定定。进城之后，由于徐达的军队号令明肃，秋毫无犯，所以城中秩序井然，民不苦兵，百姓安宁。此战后，徐达被授予淮兴翼统军元帅，镇守镇江府。这年七月一日，朱元璋自称吴国公，掌握的军队多达10万余人，也完成了初步建制，置江南行枢密院。

西征陈友谅，东征张士诚

朱元璋虽然是当时一支不可小觑的力量，但处境还是非常险恶的。就地理位置而言，朱元璋身处元朝（北）、张士诚（东）、陈友谅（西）、方国珍（南）等不同势力的包围之中，十分不利；就兵力而言，朱元璋也毫无优势。

至正十六年（1356）六月，张士诚占领常州，挟持叛将陈保二以舟师攻打镇江。徐达作为镇守镇江的主将，在龙潭将其击败。为了确保镇江的安全，徐达继续东进，并请求增援，围攻常州的张士诚。张士诚毫不示弱，调兵遣将前来救援。徐达冷静判断形势：敌军狡诈，士气高涨，而常州城坚池深，因此只能智取，不能力攻。他决定兵分三处，在距城不远处设两处伏兵，等待时机；派部将王均用率奇兵相机而动；自己亲率主力与敌军正面对抗。敌人出城迎战，王均用率军从侧后方冲击敌军军阵。敌军溃散，慌忙撤退，撤退时又中了徐达事先的埋伏，损失惨重。徐达继续围攻常州，至正十七年（1357）三月，常州守将吕珍趁夜色弃城逃跑，徐达攻克常州。

徐达继续向东南方向进军，攻打宜兴。前锋赵德胜攻下常熟，生擒张士诚的弟弟张士德，继而通过断敌粮道的方式，攻克宜兴。这年十一月，朱元璋调徐达留守应天府，因功官拜奉国上将军，同知枢密院事。

徐达奉命前往攻打安庆，夜袭浮山寨，攻克潜山（今属安徽安庆）。之后，徐达回师亲自镇守池州（今属安徽池州），主持对安庆的进攻。安庆的战略地位非常重要，陈友谅亲自坐镇安庆，反击徐达。

至正二十年（1360），陈友谅大举进攻。当徐达得知陈友谅派重兵前来，决定主动出击，亲自率精兵在九华山一带伏击敌人。徐达伏击陈友谅成功，斩杀士卒多达万人，俘虏3000人。与徐达一起的常遇春在对待俘虏问题上产生了严重分歧，常遇春主杀，而徐达不同意，他主张释放战俘。徐达赶忙将此事上报朱元璋，朱元璋赞成徐达的做法。但是当朱元璋的意见传至军中，常遇春已经坑杀了过半的俘虏。徐达随后将其他人全部释放了。经过此事，朱元璋认为徐达有古将仁者之风，更加倚重徐达，命令徐达节制其他将领，统率大军。

至正二十一年（1361），朱元璋、徐达继续征讨陈友谅，并攻取了江州。陈友谅被迫逃往武昌，徐达奉命追击。陈友谅出动战舰，驻守沔阳，徐达在汉阳沌口驻扎，两军相持不下。

至正二十二年（1362）三月，降将祝宗、康泰据洪都（今属江西南昌）反叛，身在汉阳沌口的徐达率驻军前往征讨，很快平定洪都。朱元璋非常高兴，因为南昌素来是军事重镇，是江苏西南方的重要屏障。徐达拿下南昌，相当于砍掉了陈友谅的右臂。

至正二十三年（1363），徐达奉命前往安丰（今属安徽寿县），围攻庐州。失去南昌的陈友谅当然不会善罢甘休，他趁机急攻南昌。朱元璋认为南昌的战略地位远比庐州重要，命令徐达迅速从庐州前线撤回应天府，与朱元璋会师后，火速驰援南昌。双方在鄱阳湖遭遇，一场朱元璋与陈友谅之间的生死大战即将爆发，这就是著名鄱阳湖之战。

七月二十日，双方在康郎山湖面遭遇，陈友谅号称60万大军，战舰蔽日，首尾相连，浩浩荡荡。二十一日，双方展开激战，徐达身先士卒，率舰队全力奋战，打败敌舰前锋，杀1500人，缴获巨舰一艘。但是，朱元璋非常担心张士诚偷袭应天府，所以他必须派遣一个值得信任的得力干将镇守。在他心目中，这个人只能是徐达。鄱阳湖大战期间，徐达为朱元璋守住了大本营。自七月二十日至八月二十六日，朱元璋指挥军队与陈友谅鏖战37天，大获全胜，陈友谅中箭身亡。

至正二十四年（1364）正月，朱元璋称吴王，徐达任左相国。陈友谅死后，他的儿子陈理即位，据守武昌。徐达认为此时伪汉的政局不稳，人心不定，为了尽量减少兵灾，建议招降和讨伐两手准备。朱元璋也赞同此举，于是派使者前往劝降陈理。没想到陈理不仅不投降，还杀了使节，并陈兵益州。朱元璋以斩杀使者为名，命徐达出师讨伐。由于敌人早有防备，攻城必定伤亡太大，徐达决定出奇制胜。徐达命令柳迁等人潜入益州城内，放火烧掉了陈理的粮草辎重。陈理没有了粮草,根本无法守城,只得趁夜色弃城而逃。徐达早就预料到陈理此举,在其必经之地进行伏击,汉军大败,陈理落荒而逃。徐达与常遇春率六路大军一举平定武昌,擒获陈理,伪汉政权覆灭。

陈友谅的势力被肃清后,朱元璋腾出手来,开始着手全力剿灭张士诚。至正二十六年(1366),朱元璋与群臣商议讨伐张士诚的方略,徐达认为:"张士诚为人骄奢淫逸、狠虐苛刻;他所任用的将领李伯昇、吕珍都是一些好财好色、卑鄙龌龊之人,非常容易对付。当权用事的不过是参军黄敬夫、蔡彦文、叶德新这些人,他们不过是一些迂阔的书生而已,根本不懂天下大计。臣承蒙主上威德,率大军迫近,进行讨伐,张士诚必定不日而下。此时正是攻灭他的时机。"朱元璋听完大喜,以徐达为大将军、常遇春为副将,率20万大军前往征讨,由太湖出发,直逼湖州。

湖州敌军兵分三路,徐达也兵分三军迎战。徐达还派遣奇兵设伏,断敌后路。徐达在正面战场将敌击败,在敌军正准备退回城中时,早已在此等候多时的伏兵突然出击,敌军无法入城。徐达指挥大军前后夹击敌军,敌军惨败,擒获敌将达200多人。徐达指挥大军围城,湖州眼看就要攻破。张士诚当然不能坐视不理,派吕珍率六万人前往救援。徐达决定采取围而不攻,围城打援的策略。吕珍率军驻扎在旧馆(今属浙江湖州),并且修筑五座寨子作为防御工事,徐达针锋相对,派遣常遇春修筑了十座军事堡垒予以阻击;张士诚自己也亲率精兵前来支援,而徐达指挥军队在皂林(今属浙江嘉兴)一带大破张士诚。张士诚败逃,徐达趁势拿下了昇山的水陆寨。张士诚的援军接连被打败,湖州城中粮尽,军民已经绝望,于是城中守将与吕珍等人向徐达投降。

徐达攻破湖州后,朱亮祖也迫降杭州守将谢五。湖州、杭州等地相继被攻下,徐达的大军对张士诚的老巢平江(今属江苏苏州)形成了夹击的态势。

　　徐达指挥大军继续挺近，围攻孤城平江。徐达亲率军队驻扎葑门，指挥其他十路大军在城外构筑长围围困，同时架起木塔建立制高点，俯瞰城中；另外构筑高台，将弓弩火筒、大炮都架在上面，大炮所击之处，顿时粉碎成灰。平江城中人人自危，军心大恐。

　　徐达此时率大军在外已久，他觉得此时应当请示朱元璋下一步行动，以示忠心。他派出使者前往应天，朱元璋下诏慰劳徐达："将军谋勇举世绝伦，所以才能平定叛乱、削平群雄。如今将军遇事必定向我请命，这是将军的忠诚，我非常欣慰。但是将在外，君主不能从中掣肘。军中各种大小事，将军可以便宜行事，我不会从中制约。"徐达围而不攻，张士诚也誓死不降，多次突围均未成功。

　　至正二十七年（1367）九月，徐达从间谍口中得知，平江城中早已粮尽。徐达见时机成熟，命令20万大军全力进攻，顿时喊杀声震天。徐达率先攻破葑门，张士诚诸将逃的逃、降的降，徐达收编张士诚25万大军。平江城破，张士诚被俘，徐达将其押送至应天府。在平江城将破之际，徐达再次严肃军纪："劫掠老百姓财物者，死！毁坏民居者，死！军士离开营地二十里者，死！"

　　徐达率军入城，城中一切如故，未有任何骚乱，实现了和平过渡。徐达凯旋后，因功被封为信国公。

　　北伐灭元，功成名就

　　此时，朱元璋最后一个敌人就是北方的元朝。至正二十七年（1367）十月，朱元璋以徐达为征虏大将军、常遇春为副将，率领25万大军北伐，并提出了"驱逐胡虏，恢复中华，立纲陈纪，救济斯民"[1]的

---

①[明]王世贞：《弇山堂别集》卷八十五，北京：中华书局，1985年，第1617页。

口号。

　　大军出发前，朱元璋谕告诸将："若论治军严格，持重大度，战必胜，攻必取，没有谁比大将军徐达强！此战诸位将军一切听从天德的调遣！"他又告诉徐达，此战应先进攻山东，徐达赞成。徐达率军渡过长江、淮河，进入了黄河流域。徐达一路所向披靡，连下沂州、峄州、莒州等地后，派韩政扼守黄河。徐达身先士卒，亲自率军攻克益都、潍州、胶州等地，平定山东地区。

　　在如此大好形势下，1368 年，朱元璋在南京称帝，国号大明，年号洪武。徐达升任右丞相，兼太子少傅。此时，徐达与常遇春会师济南，进行短暂休整。很快，徐达还军济宁，溯黄河而上，一路过关斩将，直奔汴梁，各城守军望风而靡。紧接着，他又入虎牢关，进军洛阳，在洛水之北大败脱因帖木尔，梁王阿鲁温献城而降。徐达率军进入潼关，占领华州。

　　捷报连连，朱元璋喜出望外，便亲自前往汴梁慰问前线将士。朱元璋将徐达召到住所，摆酒设宴犒劳，与他一起谋划北伐战略。徐达拜谢，说道："臣下仰仗陛下天威，大军平定齐鲁，扫荡河洛，元大将王保保正在徘徊观望，不知所措。如今潼关已经攻克，李思齐逃往凤翔一带，元朝的各路援军早已断绝，我们当下应当直捣腹心，攻取元都，定会不战而屈人之兵。"朱元璋听后连连称善。徐达问道："元都攻克，如果元主北逃，我们追还是不追？"朱元璋稍稍思虑回答："元朝的国运已衰，就任其自行灭亡吧，我们就不用穷追猛打了。元军出塞之后，你只要固守边疆，谨防他们入侵便是了。"徐达叩首谢恩。

　　徐达命令各路大军从各自驻地出发，向通州集结，合围元都。徐达亲率大军先与副将常遇春在河阴（今属河南荥阳）会师后，派副将渡过黄河，接连攻克卫辉、彰德、广平等地。徐达下令军队在临清（今属山东临清）驻扎，短暂休整后，水陆并进，迅速北上。徐达与常遇春军队再次合军,控制咽喉要地直沽(今属天津),用浮桥渡军,在河西务(今属天津)大败元军。洪武元年(1368)七月二十七日,徐达率军开至通州。元顺帝见大势已去,内无共谋之臣,外无可用之将,决定放弃元大都,趁着夜色带着后宫妃子和太子仓皇北逃,仅留淮王帖木儿不花等人守城。徐达将军队开至齐化门(朝阳门),填壕沟登城。此时的大都城内元军的军心早已涣散,徐达很快便顺利入城。

徐达率领明军进城后,仅斩首恶帖木儿不花等人,其余人概不追究。同时,他严明军纪,封锁府库,登记图籍珍宝,命令张胜率军1000余人把守宫殿门,以保护宫女、嫔妃等,防止士兵欺凌。城内民众安居乐业,商铺照常经营,远近百姓无不心悦诚服。元明鼎革对大都老百姓的生活没有丝毫影响,这完全得益于徐达的战后安抚工作。明太祖朱元璋诏令以元都为北平府,孙兴祖率3万明军驻防。

徐达受命与常遇春一起率军继续西进,攻打山西。元将扩廓帖木儿主动出击,徐达料定太原城必定守备空虚,若率兵攻打,扩廓帖木儿必定回援,此时趁机袭击,必获大胜。一切正如徐达所料,扩廓帖木儿最终仅仅率领18骑仓皇而逃。后来徐达又力排众议,率军先克临洮,后攻庆阳,平定陕甘全境。班师回朝后,徐达再次受到封赏。洪武年间,徐达多次率军征战。洪武三年(1370),徐达改封魏国公。

徐达一直在外统兵作战,但他行事非常谨慎,每年春天出征,冬天返回。明太祖朱元璋与他称兄道弟,朱元璋越是如此,徐达愈加谨慎恭敬。朱元璋要把曾经身为吴王时期的宫邸送给徐达,徐达固辞不受。一日,朱元璋和徐达一起前往宫邸,朱元璋想方设法将徐达灌醉,蒙着被子,抬到正寝入睡,朱元璋在旁边偷偷观看徐达的一举一动。徐达酒醒后,惊慌失措,跑下台阶,趴在地上,大呼死罪。朱元璋看到这一切,心中大悦。朱元璋命令官员在宫邸前为徐达专门修了官邸,并立坊"大功",以表彰徐达的功劳。当时宰相胡惟庸心怀异志,想拉拢徐达，徐达十分厌恶此人，同时提醒朱元璋，要注意提防胡惟庸。后来胡惟庸果然被诛，朱元璋因此更加重视徐达。

洪武十七年（1384），身在北平的徐达身患背疽，第二年就去世了，年仅54岁。朱元璋非常伤心，辍朝多日，悲痛不已。他追封徐达为中山王，谥武宁，赠三世皆王爵。赐葬于钟山之北，御制神道碑文，配享太庙、肖像功臣庙，均位列第一。

明初的政治生态恶劣，许多功臣都被清洗，而徐达是个例外，正如赵翼所言"其时功臣多不保全，如达、基之令终已属仅事"[①]。徐达一生战功无数，带兵时威风凛凛，善于安抚士兵，常与士兵同甘共苦，士兵无不感恩，愿为他赴汤蹈火。徐达率军所向披靡、战无不胜、攻无不克。归朝之后，他也非常低调，单车就舍，礼待儒生，从容大方。所以明太祖朱元璋曾盛赞："受命而出，成功而旋，不矜不伐，妇女无所爱，财宝无所取，中正无疵，昭明乎日月，大将军一人而已。"[②]

①［清］赵翼撰，王树民校证：《廿二史札记校证》卷三十一，北京：中华书局，2013年，第724页。

②［清］张廷玉等：《明史》卷一百二十五，第3730页。

七、儒将传奇

中国历史上有一批名将，他们既熟读经书、知书达理、满腹经纶、文采出众、风度儒雅；又能熟读兵书、经世致用、果敢勇毅、豪迈矫健，是少有的文武全才。这批名将的典型人物历史上有先轸、陈汤、周瑜、诸葛亮、陆逊、杜预、范仲淹、辛弃疾、虞允文、王阳明、曾国藩、左宗棠、李鸿章等等。他们真可谓"繁礼君子，不厌忠信；战阵之间，不厌诈伪"①，能一扫儒者懦弱无能的阴霾之气。

1. 杜预：运筹帷幄的"杜武库"

杜预（222—285），字元凯，魏晋时期京兆杜陵（今属陕西西安）人。杜预出身于曹魏时期官宦家庭，从小受到很好的经学教育，尤专注于《春秋左传》，自称有"《左传》癖"，是中国经学史上一位非常重要的经学家。杜预在军事方面也有着非常高的造诣，在晋统一天下时，在内出谋划策，在外统兵御敌，为结束三国战乱，实现统一发挥了重要的作用。

---

① [战国]韩非撰，[清]王先谦集解：《韩非子集解》，北京：中华书局，1998年，第347页。

博学多通，明于筹略

杜预出身官宦家庭，年少好学，儒学修养很高，尤其对国家兴废之道多有关注和研究。杜预对此也非常自信，他曾说道："德不可以企及，立功、立言可庶几也。"① 意思是立德我可能达不到，但立功、立言是可以的。杜预的出身像一把双刃剑影响着他的人生，这个特殊的出身给他带来良好教育的同时，也由于政治立场的问题，使他难以得到重用。杜预的祖父杜畿曾官居曹魏尚书仆射，父亲杜恕也官任幽州刺史，均是曹魏集团的重要人物。曹魏后期，司马懿、司马昭掌权，杜预的曹魏集团的政治背景，必定难以得到司马氏的重用。

曹魏正元二年（255），司马师病亡，司马昭掌权，已过而立之年的杜预终于有了进入司马氏阵营的机会。杜预阴差阳错，娶了司马昭的妹妹高陆公主，因妻而贵，他这才有机会获得司马氏政权的信任。杜预很快出任尚书郎，同时袭祖爵丰乐亭侯，迈出了他政治生涯最重要的一步。杜预在这个职位上一干就是四年，后因军事才能突出，升任参相府军事。

景元三年（262），镇西将军钟会伐蜀，杜预出任镇西长史，随钟会前往。景元四年（263），蜀汉平定。灭蜀后，钟会被大功冲昏了头脑，竟然谋反，他身边僚佐均死于这场变乱中，而杜预独以其明智而免于这场祸乱。杜预因祸得福，获增封邑 1150 户。咸熙元年（264），杜预受命与贾充等人制定律令，后来又为律令作注解，经过四年的反复修订，律令颁布天下，这就是著名的《晋律》，在中国古代法律史上有着重要意义。这也显示了杜预在律令方面的才能。公元 265 年，司马炎称帝，建国号晋，建都洛阳，改元泰始。泰始年间，杜预任河南尹，受诏制定人才进退、官吏升降的考核办法，显示了他深刻的政治见解。

①［唐］房玄龄等：《晋书》卷三十四，北京：中华书局，1974 年，第 1025 页。

　　泰始六年（270），时任司隶校尉的石鉴对杜预多有不满，上奏弹劾，杜预被免职。此时，河西、陇右连年大旱，由于西晋政策失误，北方鲜卑族首领秃发树机能起兵，率军进攻陇右地区，连败晋军。晋武帝司马炎起用杜预，任杜预为安西军司，派兵300人，战马100匹，后又加秦州刺史、领东羌校尉、轻骑将军、假节等。真是冤家路窄，由于战事需要，石鉴也前往边关，任安西将军，竟然是杜预的上级。二人怎么看对方都不顺眼，在对敌方针上也自然相左。石鉴命令杜预即刻出击，但是杜预认为敌军携战胜之余威，兵强马壮，而晋军此时正值困乏，应当休整，等待时机，来年春天一定会一举击败敌军，并且陈述了"五不可""四不须"。杜预此举惹恼了石鉴，他奏议诬告杜预擅自修建城门和官舍，疲惫军队，并用槛车押送杜预至廷尉处，听候发落。此时，杜预皇亲国戚的身份保护了他。由于他的身份符合"八议"的条件，最后晋武帝决定以侯爵赎罪。石鉴坚持自己的战略判断，出兵讨伐秃发树机能，战局正如杜预所料，石鉴大败。

　　经过此事，朝廷上下一致认为杜预有谋略。此时，匈奴首领刘猛举兵反晋，晋武帝诏令杜预为散侯，在宫中出谋划策。没过多久，杜预又官拜度支尚书。杜预上奏的立藉田、建安边等50多条"内以利国，外以救边"[1]的军政策略均被晋武帝采纳。

　　在灭吴之战打响之前，杜预在宫中协助晋武帝处理国家大事，得到朝野上下的一致认可。同时，他先后制定《二元乾度历》，在富平津建桥，制造失传已久的欹器，展现出他多方面的才能。杜预早期的经历，一方面显示了他高于常人的军事才能，另一方面，他的博学多通也令世人赞叹，人称"杜武库"[2]。

①［唐］房玄龄等：《晋书》卷三十四，第1027页。
②［唐］房玄龄等：《晋书》卷三十四，第1028页。

突袭西陵，力主灭吴

司马炎称帝后，孙吴政权依然控制着东南地区，天下仍处于分裂状态。晋武帝一直有灭吴的雄心壮志，但由于北方少数民族的叛乱，晋国的后方始终难以稳定。此时，朝臣中对待孙吴政权的态度分为反对伐吴和力主伐吴两派。其中许多重臣如太尉贾充等就反对伐吴，而主张伐吴的人寥寥无几，仅仅有羊祜、杜预和张华等人。

咸宁四年（278）八月，主张伐吴的西晋名将羊祜病重，入朝向晋武帝力陈伐吴主张①。羊祜让晋武帝再次下定决心灭吴，甚至一度想派羊祜带病伐吴，但是未能成行。羊祜推荐了解自己平吴方略的杜预代替自己镇守襄阳，杜预也因此以本官假节行平东将军，兼征南军司。

十一月，羊祜不幸病逝，晋武帝命杜预都督荆州诸军事，主持伐吴之事。杜预整顿武备，修缮甲兵，展示兵威。杜预也时刻积极寻找战机，功夫不负有心人，他发现吴国西陵（今属湖北宜昌）防备松懈，有可乘之机。杜预立刻挑选精锐部队，突袭西陵，大破镇守西陵的吴军。西陵是吴国的门户，是晋吴争夺的焦点。羊祜曾经为了攻下西陵，率八万晋军前往，却被陆抗的三万吴军击退。可见，攻打西陵的难度之大。

虽然杜预突袭成功，但仍未拿下城池。杜预决定智取，因敌制胜。当时吴国的西陵督张政作为吴国名将，以自己掉以轻心、不设防而导致吴军失败为耻，由于扯不下面子，竟然没有向吴主孙皓上奏此事。杜预得知大喜，他立刻决定为吴国君臣设计一出离间计，他将此战俘获的吴国士兵全部送给孙皓。孙皓得知张政隐瞒军情，怒不可遏，立

---

① 黄朴民、章丽琼：《羊祜〈平吴疏〉的战略决策思维》，《光明日报》2016年12月21日。

即下令撤换张政，任命武昌监刘宪为西陵督。眼看晋军大军压境，吴国又临阵换将，这是兵家大忌，由此在军中造成了不小的震荡。在杜预看来，灭吴最好的时机已在眼前。

杜预命令军队进入战备状态，全军待命，只等晋武帝一声令下。他立刻上书晋武帝，请示伐吴日期，希望能够尽快出兵。结果晋武帝又出现了摇摆，他告诉杜预等到明年再起兵。杜预深知战机转瞬即逝，他认为此时是最好时机，立刻再次上表向晋武帝力陈灭吴是根本大计："自闰月以来，吴国仅仅只是整饬军队，严加防守，并未有援军前来。以用兵常理和当下形势来看，此时吴国已经智穷计尽，肯定没有万全之策，那么吴国必定会选择全力守护上游，力保夏口（今属湖北武汉）以东，以图苟全。吴国根本不敢贸然增兵西陵而导致其国都空虚啊。而陛下错听朝臣的意见，竟然要放弃灭吴的天赐良机，若是此时纵敌，往后必定祸患丛生。灭吴是国家根本大计，若无十足的把握，一定不能轻举妄动。灭吴的方略必须要稳妥可靠，才能达到这样的效果：若是成功，那么当可开创太平之基；若是不成，也可将损失降到最低，不过是耗费短暂的时间，陛下为何不试试呢？假如真的要等到来年，此一时，彼一时，那时候的天时、地利、人和可能就会发生很大变化，与当下形势可能迥然有别，臣担心到时候会进退维谷。陛下往日的一些决策，都是命令臣等随边境变化而进退，这才是万安之举，没有丝毫倾败的忧虑。臣是一个老实人，只想把自己真实的想法禀奏陛下，丝毫不敢以暧昧的意见而自取后患。真心希望陛下明察！"但是在朝中，贾充等重臣仍然坚决反对伐吴，晋武帝犹豫不决，无法最终下定决心。

杜预也预计到晋武帝在朝中可能遇到的种种状况，他也心急如焚，担心如此拖延下去会贻误战机。他需要帮助晋武帝来下决心，在同一月内他又上表，力主伐吴。他说道："已故重臣羊祜与朝臣多有不同，他在伐吴问题上从不事先与其他人商量，而是经常与陛下秘密商议，共同决定，因此，他的很多主张与朝臣的分歧很大。凡事应当以利害相较，如今伐吴，我们手握十之八九的胜算，仅仅十有一二可能会无功而返，即使如此也不至于产生大的祸患。那么当下局势，为什么朝臣中仍有很多人反对此事呢？臣以为，那是因为谋略不是他们自己筹划的，所以即使伐吴成功，功劳也不是他们的而已，并且也放不下面子，不愿收回之前言论，便只能固守成见。近来一段时间，朝廷事无大小，人人发表意见，各种不同的声音蜂拥而起。臣以为，虽人心不同，出现此种状况亦是由于他们依恃陛下的仁慈，言谈者丝毫不顾虑后患，轻率表达自己一些不成熟的想法。过去汉宣帝在朝中讨论赵充国的奏议，大家意见各有不同。赵充国成就大功后，宣帝斥责了那些持不同意见的人，那些朝臣只能叩头谢罪，汉宣帝此举正是为了杜绝那些异议者。自今年秋天以来，讨伐吴贼的大好形势逐渐形成，敌人的败迹已露。如果我们无故戛然而止，孙皓看清形势，心生怯意，重新谋划，或者直接迁都武昌，修整江南诸城城防，远其居人，城不可攻，野无所掠，等到吴国大船都集结在夏口（今属湖北武昌），明年的伐吴之计就无从谈起了。”

当时，晋武帝正与中书令张华对弈，正好杜预的奏表送达。晋武帝与张华看完杜预的奏表后，事情出现转机。张华也是力主伐吴的重臣，他推开棋盘，向晋武帝非常恭敬地拱手，说道：“陛下圣明神武，朝野清晏，国富兵强，号令如一。吴主荒淫骄虐，诛杀贤能，当今讨之，可不劳而定。”[1]

晋武帝思虑再三，咬咬牙终于下定决心攻打吴国。

---

①[唐]房玄龄等：《晋书》卷三十四，第1029页。

灭吴之战，以计代战

咸宁五年（279）十一月，晋武帝诏令全国备战，大举伐吴。晋武帝以太尉贾充为大都督，率 20 万晋军，水路并进，兵分六路，浩浩荡荡南下。由于晋国在兵力上并不占绝对优势，同时吴国又有天堑长江作为依恃，所以晋国总体上只能采取分割牵制，重点突破的战略。

太康元年（280）正月，杜预亲率一军，从襄阳出发，陈兵江陵，蓄势待发。他派参军范显、尹林、邓圭等人率军沿江西上，授给方略，分别部署。由于杜预准备充分，部署得当，短短十来天时间，连克数城，战局发展完全符合杜预的战略预期。与此同时，杜预决定派一支精锐部队作为疑兵，以彻底摧毁敌人的斗志。他派牙门管定、周旨、伍巢等人率 800 奇兵，泛舟夜渡长江，袭击乐乡（今属湖北松滋）。他们渡过长江后，白天多张旗帜，击鼓呐喊，晚上又在巴山上起火，多处出击军事要害之地。吴军上下根本无法判断晋军渡过长江的人数，人心惶惶，无心恋战，吴军都督孙歆尤为震恐，他在给吴军守将伍延书信中说："北方的晋军，那简直是飞渡长江啊！我真不知道是从哪里冒出那么多人！"

周旨、伍巢等率军埋伏在乐乡城外。当孙歆出兵抵抗晋国龙骧将军王濬所部大败而归时，吴军更是士气低落，军阵不整，编制混乱。埋伏在城外的周旨等人偷偷尾随孙歆的败军潜入城内，孙歆根本没有察觉，周旨等直接将孙歆擒于帐下。在杜预的部署下，晋军不费吹灰之力就拿下了乐乡，当时军中传出称赞杜预谋略之语："以计代战一当万。"[1]

杜预率军进逼江陵（今属湖北荆州）。当时江陵人知道杜预脖子上有瘿，又非常忌惮他的计谋。城中一些好事之人就在狗脖子上挂

---

[1] ［唐］房玄龄等：《晋书》卷三十四，第 1030 页。

上一个大葫芦来侮辱杜预；他们每每遇到有树瘤的大树，就削白一处写上"杜预颈"，以此来侮辱杜预的长相。虽然吴人用各种方式激怒杜预，但杜预还是非常冷静地判断当下的局势、观察敌人的动向。这时，吴军江陵督将伍延假意请降，但在城中暗布兵力。杜预很快就发现其中有诈，将计就计，一举攻克江陵。城破之后，早已怒不可遏的杜预将这些侮辱他的好事之人全部杀掉。

吴国长江上游防线已经全面崩溃。吴国大势已去，各个州郡望风而降，州郡长官纷纷献出印绶，以示归服。杜预仗节称诏，安抚民众。杜预所部斩杀、生获吴国都督、监军 14 人，牙门、郡守 120 余人。杜预趁势迁徙将士以及屯戍之家，迅速充实江北，在南郡故地也都安置了长吏，荆州很快平定，社会恢复了正常秩序。

晋军势如破竹，灭吴形势大好，但是也出现了一些小插曲。如龙骧将军王濬谎报军功，上表声称自己得到吴将孙歆的人头，结果杜预却将孙歆完好无损地送到了京城，一时成为笑柄。这倒不是最关键的。当时，灭吴大军名义上的最高统帅大都督贾充等一大批人竟然要收兵，停止进攻。晋军众将召开军事会议商讨作战方略，贾充等人认为吴国根基很深，难以一举攻克，此时正值酷暑，暴雨就要来了，士兵水土不服，必定会发生瘟疫，应该等到冬天再次进攻。不仅如此，为了打击主战派，贾充甚至主张腰斩筹备粮运的度支尚书、中书令张华。一时，晋军进退无定，晋武帝也是犹豫不决。

杜预再次站出来，力主晋国应当克服万难，一举灭吴。杜预义愤填膺地痛斥："昔日乐毅以济西一战的威势一举攻下强齐，如今我大军兵威已振，一路上势如破竹，一切困难也将迎刃而解，根本不需要再用力了。"杜预上表据理力争，晋武帝在杜预的力劝下，也看到了当下的有利形势，决定继续进攻。

此时暂归杜预节度指挥的王濬率领晋军水师主力迅速拿下了

秣陵（今属江苏南京），晋军所过之处，吴军纷纷束手就降。杜预还命令他拿下秣陵后，直奔吴国都城建业（今南京）。当王濬到达秣陵后，又归王浑节度，而昏头昏脑的王浑此时竟然试图命令王濬停止进攻。认同杜预方略的王濬以江风太大，不利于战舰停泊为由，指挥晋军八万人，战舰风帆高悬，顺流直下，如箭离弦，迅速开往建业。吴主孙皓见晋军已经兵临城下，只得以"素车白马，肉袒面缚，衔璧牵羊，大夫衰服，士舆榇"① 的亡国之礼前来投降，吴国灭亡。战后，那些反对进军的大臣均以书信的方式向杜预谢罪，杜预只是云淡风轻地笑笑，没有计较。

孙吴既平，杜预得胜而归，因功晋爵当阳侯，封邑增至 9600 户。当然，灭吴之战，名义上的最高统帅毕竟是贾充，同时攻破建业的是王濬，所以仅仅统帅一路大军的杜预是否可以称为此战的指挥者，一直以来都存在争议。但我们不得不承认，由于杜预与晋武帝的特殊关系，无论是从战前时机的选择、战争中期的战略布局，还是力主一举拿下建业等几个关键点来看，无疑他才是这场战争指挥的灵魂人物。

文武并重，儒将风范

灭吴之后，杜预并没有居功自傲，他返回襄阳镇守一方。他向晋武帝陈述杜家累世的任职和职责，自称军事并非他的擅长，希望辞职，但是晋武帝并未允许。杜预奉命继续镇守襄阳这个军事要地。杜预认为"天下虽安，忘战必危"②，所以仍勤于武事；同时，他又修立泮宫，施行文教。灭吴之后，他从不骑马，射不穿札，但每每朝廷遇到

---

① [唐]房玄龄等：《晋书》卷四十二，第 1210 页。
② [春秋]司马穰苴撰，王震集释：《司马法集释》，第 10 页。

大事,杜预总是身居将帅之列。他将更多的心思用在了儒家经典的研究上,对五经中的《春秋》情有独钟,尤其喜爱《左传》,自称有《左传》癖。他先后撰写了《春秋左氏经传集解》30卷《春秋释例》15卷,唐代孔颖达等撰写《春秋左传正义》,正是在杜预《集解》的基础上完成的,可以说,杜注是《左传》最经典的注本。

为了稳定江汉地区的统治,杜预决定向山上的割据武装用兵,他错置屯营,分兵把守要害之地,以固维持之势。同时,杜预兴修水利工程,造福一方,百姓称之为"杜父"。杜预非常在意身后声名,经常重复《左传》引《诗经》的一句话,"高岸为谷,深谷为陵"[①],专门刻了两通自己的功勋碑,一通沉在万山之下,一通立于岘山之上,并说道:"谁知道以后是高山变深谷还是深谷变高山。"

太康五年(285),杜预被征召前往京城任职司隶校尉,加位特进。当他抵达邓县(今属河南邓州)时,猝然病故,时年63岁。晋武帝深表悲悼,追赠他为征南大将军、开府仪同三司,谥号"成"。

杜预在后世地位很特殊,贞观二十一年(647),唐太宗诏令配享孔子的历代先儒共22人,杜预就是其中一位;建中三年(782),唐德宗追封古代名将64人,设庙享奠,晋镇南大将军当阳侯杜预也是其中一位。在清代统治者将诸葛亮配享文庙前,杜预是中国历史上唯一同时配享文庙和武庙的人物,从这个意义上讲,他是当之无愧的儒将。

---

① [春秋]左丘明撰,[晋]杜预注,[唐]孔颖达疏:《春秋左传正义》卷五十三,见[清]阮元校刻:《十三经注疏》(清嘉庆刊本),北京:中华书局,2009年,第4621页。

2. 王守仁：破山中贼易

　　王守仁（1472—1529），字伯安，浙江余姚（今属浙江宁波）人，明代中期著名的思想家、军事家。他曾筑室于绍兴阳明洞，世称阳明先生。王守仁在中国历史上被称为"真三不朽"，被誉为"完人"。他是宋明理学中"心学"的代表人物，是明朝第一大思想家。他的思想深深地影响着他身后的中国历史进程，毛泽东、蒋介石等近代风云人物都非常推崇王守仁。①

传奇身世，居官清正

　　王守仁的父亲王华，字德辉，明成化十七年（1481）进士第一，气度非凡，累迁少詹事，长期在讲幄为天子、太子讲学，甚得明孝宗的眷爱。状元王华的道德学问也得到天下士人的公认。王守仁就出生在这样一个官宦世家。

　　据史书记载，王守仁的母亲怀孕 14 个月才生下了他。在他出生时，他的祖母梦见神人从云中送下一小儿，他因此得名"云"。王守仁五岁前都不会说话，后遇高人点化，更名守仁，才会说话。由于他出生在这样的官宦家庭，从小就受到了很好的教育，不仅能够出入佛老，经史子集也无所不通。

　　当时明朝外有严重的北方边患，内有宗室称兵、宦官专权等隐忧。王守仁素有济世之志，非常喜欢谈论兵学，并且善于骑射。年仅 15 岁的他便前往居庸关、山海关等地，纵览塞外山川形胜，勘察地形。弱冠之年（20 岁）中乡试，弘治十二年（1499），28 岁的王守仁登进士科，与他同年的还有明代风流才子唐伯虎。

---

① 张祥浩：《王守仁评传》，南京：南京大学出版社，1997 年。

　　登科后的王守仁很快受命前往办理前威宁伯王越的丧事，还朝后，朝廷正在谈论西北边患，他条陈八要务上奏，受到赏识，授刑部主事，令其判决江北死囚，王守仁托病辞归。后补官，任兵部主事。

　　正德元年（1506）冬，当权的大宦官刘瑾捉拿南京给事中戴铣等20余人，王守仁上书直言，试图帮助他们摆脱政治迫害。刘瑾大怒，廷杖40，并将王守仁贬谪为贵州龙场驿丞。王守仁一身正气，并未因仕途的不顺而有任何沉沦。在当地，他兴办教育，授徒讲学，因此王守仁心学体系形成的一个标志性事件"龙场悟道"就在这里发生了。

　　正德五年（1510），恶贯满盈的刘瑾终于走到了人生的尽头，明武宗下令将其凌迟处死。王守仁升迁为庐州知县，在入朝觐见明武宗后，又升任南京刑部主事，吏部尚书杨一清改任王守仁为吏部验封清吏司主事，后经多次升迁，曾任考功郎中，又擢升南京太仆少卿，就迁鸿胪卿。

破山中贼易，远近惊为神

　　兵部尚书王琼向来惊异王守仁的才能，每每向他人称道。此时南中地区盗贼蜂起，许多盗贼长期占山为王，为害乡里。巡抚文森多次出兵围剿，但没有任何进展，无奈托病而去。在此用人之际，王琼力荐王守仁前往南中地区围剿盗贼。正德十一年（1516）八月，45岁的王守仁擢升右佥都御史，巡抚南安府、赣州府，主掌地方军政，最大任务就是平叛，还一方百姓安宁。

　　当时，盗贼谢志山占据横水、左溪、桶冈（今均属江西崇义），盗贼池仲容占据浰头（今属广东和平），都在当地称王，与陈曰能、高快马、龚福全等人不时攻打府县，劫掠当地百姓。福建大帽山山贼詹师富又聚众为盗。谢志山纠结乐昌的高快马等贼人劫掠大庾（今属江西大余），攻打南康、赣州等地，赣县的主簿吴玭奋力抵抗，战死沙场。

王守仁上任后,迅速着手了解当地情况。在调查中,他发现官府,甚至是巡抚身边的随从人员,很多都充当了盗贼耳目和密探,前任巡抚平叛失败就在所难免了。王守仁命人快速甄别出这些耳目之后,又找来其中最有威望的、看上去很狡黠的隶卒,亲自审问。隶卒得知事情已经败露,战战兢兢地和盘托出,丝毫不敢隐瞒。王守仁赦免了他,并令他戴罪立功,这些原先充当盗贼密探的隶卒一方面协助官府稳住盗贼,另一方面侦察盗贼的情况,这样一来,盗贼的行动尽在王守仁的掌握之中。

王守仁决定以先易后难的方式来提高明军平叛的士气,于是先征讨实力相对弱小的福建大帽山的詹师富。他秘密传檄福建、广东两地迅速集结军队,前往平叛。正德十二年(1517)正月,王守仁督副使杨璋等率军在长富村攻破贼军,明军迅速逼近象湖山,战斗非常激烈,明军指挥覃桓、县丞纪镛不幸战死。王守仁亲自率领精锐部队屯兵上杭(今属福建龙岩),与盗贼交锋。王守仁指挥明军故意露出败象,败退而逃,诱敌深入,盗贼果然中计。明军出其不意、攻其无备,一口气攻破盗贼40多个寨子,俘虏、斩首7000多人。明军指挥王铠生擒贼首詹师富,一举荡平福建大帽山盗贼。

王守仁初战告捷,一扫明军十年间平叛的颓势。他深知实力强大的谢志山等人的力量不可小觑,若是要彻底肃清盗贼,还需要更大的军事指挥权才能有利于军队的调度,增强明军的战斗力。王守仁上疏明言,权力太轻则难以调令将士,希望朝廷能够赐予旗牌,以示奉王命,提督军务,并有便宜行事之权。兵部尚书王琼上奏,明廷满足了他的请求。王守仁得到朝廷的允许后,先改变了兵制,加强训练,将官的任事皆由王守仁临时决定。

七月,王守仁决定进攻谢志山,并亲自坐镇指挥。谢志山钻了明军的空子,急攻南安(今属福建泉州),知府季敩迅速将其击败,谢志山败走,副使杨璋等率军生擒陈曰能而归。战争取得了初步进展,王守仁决定在横水、左溪进行相应的部署。十月,都指挥许清、赣州知府邢珣等人在横水集结,季敩等人在左溪集结,吉安知府伍文定等人负责阻止盗贼逃跑。王守仁则率军驻扎在距横水30里的南康一带。他先派遣400人埋伏在盗贼老巢附近,然后再派主力进军,逼近敌人。敌人出来迎战,与明军交战正酣,突然回头一看,山上尽是明军的旗帜,见状大惊,以为明军已经将他们的老巢占领了,军心动摇,迅速溃败。王守仁指挥明军乘胜拿下横水,而此时左溪的盗贼也土崩瓦解,谢志山及其党羽只得纷纷败逃到易守难攻的桶冈。

　　王守仁认为盗贼据险而守,强攻必定伤亡惨重。于是他决定攻心为上,命令明军就近驻营,派使者前往贼营,晓之以利害祸福。此时,贼首蓝廷凤等人正震恐不已,不知所措,见到朝廷招降使者前来,蓝廷凤大喜过望,与明军约定十一月一日投降。王守仁担心有其他变故,于是在一个大雨滂沱之夜,趁敌人防守松懈之际,派邢珣、伍文定冒雨攻入。邢珣身先士卒,伍文定等从右侧突击,盗贼仓促败逃,逃跑中又遭遇唐淳所率明军的攻击。明军攻破桶冈,谢志山、蓝廷凤等人见大势已去,不得不面缚而降。此战攻破盗贼巢穴84处,俘获、斩杀6000多人,明军取得了前所未有的胜利,明廷趁机在横水设崇义县。

　　王守仁率军回到赣州后,平定占据浰头的池仲容又提上了议事日程。王守仁在平定詹师富时,卢珂、郑志高、陈英咸等龙川盗贼就已来归降。等到攻打横水时,浰头贼将黄金巢又率领500人前来投降,只剩下贼首池仲容久久不降。横水攻破后,池仲容顿感唇亡齿寒,于是派他的弟弟池仲安前来归降,但是与此同时,池仲容仍然加紧备战,并且找借口说:"卢珂、郑志高是我的仇敌,我害怕他们会袭击我,所以才加强战备。"王守仁当然看出了其中的蹊跷,决定将计就计。

他假装杖击并拘禁了卢珂,并下令立刻解散军队,以示诚意;同时王守仁暗中下令卢珂的弟弟集结军队,随时待命。

　　正德十三年(1518)岁首,城内大张灯乐,庆祝胜利。池仲容将信将疑,王守仁赐予他节日礼品,引诱他入城拜谢。池仲容率93人前来,在教场驻营,自己领几个亲军前来拜见王守仁。王守仁见面后,大声呵斥道:"你们都是我大明的子民,屯兵于外,难道是怀疑我们的诚意吗?"池仲容满脸通红,理屈词穷,只得让所有人也都前来。王守仁邀请他们来到祥符宫,大鱼大肉好好招待。池仲容等人大喜过望,戒备放下了,也更加安心了。王守仁挽留池仲容观赏灯乐,池仲容也答应了。正月初三,城中举行祭祀,池仲容等人也前往参加。王守仁命令甲士埋伏在门口附近,等到所有的盗贼全部进入,将其一网打尽,全部擒杀。此时,浰头山上群龙无首,也不知道城内发生了什么,对明军也没有丝毫防备。山上的盗贼正沉浸在节日的气氛中,这是进攻的最佳时机。王守仁为了确保万无一失,亲自率军前往贼巢,连破上浰、中浰、下浰,斩首2000多人,叛军残部逃奔至九连山。九连山一带山脉横亘数百里,山势非常陡峭,处处悬崖绝壁,易守难攻,根本无法攻打。既然不能力攻,那就只能智取。王守仁挑选了700明军穿上盗贼的衣服,伪装成逃亡的贼兵,慌慌张张逃到悬崖下面。九连山的盗贼一时也难以分清,于是将700明军迎入九连山。王守仁看到内应已经到位,于是命令明军全力进攻。明军里应外合,将九连山上的盗贼擒斩无遗。在王守仁的建议下,明廷在下浰设置了和平县,安置了守备的军队,恢复了秩序,从此境内大定。

　　王守仁在没有任何援军的情况下,率领一些当地的文官、低级军官以及地方军队,仅仅用了一年多时间,就荡平了兵强马壮、祸患一方的数十年的盗贼,时人称之为神人,王守仁也因此升迁为右副都御史、锦衣卫副千户。

正德十四年（1519），王守仁向朝廷上疏请求辞职回家，但是没有得到允许。六月，王守仁又受命前往福建。此行王守仁遭遇了宁王朱宸濠的叛乱，在危难之际，王守仁再次成就了自己，拯救了明王朝。

只身平叛，身系天下

六月九日，王守仁从赣州出发，顺流而下。十四日，宁王朱宸濠在南昌谋反，号称10万大军。十五日，王守仁抵达丰城（今属江西宜春）城外，丰城知县顾佖赶忙出城把这个消息告知王守仁。王守仁想到了此时尚在吉安（今属江西吉安）的伍文定，他当机立断，决定迅速返回吉安，准备平叛。王守仁逆水行舟，朱宸濠派军围追堵截，情势万分危急。在这千钧一发的时刻，突然天起北风，让王守仁顺风顺水；为了迷惑敌人，王守仁乘小船经过四天四夜的行程终于抵达吉安。

王守仁认为若是能够将朱宸濠困在南昌，让他走不出江西，叛乱必定会很快平定。他立即传檄天下，口诛笔伐，将朱宸濠的罪恶大白于天下，号召各地军政长官率领官兵前来平叛。同时，他与伍文定一起，征集、调用军粮，置办军备器械、水师舟楫，加强战备。但是王守仁也深知，手中无兵，难以抵挡10万叛军。

面对复杂的形势，他多管齐下。六月二十九日，他上疏明武宗，希望明武宗幡然悔悟，但王守仁的苦口婆心对于明武宗而言，就是对牛弹琴，反而得罪了明武宗身边的小人。当然，他也不会完全寄希望于一个昏庸无道的皇帝身上。他召集部众说："贼人如果出长江，顺流东下，那南京必定不保。我想以小计来扰乱他们的战略部署，只要能拖他们十来天，就不会产生大患了。"于是，他通过兵部公文的方式，又以提督的名义向各府县发布一连串的假檄文："都督许泰、邵永率领边兵4万，都督刘晖、桂勇率领京师4万大军，两路大军水陆并进。南赣的王守仁、湖广的秦金、两广的杨旦分别率领所部16万，直

捣叛贼老巢南昌,四面合围叛军。"同时,他派出间谍到处散布这些
消息,确保万无一失地将这些假消息送入朱宸濠的耳朵里。为了混
淆视听,从内部瓦解敌人,他还使用离间计,伪造蜡书给伪相李士实、
刘养正,称赞他们归附官军的诚意,并命令他们尽快发兵东下。王守
仁想方设法使这个蜡书被朱宸濠得到,从而令朱宸濠起了疑心。此
时朱宸濠正与李士实、刘养正谋划进军战略,两人双双劝说朱宸濠急
速出兵,前往南京继承大统。朱宸濠此时已经得到大军围攻南昌的
假消息,再听到他们的劝说,更怀疑他们就是王守仁的内应。王守仁
此举可谓一石二鸟,一方面瓦解了敌人,另一方面也为官军的集结赢
得了足够的时间。

　　过了十来天,朱宸濠才侦知王守仁所说的大军根本就是子虚乌
有,这才反应过来是上了王守仁的当。七月三日,朱宸濠命王拱橚留
守南昌,自己亲率6万叛军攻破九江、南康,出长江,迫近安庆,安庆
形势非常危急。叛军看似一路势如破竹,但是在王守仁的误导下,他
们在战略上早已经败了。

　　王守仁得知叛军巢穴此时兵力空虚,非常兴奋,连忙赶往樟树
镇。七月十五日,明军各路大军已经完成集结,共计8万人,号称30
万。这时,明军就作战方略展开了激烈讨论。有人请求救援安庆,王
守仁断然指出:"救援安庆是不对的。如今九江、南康已经被贼军拿
下,我们贸然攻打安庆,必然与敌军相持江上,那么九江、南康两郡
的叛军必定会断绝我们的后路,我们将腹背受敌。我们不如直捣
贼穴南昌,此时叛军的精锐部队已经全部随朱宸濠出征,南昌的守
备空虚。而我官军刚刚集结,气势正盛,攻打守备虚弱的南昌,定会
一举攻破。贼军若是听到南昌城破,必定出兵解安庆之围。到那时
我们就以逸待劳,在湖中伏击叛军,那将无往而不胜。"明军众将纷
纷赞成。

　　八月十日，明军抵达丰城，王守仁以伍文定为前锋，准备攻城。十九日半夜，伍文定率兵抵达广润门，守兵突然见到明军，惊骇散去。二十日黎明，各路大军同时发起攻击，城池被攻破，王拱樤被生擒，很多宫人纵火自焚。明军将士进城后，不守军纪，杀掠过多，王守仁命令斩杀严重违反军令者10余人，宽宥了一些胁从分子。在王守仁合理的善后政策下，很快士民安定，宗室得到抚慰，整个南昌城内人心大悦。

　　过了两天，王守仁派遣伍文定等人率精兵分道推进。同时，派胡尧元等设伏，等待敌军回援。朱宸濠顿兵挫锐于安庆城下，突然得知南昌城破，大惊失色，立刻下令回援南昌。二十四日，当叛军抵达黄家渡时，与早已在此列阵以待的官军遭遇，一场大战在即。诸将按照王守仁的战前部署作战，伍文定抵挡敌军的前锋，邢珣绕道叛军背后将敌人分割包围，伍文定、余恩趁势不断冲击叛军军阵，徐琏、戴德孺张开两翼包抄叛军。如此攻势之下，叛军惊慌失措。此时胡尧元等人的伏兵又突然杀出，叛军溃败，不得不退保八字脑（今属江西鄱阳）。

　　朱宸濠心生恐惧，但不甘心失败。他调遣南康、九江的叛军前来支援，准备殊死一战。王守仁派遣陈槐等人攻取九江，曾玙等人攻取南康，彻底清除了朱宸濠的外围据点。

　　王守仁与朱宸濠在鄱阳湖展开决战。刚开始官军战事不利，有所退却，王守仁以军法处置了战场上的逃跑者。所有官军见状殊死搏战，叛贼再次遭受重创，不得不退保樵舍。朱宸濠将战舰相连，摆出阵势试图阻击官军。他还将所有的珠宝都散出去犒劳士兵，希望士兵拼死作战。

　　王守仁发现敌舰紧密相连，立刻就想到了火攻。二十七日，朱宸濠正在与叛臣们商量对策，结果王守仁指挥的明军忽然出现。明军用小船装载薪火,乘着大风火烧叛军。大火焚烧了叛军的战舰,很多人都被烧死或跳入水中淹死。朱宸濠的战船搁浅,仓促之间换船逃跑,结果被王守仁的部下王冕率军生擒。李士实、刘养正也被擒杀。

　　不足40天,王守仁就平定了这场来势汹汹的藩王叛乱。当时,京城听说朱宸濠叛乱,朝中大臣震惊恐惧,但是兵部尚书王琼对王守仁的军事才能非常信任,他对朝臣说:"王伯安在南昌上游,必擒贼。"当然,一切正如王琼所言。八月初,在叛军已经平定的情况下,明武宗仍自称"威武大将军",御驾亲征,上演了一场著名的历史闹剧。

　　王守仁平叛后,生性正直的他仍遭到朝中大臣的排挤,于是他索性辞官回家,致力于讲学。王守仁全身心投入到讲学中,于是王学大盛,王守仁桃李遍天下。嘉靖六年(1527),王守仁再次被征召,总督两广,盗贼很快被平定。嘉靖七年(1528),王守仁病重,上书朝廷告老还乡,后病逝于途中。临终时,他说:"此心光明,亦复何言!"[1]经过江西时,当地军民身穿丧服,前来哭送。王守仁是一位大思想家,一位文臣,但他力倡"知行合一",用自己的实际行动证明了他并非"无事袖手谈心性,临危一死报君王"[2]的柔弱书生,他的军事成就正如《明史》所言:"终明之世,文臣用兵制胜,未有如守仁者也。"[3]

---

①[清]黄宗羲:《明儒学案》(修订本),北京:中华书局,2008年,第180页。
②[清]颜元:《颜元集》,北京:中华书局,1987年,第51页。
③[清]张廷玉等:《明史》卷一百九十五,第5170页。

八、民族脊梁

在中国古代历史上,卫青、霍去病、杨业、岳飞、于谦、文天祥、史可法等都是当时汉族政权的民族英雄,当然就近代以来的语境而言,他们只能是狭义上的民族英雄。明清以后,世界交往广泛,开始出现了抵御外来侵略、守卫中华民族领土完整的民族英雄,如抗倭名将戚继光、俞大猷,收复台湾的郑成功。近代以来,随着西方列强的入侵,更是涌现出许许多多的民族英雄,我们熟知的如抵抗沙俄入侵新疆的左宗棠,抗击法国入侵、取得镇南关大捷的冯子材,甲午战争中以身殉国的邓世昌、丁汝昌,等等。

1. 岳飞:尽忠报国,壮志未酬

岳飞(1103—1142),字鹏举,北宋相州汤阴(今属河南安阳)人,两宋之交著名的抗金将领,位列南宋"中兴四将"之首,是抵御异族入侵的民族英雄。他一生不仅战功卓著,而且文学素养也很高,他抒发心志、情真意切的《满江红》至今仍感动着我们,被人们传颂。①

---

① 龚延明:《岳飞评传》,南京:南京大学出版社,2001年。

乱世之秋，转战各地

宋徽宗崇宁二年（1103），北宋朝廷正处于危亡之际，在相州汤阴的农民岳和家里出生了一个男婴。据说这个男婴出生时，一只鸿鹄飞来在屋顶鸣叫，因此得名"飞"。岳飞刚刚出生一个月，恰巧遇到了黄河决堤，岳母姚氏匆忙之下找到一个大瓮，把岳飞放到里面。大瓮在波涛汹涌中摇摇晃晃漂游到对岸，岳飞却毫发无损，当时乡人都非常惊诧。

岳飞从出生到青年期间，一直是宋徽宗统治时期。徽宗是位颇具艺术气息的皇帝，因政治无能使得北宋处于内忧外患之中。内有政治腐败，蔡京专权，宋江、方腊起义，各地盗贼丛生；外有虎视眈眈的辽、金等少数民族政权的威胁，北宋时刻面临着亡国之祸，而岳飞正处在这样一个社会的底层。岳飞年少时，家境贫寒，但勤奋好学，非常喜欢《左传》和《孙子兵法》《吴子兵法》等。岳飞为人颇具气节，遇事稳重，沉默寡言。他曾拜师周同学射箭，周同倾囊相授，岳飞也刻苦练习，能够左右开弓。由于岳飞天生神力，不到 20 岁就可以拉弓 300 斤，强弩 8 石。周同死后，岳飞每逢初一、十五都前往周同墓前祭拜。岳飞曾感叹道："如果得其时而用之，肯定会为国捐躯的。"

宣和四年（1122），朝廷下诏征辽，真定宣抚使刘韐招募敢战士，年仅 19 岁的岳飞应招参军，从此开始了他整整 20 年的戎马生涯。岳飞随军征辽，但没有与敌人交锋的机会。当时相州地区有盗贼陶俊与贾进和，纠结近千人，危害一方。岳飞率领 100 多骑兵前往围剿。这些盗贼长期盘踞在此，对地形非常熟悉，若是强攻必然吃亏，只能另想他法。岳飞先派遣 30 多名士兵伪装成商人进入贼境。果然不出所料，贼人把他们的财物洗劫一空，并将他们全部充军。这些人实际上就是岳飞派入的内应。过了一段时间，岳飞派遣 100 人在山下设伏,自己则亲率十余骑逼近盗贼营垒叫阵挑战。山上盗贼看到只有十来个人前来,也没多想,立即下山应战。岳飞刚刚与敌交锋,就故意示弱,假装逃走,盗贼见状立刻前来追击,早已等待多时的伏兵突然杀出,盗贼惊慌失措,迅速败逃。而此时在营寨中,潜入盗贼内部的士卒趁机将陶俊、贾进和也绑回来了。此战中,年纪轻轻的岳飞就已经显示出非常高的军事素养。后来岳飞奔父丧回家守孝,军旅生涯暂时告一段落。

当时,北宋联合金国攻灭辽国,双方由于燕云十六州产生了争执,金军迅速南下,攻破太原,围攻开封。靖康元年(1126),河北兵马大元帅康王赵构来到相州,刘浩举荐岳飞。岳飞奉命征讨盗贼吉倩,降服吉倩所部380人。很快,岳飞又以300铁骑在李固渡(今河南滑县西南沙店南)击败金军。在随刘浩前往解东京之围时,岳飞正率领100骑兵操练,突然出现了大量敌军。身为统帅的岳飞临危不惧,命令部下不要乱了阵脚,并告诉他们:"敌人虽然人数众多,但是他们根本不知道我军的虚实,我们不应当表现出任何的恐惧,应趁敌军立足未稳迅速击败之。"说罢,岳飞单枪匹马驰入敌阵,斩杀敌将,敌军迅速溃败。岳飞接连取得以少胜多的胜利,得到了宋廷的认可,因功升任秉义郎。此时岳飞随刘浩一起隶属于东京留守宗泽。在宗泽的指挥下,宋军在开德府附近与金军大战多次,岳飞冲锋陷阵,屡立战功。宗泽非常器重眼前这个年轻人,对岳飞说:"你的勇猛、谋略与才能,即使古代良将也未必会超过你;但是你喜欢野战,这恐怕不是万全之策。"宗泽亲授阵图,岳飞欣然接受。当然岳飞也有自己的想法,他恭敬地对宗泽说道:"摆好阵势作战,这是用兵之常;但用兵之妙,在乎一心,不宜拘泥。"宗泽听完后也非常赞同。宗泽是岳飞一生的贵人,对岳飞的影响非常大。

靖康二年(1127),岳飞随军转战多地,由于隶属关系的变化,后来不属宗泽部。四月，金军攻破北宋都城东京（今属河南开封），将东京洗劫一空，掳掠宋徽宗、宋钦宗以及宗室等 3000 人北上，史称"靖康之难"，标志着北宋的灭亡。

五月初一，赵构在应天府（今属河南商丘）即位，改元建炎，赵构即宋高宗。岳飞得知靖康之耻后，越级上奏，力劝宋高宗不要南逃，希望宋高宗能够趁金人立足未稳，御驾亲征，收复中原。但他的一片忠心换来了"小臣越职，非所宜言"①的御批，被夺官职，遣返回家。

岳飞深知天下兴亡，匹夫有责的大义，另寻他处谋求报国。八月，河北招讨使张所招募抗金义士，岳飞欣然前往。张所看到岳飞器宇轩昂，便上前询问："你一人能战胜多少人呢？"岳飞回答："匹夫之勇不可依恃，战争在于先定谋，当年栾枝曳柴以败荆，莫敖采樵以致绞，都是谋定而后动。"张所看到他年纪轻轻就谈吐不凡，连连称异，赞叹道："君并非简单的行伍中人。"岳飞拜谢，趁机向张所谈自己对当下形势的判断，张所非常认同。他命令岳飞随王彦渡黄河作战，王彦驻守石门山，不敢进兵。岳飞年轻气盛，独自率领所部冲向敌阵，拿下新乡。第二天，岳飞又身先士卒，负伤十余处，再次击败敌人。但此战过后，由于岳飞与王彦在用兵理念上的分歧始终非常大，故不宜于共同领兵。岳飞独自率兵北上，先后擒获金将拓跋耶乌，单骑刺杀黑风大王。后来，岳飞又回到宗泽部下，为留守司统制。

建炎二年（1128）七月，宗泽连呼三声"过河"，带着他北伐的遗憾溘然病逝，杜充接任东京留守。在此后多次的对金作战中，岳飞屡立战功。建炎三年（1129）五月，宋高宗前往建康，杜充便借"勤王"之名，率军离开开封，前往建康。岳飞接到命令后，苦谏未遂，只得随

①［宋］岳珂撰，王曾瑜校注：《鄂国金佗粹编续编校注》，北京：中华书局，1989 年，第 74 页。

大军南下。这年冬天,建康被金军攻占,杜充投降。岳飞率部退至广德等地,开始在后方独立与金军作战。岳飞爱兵如子,能够与士兵同甘共苦,深受士兵爱戴。岳飞所率军队军纪严明,在战场上作战勇敢,所向披靡;平时也从不骚扰老百姓,"冻杀不拆屋,饿杀不掳掠"[①]。建炎四年(1130)初,岳飞率军进驻宜兴,二月,率军截击通过常州的金军,四战皆胜,又尾随追袭敌人,先后在镇江东、清水亭再获大捷。五月,岳飞率军驻扎在建康南部的牛头山。岳飞并不急于攻打建康城,而是派出敢死队趁夜色不断骚扰,金军伤亡惨重,兀术无奈之下,决定撤离建康。岳飞抓住战机,率军追击,猛打殿后的金军,宋军成功收复建康。此战过后,岳飞的声名大振。五月下旬,宋高宗亲自召见了岳飞。七月,岳飞升任通泰镇抚使,兼知泰州。

稳定后方,收复襄阳

建炎四年是宋金之战的重要转折点。韩世忠在黄天荡的阻挡、岳飞在建康等地的阻击与追击,使金军暂时不敢渡江。金军不得不改变战略,决定先攻打长江上游,继而顺流而下。在这一战略的指导下,金军主力暂时集中在川陕地区。而宋高宗此时的战略重心也转为安内,开始腾出手来集中力量平定南方的一些游寇,稳定后方。

绍兴元年(1131)正月,岳飞受诏协助张俊平定江淮地区拥兵数十万、号称"李天王"的李成。岳飞十一日从江阴(今属江苏无锡)出发,与张俊会师后,向洪州(今属江西南昌)进发,先于李成所部抵达洪州。很快,李成的猛将马进攻击洪州。诸将讨论决定兵分两路,岳飞进一步补充:"盗贼急于贪功而不顾后,如果我们的骑兵从上游的生米渡(今属江西新建)渡江,一定会出其不意,贼兵必败无疑。"岳

---

①[宋]岳珂撰,王曾瑜校注:《鄂国金佗粹编续编校注》,第1510页。

飞率军作为先锋，渡江后悄然出现在敌军的右翼。两军遭遇后，岳飞身先士卒，冲入敌阵，骑兵迅速跟进，对方阵脚大乱，马进大败，宋军俘虏 5 万盗贼。马进向筠州（今属江西高安）方向逃遁，岳飞紧追不舍，一直追到筠州城东。第二天，马进仗着人多势众，在城外布阵，军阵绵延约 15 里。岳飞预先将大军埋伏在城外，他自己则亲率 200 名骑兵，在红绸上绣了一个大大的"岳"字作为旗帜，大张旗鼓地进攻贼军。敌人误以为岳飞追上来的仅仅就这些兵力，于是大举进攻。突然伏兵四起，盗贼惊慌而逃。岳飞派人对逃跑的叛军大喊："愿意改邪归正的，坐下就不杀。"顿时大部分士兵盘腿而坐，8000 叛军几乎全部归降。马进只得率残部溃逃，岳飞继续追击。李成得知马进失败的消息后，纠结大军前来增援，两军在奉新（今属江西奉新）楼子庄一带遭遇，李成又大败，逃往蕲州（今属湖北蕲春），投降伪齐。这时江西还有张用割据一方，拥兵 5 万。张用是相州人，和岳飞同乡，并且此前两人几次交手，岳飞均击败了他。岳飞决定招降他，在招降书中动之以情，晓之以理，最终劝说张用归顺官军。宋军平定江淮游寇之功，张俊上奏岳飞为第一。七月，岳飞升任神武右副军统制，留守南昌；十二月又升任神武副军都统制。

此时，两湖之地的曹成拥兵 10 万，给南宋的军事调度带来了一定的威胁。宋高宗决定予以铲除，诏令岳飞为权知潭州兼权荆湖东路安抚使前往征讨。绍兴二年（1132）二月十七日，岳飞率军从南昌开拔。当曹成得知岳家军前来，即分路逃跑。三十日，岳飞抵达茶陵（今属湖南株洲），曹成拒不接受招安。闰四月，岳飞进入贺州（今属广西贺州）。这时，宋军抓住一个间谍，岳飞心中暗喜，他命人把这个间谍带到自己帐下审问，而自己则假装正在分配军粮。一名事先安排好的官吏假装非常焦急地问道："岳将军，我们的军粮马上就吃完了，我们接下来应该怎么办？"岳飞故意压低了声音，但又能让间谍听到,悄悄地说:"那就只能暂时回茶陵了。"岳飞故意让间谍逃走,这个假消息自然也传到了曹成的耳中。曹成听后大喜,命令:"我们明天全力追击岳家军,今晚大家睡个好觉!"而在宋军这边,这个间谍刚离开,岳飞就立即下令进入战备状态,半夜犒劳士兵,命令军队悄悄绕到曹成大营的背后。拂晓时分,岳家军进入太平场,袭击曹成的营寨。很多睡梦中的贼兵还来不及拿起武器,就被宋军消灭,曹成趁乱逃走。岳飞命令宋军一路追击,攻破莫邪关,又招降了猛将杨再兴。宋高宗为了表彰岳飞平叛之功,赐御书"精忠岳飞"。

绍兴四年(1134),宋金局势急转直下,尤其是中线的防御压力越来越大,南宋朝廷人人自危,一筹莫展。岳飞上奏《乞复襄阳札子》,主动提出宋军应该北上收复襄阳六郡(襄阳府、郢州、随州、唐州、邓州、信阳军),指出襄阳六郡战略地位的重要性,此时襄阳六郡正处于伪齐的控制之下。

迫于形势的压力,宋高宗钦赐御札,诏令岳飞前往收复襄阳六郡,又严令岳飞追击的范围,以免影响宋金之间暂时的和平局面。五月,岳飞率领大军自江州出发,直指郢州,在渡江北上的船中,岳飞感慨:"我岳飞不擒贼人,誓不再过此江!"岳飞抵达郢州后,不顾个人安危,亲自侦察地形,决定从郢州城东北角突破。很快,岳飞指挥大军攻入郢州,号称"万人敌"的伪齐守将京超投崖而死,宋军斩杀伪齐士兵7000余人。岳飞收复襄阳六郡之战,首战告捷。岳飞令张宪等攻随州,一个月城池仍未能攻克。牛皋主动向岳飞请战,并保证三天拿下随州。其他将领不信、更不同意。岳飞力排众议,命令牛皋前往攻城,结果不到三天,宋军杀敌5000人,生俘守将王嵩,攻克随州。

岳飞率军直奔襄阳府。此时襄阳守将正是岳飞的手下败将李成。李成在距城40里地,左临襄江,列阵以待。岳飞远远看到,大笑道:"此贼屡屡败于我手,我还以为他长了记性呢,现在看来还是如此愚昧啊！步兵适宜于在险阻地带作战，骑兵适宜于在平旷地带作战，如今李成反其道而行之，左列骑兵于江岸，右列步兵于平地，即使他有十万兵众又如何！"岳飞立即命王贵率领长枪步卒攻击敌人骑兵，命牛皋率领骑兵攻打敌军步兵。结果，李成的骑兵还来不及展开，就应枪倒地，连人带马掉入江中的不计其数；牛皋的骑兵瞬间将李成的步兵冲击得七零八落，阵势全无。李成见状，慌忙逃走。岳飞顺利收复襄阳府。

七月，岳飞进军邓州，力战金军与伪齐的联军，金将刘合孛堇只身逃走，守将高仲兵败被俘。岳飞又趁势攻克唐州和信阳军。自五月五日至七月二十三日，仅仅两个月多，岳飞就攻取了襄阳六郡。收复襄阳六郡是岳飞身为大将真正独当一面的一次战役，当然也是一次戴着镣铐的跳舞。此次出征为岳飞和岳家军赢得了盛誉。宋高宗喜出望外，感叹道："我以前知道岳飞治军严明，但是没有想到他竟如此善于攻城破敌！"宋高宗为胜利之师准备了"献捷之礼"。岳飞因功升任清远节度使，不久又特封"武昌县开国子"，并调任鄂州，负责中线主要防务。

郾城大捷，尽忠报国

绍兴五年（1135），岳飞奉命平定杨幺农民军，并因此功加检校少保，进封武昌郡开国公。绍兴六年（1136），岳飞主持两次北伐。绍兴七年（1137）二月，岳飞觐见宋高宗，讨论良马问题，宋高宗非常高兴，授予岳飞太尉，兼任宣抚使兼营田大使，并扈从高宗抵达建康。宋金战和不定，形势屡屡变化。岳飞主战，与宋高宗、朝廷主和派屡屡意见不合，难免与宋高宗心生罅隙。绍兴八年（1138）十二月，宋金和议达成。岳飞反对议和，但也无奈。岳飞暂时失势。

宋金的和平局面维持了不到两年。绍兴十年（1140）五月，兀术以不承认和议中陕西、河南属宋为借口,准备攻宋。六月一日,宋高宗命岳飞等宣抚使各兼招讨使之衔,迅速驰援淮西战场。

岳飞计划以襄阳为基地,联结河朔,挺进中原。岳飞派遣王贵、牛皋、杨再兴等岳家军将领,领军分别向西京、颖昌(今属河南许昌)等地进发。岳飞则自己亲率一支军队,长驱直入,相机渡河,时刻准备收复河北失地。

正当岳飞踌躇满志之时,宋高宗看到金军的威胁暂时解除了,竟又诏令各路北伐军停止北上中原。宋高宗与金人"以和议佐攻战"[1]不同,他仅仅希望通过军事上的胜利来获得将来与金国和议的筹码。宋高宗赶忙特派司农少卿李若虚赶往鄂州,传旨岳飞班师回朝。

李若虚赶到鄂州时,岳飞已经率军出发。李若虚随后追上,并于六月二十二日抵达德安府(今属湖北安陆),向岳飞传达"兵不可轻动,且班师"[2]的诏令,但此时岳家军已经全面开拔。李若虚鉴于眼前形势,自作主张同意岳飞继续进军。

岳家军连战皆捷,捷报频频。此时,韩世忠、张俊、杨沂中等奉旨按兵不动。岳飞仍然继续进攻金军,很快,岳家军收复了洛阳至陈、蔡之间的许多战略要地,逐渐形成东西并进,对驻守汴京的金军主力形成包围的态势。为了在战略上形成南北呼应的效果,岳飞决定与北方义军联合,派遣梁兴等人渡过黄河,北上联络太行山的抗金义军,促成河东、河北的义军形成掎角之势,完成对黄河北岸金军的夹击。

此时岳家军主力集结在颖昌地区,岳飞率领轻骑率先突进,深入敌军,岳飞帅府已经进驻郾城(今属河南郾城),但防守相对空虚。

① [宋]宇文懋昭撰,崔文印校证:《大金国志校证》,北京:中华书局,1986年,第113页。
② [宋]徐梦莘:《三朝北盟会编》卷二百二,上海:上海古籍出版社,1987年,第1456页。

兀术得知这一消息后，感觉有机可乘，企图一举端掉郾城的岳家军帅府。

七月初八，兀术率领龙虎大王突合速、盖天大王赛里（完颜宗贤）以及昭武将军韩常倾巢出动，并以铁骑15000余人作为两翼（即"拐子马"），抄近道奔袭岳家军帅府所在地郾城。当时，岳飞身边可用的军队主要是岳云率领的岳家军精锐亲兵"背嵬军"以及姚政率领的"游奕军"。"背嵬军"不仅是岳家军的精锐，甚至可以说是当时宋军中战斗力非常强的一支军队。当兀术军抵达距离郾城大约20里时，两军遭遇，战斗十分惨烈。面对强敌，岳飞毫无惧色，他因地制宜，尽快部署具体战术。岳家军选择在申时（下午三时至五时）与金军交战，此时天气炎热，金军远程奔袭，体能消耗比较大。岳飞先用"背嵬军"冲击兀术大军两翼的精锐骑兵。紧接着他又命令儿子岳云出战，并下军令状："必胜而后返，如不用命，吾先斩汝矣！"[1] 岳云领命，带着"背嵬军"杀入敌阵。"背嵬军"步兵每人带麻扎刀、提刀和大斧三件武器。当"背嵬军"与金军"拐子马"交锋后，岳家军上砍敌人，下砍马足，顿时金军骑兵人仰马翻，场面惨烈。

金军也毫不示弱，他们不断重新集结布阵，多次组织进攻。虽然岳家军能够以一敌百，但是兀术明知郾城的兵力，所以在与岳家军短兵相接十多次失败后，金兵仍不退兵。此时形势已经十分危急，若兀术一直围困岳家军、消耗岳家军，那么岳家军精锐必将全军覆没。在这千钧一发的时刻，杨再兴单骑冲入金军阵中，试图寻找金军指挥部，生擒兀术。岳家军其他将士奋力杀敌，直杀得金军尸横遍野，并且缴获金军良马200多匹，兀术无奈之下，只得暂时撤兵。

七月十日，兀术又一次准备夜袭郾城。这时"背嵬军"的骑兵首

---

[1] [宋]岳珂撰，王曾瑜校注：《鄂国金佗粹编续编校注》，第530页。

领王刚（或作纲）正带领骑兵50人负责外围放哨，侦察敌情。王刚见金军来袭，一面迅速派兵回帅府报告军情，一面率部立即投入战斗，阻击敌人。金军偷袭的消息传到郾城，许多将士认为应该暂避金军兵锋，再作打算。但岳飞明白，岳家军孤军深入，不能与敌人过多消耗，必须迅速取得胜利。岳飞披坚执锐，传令各军立刻出发，准备与金兵进行一场恶战。岳飞亲率40骑兵向敌军冲去，都训练霍坚见状，生怕主帅岳飞出现什么意外，后果将不堪设想，立刻上前拦住岳飞，劝说道："相公为国重臣，安危所系，奈何轻敌！"① 此时王刚以仅仅50骑兵与金军1000多骑兵正在厮杀，怎能不去？兵贵神速，岳飞只得扬起马鞭向霍坚抽去，趁着霍坚松手的一刹那，岳飞已经策马向五里店奔去。

当岳飞率军抵达时，金军已经摆好阵势。岳飞身先士卒，驰入敌阵。骑兵在距离敌阵百余步时，已经左右开弓，短弩射马，长箭射人，迅速冲入敌阵，敌阵大乱。岳飞率兵向金军统帅阿李朵孛堇冲去，阿李朵孛堇哪里是岳飞的对手，岳飞很快将其斩于马下。统帅已亡，这时金军骑兵就像无头苍蝇一样，军阵大乱。岳家军借此良机，奋力杀敌。金军人仰马翻，渐渐不支，迅速溃逃，岳家军追击20多里，大获全胜。兀术十分悲痛地说："自海上起兵，皆以此胜，今已矣！"②

虽然兀术在郾城三天接连吃了两次败仗，但他仍不死心。此时，岳飞估计兀术可能会趁各路岳家军的注意力都集中在郾城、临颍之际，率军袭击颍昌。岳飞立即命令岳云迅速增援驻守颍昌的王贵。果然不出所料，金军试图偷袭颍昌，早有准备的岳云指挥宋军再次大败金军，取得了颍昌大捷，金军主将兀术狼狈逃离战场。岳飞率军乘

---

① [宋]岳珂撰，王曾瑜校注：《鄂国金佗粹编续编校注》，第541页。
② [元]脱脱：《宋史》卷三百六十五，北京：中华书局，1985年，第11389页。

胜追击金军,在开封附近的朱仙镇击溃金军。兀术感叹:"自我起北方以来,未有如今日之挫衄。"① 在岳家军的强力阻击下,金人哀叹:"撼山易,撼岳家军难。"②

至此,岳飞领导的郾城之战、颖昌之战,自七月八日开始,至七月十八日结束,历时 11 天。在战局非常不利的情况下,取得了非常重要的胜利,这也是岳飞反攻中原的重大胜利。但是,很快岳飞不得不奉命班师回朝。临行时,他泪如雨下:"臣十年之力,废于一旦。"③

千古奇冤,终获平反

郾城大捷后,岳飞仅仅在绍兴十一年(1141)二月驰援淮西,这也是他最后一次领兵抗金。也正是这一年,宋金局势突转,转入议和,甚至兀术提出议和的条件就是要杀掉岳飞。因为岳飞年轻有为,对金国来说是一个巨大的威胁。四月,岳飞被调离军队,解除兵权,转任枢密院副使,实则已经没有兵权了。失去兵权后的岳飞,大难将至。十月十三日,在宋高宗的授意下,秦桧、张俊等人不断构陷岳飞,试图诬以谋反罪。当使者前来,岳飞大笑:"皇天后土,可表此心。"④ 他撕开衣服,只见背后刻有"尽忠报国"四个大字,深入肤理。在狱中他遭受长达两个月非人的折磨,但始终宁死不屈。

绍兴十一年(1141)十二月二十九日,年仅 39 岁的岳飞以"莫须有"的罪名被杀,岳飞成为南宋高层政治斗争的牺牲品,令后人扼腕叹息! 随父多次出征,年仅 22 岁的岳云惨遭弃市。岳飞的家属也被流放岭南。

---

① [元]脱脱:《宋史》卷三百六十五,第 11390 页。
② [元]脱脱:《宋史》卷三百六十五,第 11395 页。
③ [宋]岳珂撰,王曾瑜校注:《鄂国金佗粹编续编校注》,第 568 页。
④ [元]脱脱:《宋史》卷三百六十五,第 11393 页。

21年后,赵眘即位,是为宋孝宗,改元隆兴。隆兴元年(1163),当他再次准备北伐时,他首先做的一件事就是给岳飞平反昭雪:"卿家纪律、用兵之法,张、韩远不及。卿家冤枉,朕悉知之,天下共知其冤。"[①]宋孝宗将岳飞的遗骸以"孤礼"葬于西湖之滨的栖霞岭。淳熙五年(1178),追谥武穆,宋宁宗时又追封鄂王,宋理宗时改谥忠武。

岳飞的忠勇,冠绝古今,对后世影响很大,成为抵御外敌、保卫疆土的精神象征。岳飞死后,岳飞与岳家军的故事在民间广泛流传,清代钱彩编订的小说《说岳全传》影响深远,使岳飞的故事深入人心。因此,中华大地很多地方都建有岳王庙。

2. 郑成功:收复宝岛的"千里驹"

郑成功(1624—1662),原名森,字明俨,又字大木,福建泉州人,明末清初著名军事家。郑成功率军反抗清军残酷的民族压迫政策,多次击退清军。他一生最大的功绩就是从荷兰殖民者手中收复台湾。郑成功驱逐了荷兰殖民者,维护了中华民族的根本利益,捍卫了中国的领土完整,具有极其重要的历史意义。因此,郑成功是中华民族当之无愧的民族英雄。

逆子忠臣,反清复明

明朝末年,年轻的郑芝龙投奔颜思齐当了海盗。天启五年(1625),颜思齐去世,郑芝龙开始统领这支海盗队伍,并且逐渐发展为东南地区最大的海盗集团。崇祯元年(1628),郑芝龙臣服明朝,授官游击将军,后来因为击败海盗刘香与李魁奇,又击败荷兰殖民者,

---

① [宋]岳珂撰,王曾瑜校注:《鄂国金佗粹编续编校注》,第825—826页。

因功擢升总兵。

　　天启四年（1624），郑成功出生，小名福松。郑成功的母亲是日本女子田川氏，六岁之前，郑成功一直跟随母亲在日本过着无忧无虑的生活。崇祯三年（1630），郑成功回到故乡，接受中国传统文化教育。崇祯十一年（1638），14岁的郑成功考中秀才。在父亲的耳濡目染下，郑成功也学习骑射技术，尤其精于海战。同时，他的兵学素养很高，阅读古代兵书，曾经在读《孙子兵法》时写下了"挥麈谈兵，效古之英豪；究心天下，封侯非所愿"的豪言壮语。郑成功年纪轻轻就有如此不凡的抱负。

　　崇祯十七年（1644），郑成功前往南京太学接受儒学教育，师从钱谦益。钱谦益对他评价很高，并为郑成功改字大木，寄予厚望。此时的大明王朝已经内外交困、风雨飘摇，各地农民起义风起云涌，北方的后金也是虎视眈眈。也是在这一年，闯王李自成攻入北京，崇祯皇帝在煤山上吊自杀，明朝灭亡。仅仅40多天后，清军入关，明清鼎革，中华大地风云突变。20岁的郑成功亲眼看见了眼前这眼花缭乱、血雨腥风的政治动荡，特殊的时代注定了他一生的不平凡。这年五月，朱由崧被拥立，改元"弘光"，史称南明弘光政权。但这个政权仅仅维持了一年，就被清军攻灭。

　　郑成功的父亲郑芝龙在福州拥立唐王朱聿键，改元隆武。郑成功文韬武略出众，在郑氏父兄中出类拔萃，闻名一方。21岁的郑成功随父朝见隆武帝朱聿键。朱聿键见到郑成功后，非常欣赏，连连称赞："恨朕无女妻卿，当尽忠吾家，无相忘也。"① 郑成功得到朱聿键的特殊恩宠，赐姓朱，改名成功，时人称"国姓爷"。为了表示恩宠，朱聿键还将自己的佩剑赐给郑成功。虽然是一个流亡小朝廷，但是对于

---

① [清]徐鼒:《小腆纪年附考》，北京：中华书局，1957年，第400页。

年轻的郑成功来说,这种知遇之恩在他的人生中留下了深深的烙印。

隆武二年(1646),郑成功随父出征,在福建多处与清军作战。郑芝龙看到清军一路上势如破竹的进攻,心气全无。清军贝勒博洛攻打福建,郑芝龙主动放弃了仙霞关。可能此时他已经萌生了降清的念头,仙霞关失守最终导致隆武政权的覆灭,相信久经沙场的郑芝龙不会不知道仙霞关战略地位的重要性。这时郑芝龙的同乡、早已降清的汉臣洪承畴前来劝降,郑芝龙动心了。郑成功力劝父亲:"闽粤地形与北方大不相同,清军八旗并不能肆意奔驰,如果充分利用地形,借助有利地形伏击清军,即使他们拥有百万大军也不可能一朝一夕攻占闽粤之地。我们首先需要安抚人心,巩固根本;其次大力发展海上贸易,以足军饷;然后选将练兵,号召天下北上。"但此时,郑芝龙早已吃了秤砣铁了心,根本不顾郑成功的反对,最终率部投降了清军。忠孝难以两全,无奈的郑成功在他叔父郑鸿逵的协助下,率领所部前往金门,从此父子分道扬镳。

失去郑芝龙守护的福建遭到了博洛的血腥洗劫。非常不幸的是,郑成功的母亲此时正在南安(今属福建泉州),也在战乱中身亡。失去郑芝龙庇护的隆武政权也很快覆灭,朱聿键被俘,绝食而亡。年仅22岁的郑成功,一夜之间,国破家亡,疼爱他的母亲、恩宠他的皇帝均离他而去。在郑成功看来,导致这一切的罪魁祸首就是清军。清军刚刚进入江南,制造了"扬州十日""嘉定三屠"这样的血案,江南民众生活在水深火热之中,过着朝不保夕的日子。面对国仇家恨,反清就成为郑成功一生的志业。

辗转闽粤,坚持抗清

父亲降清后,郑成功高举反清大旗,但是此时郑成功麾下仅有300人。于是他前往南澳招兵,迅速招募数千人,奉隆武年号,自称招讨大将军。金门誓师后，郑成功派遣洪政等率军前往鼓浪屿岛，准备与清军交战。此时，郑芝龙的从子郑彩正保护鲁王朱以海驻扎厦门，而郑彩的弟弟郑联，驻军浯屿，他们与郑成功驻军的鼓浪屿成掎角之势，暂时稳住了局面。

顺治四年（1647）七月，郑成功与郑彩联合攻打海澄（今属福建龙海），但是清军援军赶到，郑成功苦吞败果，猛将洪政也马革裹尸战死疆场。八月，郑成功与叔父合兵围攻泉州，清军再次驰援，郑成功败退。顺治五年（1648），郑成功率军一举攻陷同安（今属福建厦门），再次攻打泉州。清军援军又一次赶到，夺回同安，郑成功被迫撤围泉州，引兵撤退。顺治六年（1649），郑成功派部将施琅攻陷漳浦，连克云霄镇，进驻诏安（今属福建漳州）。与此同时，郑成功派陈士京朝见桂王朱由榔，改永历纪年。顺治七年（1650），郑成功试图将盘踞在闽粤地区的各方势力进行整合。他先进攻潮州的割据势力郝尚久，郝尚久不敌，却转而降清。郑成功围城三月未克，师老兵顿，被迫退兵至闽南。随后，郑成功偷袭厦门，刺杀郑联，收编了他的军队，后来又收编郑彩的军队。

顺治八年（1651），桂王诏令郑成功前往支援广州，郑成功派他的族叔郑芝莞镇守厦门。结果，清军乘虚而入，攻打厦门，并将郑成功的家赀掠夺一空。郑成功在支援广州的途中也遭遇了风暴，险些丧命。当郑成功得知厦门遇袭，匆忙班师回援。回到厦门后，郑成功以临阵怯战的罪名处决了郑芝莞，以肃军纪。同时，郑成功率兵进入漳州，在小盈岭一带击败清将杨名高，攻陷漳浦。

随着郑成功与清军作战逐渐开始取得一系列胜利，郑军士气逐渐恢复，声势也越来越大。由于郑氏在福建经营20多年，郑成功可以充分利用这一点不断招兵买马，整合其他势力，队伍也越来越壮大。顺治九年（1652），郑成功已经手握20万雄兵。这一年，郑成功先攻克海澄，在江东桥击败前来驰援的清将陈锦。郑成功主动退至泉州，以泉州为基地，先攻取南靖，后包围漳州。郑成功包围漳州长达八个多月，清军将领金砺等人自浙江迅速驰援，并与杨名高会师。清军从长泰间道抵达漳州，郑成功试图伏击金砺，但被识破。郑成功与清军展开混战，郑军损失惨重，被迫撤退到海澄，据城而守。

海澄是厦门的门户，对战局影响很大。顺治十年（1653），金砺试图攻占海澄，清军充分利用炮火优势压制郑军。经过一天一夜的炮轰，郑军的防御工事被摧毁，死伤无数。郑成功趁着敌人炮击间隙，试图率精兵出击，结果被清军炮火再次压制，无奈退回。在清军连续的炮击之下，郑军士气开始低落。郑成功见状，亲自到战场动员士兵，同时命令士兵补修、增修防御工事，他自己险些遭遇炮击。郑军阵地经过了清军三天三夜的炮击，郑成功判断敌人可能要发起总攻。他连忙召集诸将召开军事会议，命令若是发现清军以空炮助威，必须立即进入阵地，等待清军渡过护城河后，发起进攻。同时，郑成功命令炮兵把所有的火药都埋在护城河下，并将导火索引到阵地中。第二天，清军果然在空炮的掩护下发动攻击，当清军部队进入郑军预先布置好的雷区，郑成功一声令下，引燃导火索，雷区的清军全被炸死或炸伤。郑成功命令郑军开始反击，清军大败。

顺治十年（1653），距清军入关已经十年了。海澄之战的大败，使清廷认识到郑成功的实力，所以开始转变思路，试图招抚郑成功。清廷多次派使者携带郑芝龙的亲笔信前来与郑成功谈判。这年五月，顺治帝封郑成功为海澄公，郑成功没有接受。郑成功趁和谈之机充实军粮，休整军队。顺治十二年（1655），郑成功与清廷的和谈破裂。顺治十三年（1656），清军自泉州港出发，发动进攻。郑成功指挥郑军在海上大败清军。

在泉州港取得胜利后，郑成功准备调集大军北上伐清，结果他的部将黄梧献海澄投降清军。失此战略要地，郑成功的北上计划被搁置。顺治十五年（1658），郑成功再次率军北伐，忽遇飓风，被迫驻军整顿。次年五月，郑成功率领战舰 2000 多艘、17 万大军，自舟山出发，浩浩荡荡向长江进发。郑军一路上连战连捷，七月七日包围南京。当时，长江南北很多州府都望风披靡。在如此大好形势下，郑成功产生了轻敌情绪，又轻信了江南总督朗廷佐假降，竟然屯兵城下将近 20 天，也没有对清军的援军进行有效的遏制。同时，郑军也丧失了应有的戒备，整天以饮酒捕鱼为乐。南京城内的梁化凤于二十二日从凤仪门出击郑军，毫无防备的城门外两镇郑军被全部歼灭。二十三日，清军大举出击，郑军被清军一一击破，迅速溃败。郑成功慌乱之中集结部分军队，狼狈返回厦门。郑成功北上战略失败。此时全国仅有郑成功一支有影响力的军队在抗清，大环境对郑成功非常不利。

收复台湾，民族英雄

从当时全国的形势来看，清军处于绝对优势。在这种严峻的局面之下，郑成功在北上抗清接连遭遇挫折之后，就一直苦寻出路。他想到了收复台湾，以此作为反清的基地。顺治十八年（1661），郑成功决定从荷兰人手中夺回台湾岛。

郑成功深知渡海作战需要大量战船，所以他特别重视修造船舰，也下大力气组建水师。在铜山一带，郑成功专门设立了修造战舰的造船厂，加班加点赶造大小战舰。战船上配备各种不同类型的铳、炮，以满足海战之需。郑成功加强水师训练，经过长时间的训练，即使在惊涛骇浪之中，水师士卒也能够在舰船上跳跃自如，如履平地，矫健如飞。

二月，郑成功在金门举行隆重的誓师仪式。三月二十三日中午，郑成功亲自率领先遣队自金门料罗湾出发，浩浩荡荡向台湾岛方向挺进。第二天清晨,船队成功横渡台湾海峡,陆续抵达澎湖列岛。郑成功下令大军就地驻扎,自己率领重要将领到各岛巡视地形。巡视后,郑成功认为澎湖的地理位置非常重要,于是命令少数人马留守,自己则率军继续向东进发。

澎湖距台湾岛只有 52 海里,天有不测风云,没想到郑成功大军突遇暴风雨,只好返回。暴风一发不可收拾,大军久久无法出发。更糟糕的是,郑军随军携带的粮食也已所剩无几。郑成功当机立断,顶着暴风雨,强渡海峡!

当时,蔡翼等人都劝说郑成功暂缓发兵,被他果断拒绝。郑成功下令大军立即做好起航准备。三十日晚,郑成功留下陈广等率 3000人留守澎湖,自己率领主力冒险强渡海峡。在同风浪搏斗了半夜之后,四月初一拂晓,郑军悄悄抵达鹿耳门港外。郑成功立即派人继续侦察地形和敌情。当时,由外海进入内港有两条路线可供选择:一条是北航道,水浅道窄,平时只能小舟通行,如果想让大船通过,必须等到涨潮时分;另外一条是南航道,道宽水深,大小船只非常容易出入,但此港口有敌人重兵防守。

郑成功毅然选择从北航道进兵。在发起进攻之前,郑成功预先收集了大量相关区域潮汐的情报。四月一日中午,鹿耳门一带海潮大涨。郑军大小战舰趁涨潮之际顺利由北航道通过鹿耳门。郑军迅速登陆,随即切断了台湾城与赤崁城的联系,建立起滩头阵地。郑军登陆之后,台湾居民争先恐后前来接应,迎者塞道。郑成功指挥军队将仅有 400 名荷兰军的赤崁城团团包围。

荷军先试图从海上组织反扑,下令停在泊港口的战舰利用火炮向中国舰船发起进攻。郑成功则利用舰船数量优势,与之进行对抗。在一场激烈的炮战之后,敌主力舰被击沉。陆地上的战斗也非常激烈。郑成功指挥部将陈泽率主力从正面进攻,派奇兵迂回到敌军侧后，对荷军实施前后夹击。当荷军发现自己腹背受敌、进退失据后，顿时锐气全失。在郑军密集火力的打击下，他们个个抱头鼠窜，落荒而逃。

由阿尔多普上尉率领的赶来增援的荷军，也被郑成功布置的阻击部队击退。在200人组成的援军中，只有60名爬上了岸，在上岸之后又被立即消灭。阿尔多普只得率领残部逃回台湾城。赤崁城守将描难实叮派人悄悄前往台湾城，要求台湾总督揆一派百余人援救赤崁城。揆一拒绝了增兵赤崁城的请求。

郑成功下令加紧对赤崁城的包围和进攻。在台湾民众的协助之下，郑军切断了赤崁城的水源，这让荷兰守军更加恐慌。乱战之中，郑军在赤崁城外抓到了描难实叮的弟弟和弟媳。郑成功善加款待，并申明利害，之后便令其回城劝说描难实叮投降。郑成功向他们表示，如果及早放下武器投降，绝对不会加害他们的性命，甚至允许荷兰人带走私人财产。描难实叮见救援无望，孤城难守，只得挂出白旗，向郑成功投降。

在夺回赤崁城之后，郑成功派描难实叮前往台湾城劝降，遭到揆一的严词拒绝。郑成功加紧布置，准备进攻台湾城。在完成对台湾城的包围之后，郑成功展开多路进攻，但是敌军火力很猛，攻城屡屡受挫。无奈之下，郑成功只得下令部队暂时后撤，等待更好的进攻时机。他一面继续给揆一写劝降信，一面耐心打探台湾城的情况。揆一看到郑军进攻受挫，对郑成功的劝降更是不理不睬。此前，揆一曾派人前往巴达维亚求援，仍抱有一线希望，企图等待援军的到来。

郑成功也在耐心等待时机。他打探到台湾城内缺粮缺水，荷军的处境已经十分艰难，便下定决心继续围困荷军。郑成功通过考察天气和气候情况，判断揆一派出的求援人员尚需一段时日才能到达印尼的巴达维亚，由巴达维亚派出的援军最少也要几个月才能到达台湾城,所以他决定继续围而不攻。此时,郑成功的后续部队也陆续到达,兵力大大增强,补给也更加充分,这无疑坚定了郑成功围困台湾城的决心。

郑成功果断实施围城打援,做好了两手准备。他一方面布置围城,继续给台湾城施加军事压力,一方面又部署打击荷兰援军。五月底,远在巴达维亚的荷兰殖民者得到了赤崁城战败和台湾城被围的消息。他们急忙拼凑 700 名士兵,10 艘战舰,火速赶往台湾。一个多月后,他们终于出现在台湾海面。郑成功打援的军队则早已等候多时,看到敌舰闯入伏击圈,郑成功下令万炮齐发。经过短短一个小时的激战,荷军只能仓皇逃回巴达维亚。

台湾城的荷军远远看到援兵到来,一度想主动出击,里应外合,夹击郑成功,没想到也被郑成功布置的围城军队打得七零八落。此后,荷兰殖民者再也不敢轻易出城与郑军交战,只得龟缩不出。被围数月之后,台湾城内的补给变得更加困难,加之疾病流行,荷军士气低落。当郑成功从俘虏口中了解到荷军处境已经非常艰难,决定集中火力对其发动猛烈进攻,试图彻底摧毁城内守军的意志,迫使其迅速投降。十二月六日清晨,郑成功下令集中火力炮轰乌特利支堡。两个小时内,便发射炮弹 2500 发,终于打开一个缺口,占领该堡。揆一看到大势已去,只得投降。

宝岛台湾在被荷兰侵略者侵占 38 年之后,重新回到祖国的怀抱。郑成功收复台湾之后,加强了对台湾的开发建设,为台湾经济的恢复和发展创造了条件。

当年,顺治帝驾崩,康熙帝即位。清廷政局风云突变,鳌拜等权臣当道。康熙元年(1662),郑成功的父亲郑芝龙、朱由榔被清廷杀害,为了泄愤,清人还掘了郑氏祖坟。而郑成功内部也出现了一些变动。张煌言等南明遗老指责郑成功收复台湾是不忠于明朝的军事行动。

郑成功的儿子郑经又与其弟乳母私通，郑成功气愤难平。留守金厦的郑泰等不听调遣，甚至还拥立郑经。

五月八日，遭受疾病折磨的郑成功已经心力交瘁，在愤恨交加中永远地离开了这个世界，年仅39岁。

郑成功收复台湾，维护了祖国领土的完整，是此时反对帝国主义、西方殖民入侵非常重要的一场战争，非常有力地遏制了西方的入侵。郑成功也因成功地收复台湾，成为中华民族的民族英雄。